好语文 大未来

好语文成就孩子一生

罗珠彪◎著

长江出版传媒 | 长江文艺出版社

北京长江新世纪文化传媒有限公司
www.cjxinshiji.com
出品

推荐序

罗珠彪和他的语文教育

罗珠彪，是“阳光喔”的老总，就像俞敏洪是“新东方”的老总一样。

我与老罗认识几年下来，也是志同道合的好朋友了。好朋友出书，当然可喜可贺，关键是我读了之后有个感觉：老罗这是要将他三十年来成功从事语文教育的独家秘籍公之于众了——这是造福亿万民众和中国教育的善举啊！

与老罗结识纯属偶然。当时我刚从美国访学回来，受邀去深圳参加一个作文教学研讨会。会议结束，十几位专家从会议大厅出来，三三两两地议论着，突然，其中一个人的几句话引起了我的注意，转身一看：一个中等身材、身体微胖、其貌不扬的人，正滔滔不绝地谈着语文。

我一问，才知道他就是阳光喔语文教育集团的老总罗珠彪。我心想，这就是传说中的罗总？不像嘛！

我和他一路闲聊，来到宴会厅。十几个人围着餐桌，大家互相招呼坐定。很奇怪，不一会儿，大家的注意力又都被坐在一旁的罗总吸引过去了。他眼里总闪烁着孩子般纯粹的光芒，底气十足、眉飞色舞、妙语连珠！大家对他给以赞许、玩笑、快活的回应。罗总总是这样一

个具有领袖气质、见识不凡、气场十足的人物！自然，席间充满了快活的气氛！

饭后，他邀我同车去机场。一路上我们就作文这个话题聊得热火朝天。他的很多语文教学的做法之奇、之野、之细致、之极致、之高效，让我震惊！从一个教育理论者的角度，我觉得他的做法是有些道道儿的。他说的虽然不是我熟悉的学术话语，但“道不远人”。唐朝慧能和尚作为扫地僧尚能参悟出“菩提”真谛成为禅宗六祖，何况老罗这么一个师范科班出身、涉猎广泛、敢想敢干、执着坚韧的创造型人才呢？

第二天，他邀我到阳光喔北京总部参观。在他办公室，我打开我的笔记本电脑，向他展示我的研究成果；他打开他的笔记本电脑向我展示他们的语文研究与实践成果。听罢我想，果然“盛名之下无虚士”，他的成功绝非偶然！

我在大学从事语文教学和研究，论文写了一大堆，理论说了一大套，并没多少人知晓，别说真正大规模实践了。我看到国内作文教学理论几乎滞后国际同行三五十年，看到我们的语文教材里总是那套东西，作文课堂总是那种样子，尤其是看到现实中那么多语文教师仍不敢教、不会教、不去教作文，难免为我国语文教育状况感到痛心！

我曾教过18年中小学语文，现在又搞语文教育理论研究，深知作文这个“老大难”，难倒了无数专家学者、一线教师、学生家长。大家一般是不去碰的！中国的写作教育几乎处于无课程、无教材、无教法的“三无”状态。我们过去的很多理论并不能有效地指导、阐释实践，甚至在误导实践！尽管各种名目的所谓流派层出不穷，但大多却经不起推敲。一直以来，我都在思考：老罗到底找到了什么秘诀，让孩子们迷上作文、迷上语文的？是什么让他的教育机构成功生存三十多年，并发展壮大为我国语文界独一无二的民办教育机构的呢？这其中的奥妙是我对他的兴趣所在。

熟悉老罗的人都知道，他是靠作文培训起家的。他辅导学生作文纯属偶然。他班里的一个学生在课间玩时，不小心在楼梯上卡了腿，半个多小时才被救了出来。他让这位学生就“卡腿事件”写一篇作文，可是学生写出来的作文就那么几句话。这篇作文引起了他的深思：都说作文来源于生活，孩子明明有生活呀，可为什么就写不出来呢？这其中的问题在哪里呢？

老罗是个爱思考、善行动的人。他发现学生之所以不爱写、写不出、写不长，不是因为没有生活素材，主要是因为不会发散思维。阳光喔著名的作文课程“从前有座山”就是为解决这个问题而孕育成型的！

上过罗老师作文课的孩子，据说都不可救药地爱上了作文，央求家长要去学作文，欲罢不能。因为老罗的作文课，成为游戏活动课、创意写作课、挑战自我的课、激发潜能的课！学生对作文的畏惧感一下子消失了，自信心有了，成就感来了，兴趣被点燃起来了。

这是一个语文教育的奇迹！他找到了作文教育以及语文教育的规律：在趣味无穷的活动中运用语言创造并挥洒自己的言语生命！

据说，他的这个著名的“从前有座山”课程，三十年来卖了超过一个亿！而像这样的课程，总课时已经有一万多节。要不是亲见，我也不信！

老罗是一个有真本事、多才艺的人物。三十多年前，他作为武汉市武昌实验小学的语文名师，学校的顶梁柱，他的课好玩、高效，想进他的班的学生要托关系走后门。老罗好学、会学，好玩、会玩。据说他获得的各类奖项有一千多个，领域涉及语文教学、演讲、书法、音乐、绘画、武术等等。当然，这些都是看得见的，还有看不见的作为优秀教师的素养，这就是他的教育情怀，他的肯钻研、视野开阔、学识渊博、热爱中国文化、目标远大、大气担当！

每个人都有自己心目中的语文教育。老罗的语文能力体系与通行的“读”“写”“听”“说”四种能力有所不同，包含“听”“读”“研”“思”“说”“写”“演”七项技能。一开始我也觉得他是野路子，不伦不类。可这几年我了解多了，琢磨下来，有什么不对吗？语言能力的形成本来就应该先输入（听、读、研），再处理（思），最后输出（说、写、演）；思维本来就应该是语文能力素

养的总机关，不会思就不会说、不会写、不会生活；“研”不就是语文专题性探究和语文学习生活吗？表演是人的天性，孩子们一表演不就是调动所有肢体动作语言用语文创造生活吗？难怪他的课程孩子们喜欢，并被评为“国家十二五科研成果”，同时获得2015年全国培训行业优质课程评比的“金奖”！

老罗有一套独特的语文教育思想，有一套好玩管用的语文课程体系，有一套雄心勃勃的语文教育事业的规划。他承担的国家教育科学规划“十二五课题”——“通过作文教学发现和培养早期创新人才”已经结题。在这项长达数年的研究中，他搜集了几十万学生的数据和材料，通过科学测评和长期跟踪调查，量化地揭示出我国城市与乡村、北上广与小城市的学生作文思维指数的差距，具有重要的学术价值，并被国家有关部门采纳，作为决策参考。

近两年老罗提出了他的“生态语文”教育理念。其中包括他说的语文教育的三大价值、五个维度、七大能力、九级标准，所有这些都为了一个宗旨，那就是：语文让成长更精彩！实现这样的宗旨，并非易事。但我认为他用三十年的成功探索和轰轰烈烈的实践做到了！

我们身在语文学术界和公办教育体制内，往往看不起民办语文教育，认为民办语文教育是野路子，不入流！可是民办教育机构强劲的教学效果又往往为公办教育所不及，怎么解释？老罗讲，公办教育是皇后，民办教育机构是宫女，宫女只有自身美丽动人，才可能赢得皇上（家长、孩子们）的垂青。我们很多人对民办教育动辄“看不起”，其实是“没去看”而“看不懂”！民办教育的大环境造成他们比较恶劣的生存环境，逼迫他们更加追求效率至上、学生为本、快乐教学，不考虑花架子、假把式，只有真刀真枪见实效，否则家长不买账！

由于他的真才实学和教育业绩，老罗被中国教科院、华中科技大学、天津师范大学、深圳大学、西南大学等高等院所竞相聘为兼职教授或研究员。他在央视教育频道开坛授课，在全国举办巡回讲座上千场，他所领导的阳光喔教育集团，已经遍布全国数百个城市。

老罗是武汉市武昌区政协委员，响当当的民办教育家，参与了国家《民办教育促进法》的起草。事实证明他是一位民间语文教育家，至少是一位语文教育的大实干家。

老罗告诉我，随着中国崛起的新时代来临，中国文化必然要崛起！英语的时代过去了，奥数的时代过去了，“得作文者得语文，得语文者得天下”的时代来临了！他说要联络一百位大学教授、一千所学校、一万名语文教师，一起做他理想的语文教育事业！他雄心万丈，让人神往，让我这个干了半辈子语文教育和研究的“语文人”感到痛快淋漓、血脉偾张！

中国语文界能有老罗这样有情怀、有担当、有魄力，心心念念改变我国语文教育的落后状况，推进中国写作教育和语文教育的发展的人，这是语文教育的幸事！

这两年，我们西南大学语文教育研究所受老罗委托，邀请了一批全国知名学者、专家和一线优秀中小学教师，采纳中外语文教育界最新研究成果，正在研发一套理念先进、体系周密、科学高效的中小学“生态语文教程”，为此，我们每个月都会在西南大学举办语文课程开发研讨会。

重庆多雾多雨，开会前天气总是云山雾罩、小雨淅沥。老罗来了，碰巧常常是云开雾散、阳光灿烂。我们戏称：“罗总，您把阳光带来了！”老罗会说：“我哪有那么神！”大家笑道：“是您一不留神，成了语文神人！”会议期间，我们每每被他的专注和专业所感动，被他的激情演讲所折服。会议上，大家集思广益、推心研讨、其乐融融！

好了，关于老罗和他的语文教育，我先说这些。作为本书的第一个读者，我要告诉大家：

这本书，文笔流畅，如话家常，操作性强，给广大家长提供了教孩子学语文的许多锦囊妙计！您可以信手拈来，拿来就用。

这本书，是老罗三十年语文教育历程及上千场语文讲座的华彩瞬间，是他对广大家长朋友和一线教师倾囊奉献的语文教育秘籍！它需要您用心细细琢磨。

这本书，是老罗谱写的快乐高效语文的华彩音符，其中有他异乎寻常的语文教育智慧和炽热动人的教育情怀。它需要您用心细细聆听。

西南大学文学院教授
西南大学语文教育研究所所长
教育部西南基础教育研究中心文科所长
全国高教会语文教育专业委员会常务理事
荣维东

2018年4月22日　于南昌到重庆飞机上

目　录
CONTENTS

第一章　得语文者得天下

一、为什么得语文者得天下
——语文的重要性　002

二、语文改变命运
——如何加强核心素养迎接语文大分时代的来临　007

三、风雅，从附庸开始
——掌握语文的工具价值　024

四、算算语文学习的“分数账”
——掌握语文的成功价值　034

五、晒谷场，最珍贵的“语文课”
——享受语文的幸福价值　043

第二章　给孩子的语文学习绘一张蓝图

一、重复的力量：
2 ~ 3 岁孩子的语文学习规划和重点能力培养　056

二、白雪公主是真的：
4 ~ 5 岁孩子的语文学习规划和重点能力培养　062

三、用思维为孩子的语言架一座桥：
6 ~ 8 岁孩子的语文学习规划和重点能力培养　071

四、锤炼孩子文字的童子功：
9 ~ 11 岁孩子的语文学习规划和重点能力培养 079
五、找到不一样的我：
12 ~ 15 岁孩子的语文学习规划和重点能力培养 086
六、叛逆是孩子一生最美的风景线：
16 ~ 18 岁孩子的语文学习规划和重点能力培养 094

第三章 带着孩子沐浴“阳光雨露”
一、倾听花开的声音
——让孩子养成倾听的习惯 102
二、怎么教一只白猫抓老鼠
——与家长一起测测孩子的倾听力 109
三、读了那么多书，估计是白读了
——教孩子读书的几种方法 116
四、男孩读男孩的书，女孩读女孩的书
——怎么给孩子选书 124
五、玩，并不是一件简单的事
——研学让孩子学到什么 132
六、带孩子走近李白
——家长怎样给孩子选择研学 140

第四章 给孩子装一部“思维发动机”
一、孩子游玩了一整天，也没啥可写的
——教孩子运用形象思维写作 154

二、虎子同学为何语惊四座

——教孩子运用逻辑思维表达 161

三、会变魔术的“手”

——教孩子运用发散思维写作 168

四、胸中有丘壑，文思如泉涌

——教孩子运用发散思维积累素材 179

五、看孩子回答“钱学森世纪之问”

——教孩子运用批判思维写作 188

六、 6万字的《从前有座山》

——教孩子运用四大思维写本小书 197

第五章 让孩子学会表达的“六大武器”

一、演了一回暴脾气的老师

——描写基本功打牢写作根基 208

二、堆沙堡比赛

——布局谋篇构筑作文大厦 215

三、“奶奶、苹果、狗”

——角度助推创新思维 223

四、猜猜我是谁？

——风格塑造个性真我 232

五、一瓶纯净水的故事

——主题提升人生境界 241

六、一次演讲比赛的启示

——口才决定一生的命运 249

第六章　语文大分时代的学与考

一、当心语文学习中的几个陷阱
——不同阶段的语文考评标准不一样　262
二、语文老师生病了
——语文的学习不能只指望语文课　268
三、数学考不好，这也怪语文?
——语文的学习和其他学科紧密相关　274
四、不打无准备的仗
——语文也是一门需要复习的功课　280
五、阅读理解，你咋就读不懂呢
——你该如何正确理解阅读理解　285
六、考场作文，一场赛车游戏
——教你一点考场作文的应对策略　291
七、学霸是怎样练成的
——语文的学习要讲科学系统　297
八、别被“国学热”烤煳了
——你的孩子该怎样去学“国学”　303
九、最好的书是适合孩子读的书
——让孩子爱上读书的一些建议　309

后　记

语文是一场生命的修行
——语文的学习关系着孩子的一生　315

第一章 得语文者得天下

一、为什么得语文者得天下
——语文的重要性

一张语文擂主的排行榜

一部“云山苍苍，江水泱泱”的中华民族英雄豪杰史，就是一张山高水长、群英荟萃的语文擂主和写作高手的排行榜。

老子、孔子、孟子、庄子、孙子等诸子百家，秦皇、汉武、唐宗、宋祖等帝王将相，屈原、司马迁、陶渊明、李白、杜甫、苏东坡、关汉卿、曹雪芹等文章大家，不仅靠语文立德立功立言，而且靠语文为师为将为相，青史留名，永垂不朽。他们的文章创造了中国文明和学术的辉煌，作为思想文化经典泽被后世、造福后人。

不仅中国英杰深得语文的真传，就连外国人也知道语文的价值。西方人即使不懂中文，也能从译文中感知中国语文的所在。有一段时间，德国人曾骄傲地说：“全世界的哲学都是用德文写的。”这当然是自矜博雅的自我夸耀，但平心而论，回顾以前几百年，德国人也确实有说这种“大话”的底气。但是，当他们读到老子的《道德经》就开始不说这种话了。西方在文艺复兴后，受人文思想的影响，狠抓学生的语文教育和艺术熏陶。他们把语文的作用发挥到了极致，不仅能写，而且善讲，不仅妙笔生花，而且口吐莲花，既靠语文创建自成体系的思想帝国，又凭语文缔造江山。

凡是对人类和社会有所贡献，创造了人生辉煌业绩的人，都深知语文与人的血肉关系，无不受惠于语文素养的濡养。古今中外，概莫能外。

以语文得天下成气候者，中华先贤醒世界，华夏圣贤警寰宇。回望伟人志士、英雄豪杰的成才之路，警示我们后人：

得语文者得天下。

语文的重要性不言而喻。

教育部最新政策解读

根据教育部公布的中高考改革细节：中考改革从 2017 年试点，到 2020 年成型。而高考改革则早从 2014 年开始试点，到 2018 年大致结束。

“得语文者得天下”，这并非网络揣测，而是真实存在的事实：各地已在相继增加语文中考总分，且高达 30 分；《高考大纲》则更是暗指出语文将成为最易拉开学生档次的学科。

语文在小、中、高考中的“强者”趋势愈加明显。

改革后，三门统考课语文、数学、外语，其中外语可以多次参考，取最高分计入高考总分，但就高考总分的区分度来讲已大大降低；数学在今后的命题中要大幅度降低难度，区分度也会较大下降；只有语文的广度、难度提升。

因此，语文在高考总分中区分度会最大，而且最容易拉开学生档次。未来语文的地位就像原来小升初中奥数的决定性作用一样，而且比奥数更能一锤定音。因此，语文在 12 年的基础教育中，在中考和高考中第一重要。

总之，教育部的明确表示，让我们看懂语文对孩子一生的影响。

古代皇上靠什么选拔人才？

现实如此，历史更是如此。

1. 察举征辟制

中国有悠久而不间断的文明史，有遥遥领先于其他国家的政治制度史，其中就包含优秀的选才经验与制度。

科举制度作为我国古代官方选拔人才的制度，自隋朝诞生以来，人们对其评价毁誉参半。

百年后的今天，当我们再回首科举制度时，也许可以更理智地审视这一特殊的考试制度。

2000 多年前，为了治理庞大的封建王朝，选拔官员和人才成为历代中国帝王最操心的一件大事。西汉初年，朝廷选拔人才开始实行察举、征辟制。

察举是由州、郡等地方官，在自己辖区内考察、发现统治阶级需要的人才，举荐给中央政府，如汉朝著名的政治家晁错就是被举荐为官的。

征辟是由皇帝或地方长官直接进行征聘。与先秦奴隶主贵族的世卿世禄制相比，汉代的察举、征辟制是一大进步。

2. 九品中正制

到了魏晋南北朝时期，曹丕称帝，正式推行九品中正制，在各州郡设立中正官，负责察访、评定本地士人，按其德才声望向吏部推荐为官。

九品中正制和察举制并没有本质区别。由于世袭制和举荐制存在的弊端比较明显，以至于官场结党营私、贪污舞弊之风盛行。

东汉末有这样一首歌谣讽刺察举制说：

举秀才不知书，

察孝廉父别居。
清白污浊如泥，
良将怯弱如鸡。

说当时推举出来的秀才不识字，察选出来的孝廉对父亲不孝顺，被称为“清白”的人像泥一样污浊，而出身高门的“良将”却比鸡还胆小。后来察举制也变得完全不重才学德行，只重家族门第，所谓“上品无寒门，下品无士族”。

3. 世袭继承制

汉明帝曾怒斥：“今选举不实，邪佞未去，百姓愁怨，情无可诉。”（《后汉书·明帝纪》）在人才匮乏之际，汉明帝开创了用一篇作文，通过翰墨之工和文章之美在民间选拔人才的先例。

“仙人持玉尺，度君多少才；玉尺不可尽，君才无时休。”这叫玉尺量才，选拔人才和评价诗文的标准。

4. 科举考试制

一直到公元 606 年，隋炀帝开科考，科举考试作为封建国家的“选才大典”，正式把语文当作中国人才选拔的第一学科，也是唯一学科。

现在读书人最重要的事就是学习知识、学以致用、追名逐利，而在古代读书人最重要的事就是学习古代文化知识，“书亦国华，玩绎方美”，一个读书人没有受到文化精华的熏陶和濡染，何谈齐家治国平天下之道？

这样一来，中国文化就延绵不绝地传承下去。从这个方面讲，把语文作为人才选拔的科举制也在不断发展和丰富着中国文化，推动了中国古代文化的传承。

虽然科举有种种弊端，但是它营造了中华民族刻苦勤恳读书的气氛，刺激了语文教育的发展，形成了“五尺童子，耻不言文墨”的社会风尚，增进了文学的繁华。

从公元606年到1904年这漫长的1300年时间，通过一篇文章选拔国家人才产生了700多名状元、近11万名进士、数百万名举人，至于秀才就更不计其数了。隋唐以后，几乎每一位知识分子都与语文有着不解之缘和密切关系，从未参加过语文考试的是极少数。

中国历史上，善于安邦治国的名臣、名相，有杰出贡献的政治家、思想家、文学家、艺术家、科学家、外交家、军事家等大都出自状元、进士和举人，这批人奠定了中华民族的千年辉煌。

历史告诉我们，语文选拔人才有其合理性。

灰姑娘穿上水晶鞋

我们将眼光从历史的漫漫长河中收回到现在，近日教育部召开新闻发布会，介绍《普通高中课程方案和语文等学科课程标准（2017年版）》有关情况。并且组织260多位专家，对普通高中课程方案和语文等14门学科课程标准进行了修订，历时4年已全部完成，经国家教材委员会审查通过，于2017年底印发。

新的课程方案和课程标准中的一大特点就是：增强语文核心素养，切实加强中华优秀传统文化教育。这势必引导语文学习未来发展的方向。不仅凸显出中国传统文化之于语文素养的重要性，而且预示着语文大分时代——得语文者得天下时代的来临，以及文化素养之于孩子学业和人生的影响。在未来的选拔中，中华优秀传统文化的地位凸显，孩子们的语文核心素养和综合素质，将极有可能取代分数成为考核的新标准。从这个情况来看，从去年开始到现在铺天盖地的“得语文者得高考”“得语文者得天下”的说法，并非揣测，而是堪为圭臬的确凿之言。

语文终将走上国家人才选拔最重要的宝座。

当语文这个灰姑娘走进皇家宫殿时，如果我们没有漂亮的水晶鞋，没有美丽的长裙，我们能在语文王国里被王子发现吗？

二、语文改变命运
——如何加强核心素养迎接语文大分时代的来临

语文关乎成绩，更关乎成长

语文既关乎成绩，更影响成长，语文的学校教学与家庭辅导尤为重要。然而，除了陪同或监督学生的阅读，家长对语文学习似乎无从下手，无能为力，作文辅导也只能靠拼凑法、代劳法以及积累法临时应对。

这种临时性的功利做法，并不是语文学习的最佳方式。按照学生的认知规律，文与人结合是语文学习的最大特点。必须承认的一点是，语文学习不能一蹴而就，也不能一劳永逸，而是一个持续性、系统性的生态循环系统。

语文学习与呈现的过程犹如一棵生态平衡的大树。树根即语之根，指的是语文的吸收系统，包括“听”“读”“行”：耳听八方，成长“语之根”；读万卷书，壮大“语之根”；行万里路，丰富“语之根”。唯有根深，方能叶茂。

树干即语之干，指的是语文的处理系统，主要为“思”：孩子缺少个

性的思维训练，积累的知识转化为运用的效率就低。孔乙己万卷诗书烂肚中，只沉迷于茴香豆“茴”字的几种写法。马谡满腹知识贻害蜀国，自己也丢了卿卿性命。目前中国多少孩子背负着知识的重轭行囊，历经学习的苦海坎坷，奔着找工作而去。

树冠即语之果，指的是语文的呈现系统，包括“说”“写”和“演”。“语之果”，不仅是“人之果”，而且是“时代之果”。作为“时代之果”，生态语文树体系可以折射出一个朝代的“时代素养”。纵览古代诗词歌赋，文人骚客的字里行间用独特的个人风格烙下了深深的时代印记。唐朝繁荣昌盛的“语之根”孕育了李白豪放不羁、充满浪漫主义情怀的“语之果”；“安史之乱”的荣辱兴衰和个人颠沛流离的“语之根”孕育了杜甫悲天悯人、充满现实主义情怀的“语之果”。

当今中国梦的时代之根，孕育出的每个孩子的人文之果和人生之梦也一定会异彩纷呈。

只有按照“吸收—处理—呈现”的生态语文学习系统，孩子的语文学习才会更加高效。

读过《福尔摩斯》的人，应该对这个情节印象都很深：有一次，华生问福尔摩斯，咱俩形影不离，可为啥每次都是你先弄明白案件的真相？福尔摩斯说，因为我总在观察。

华生说，我也观察啊。

福尔摩斯说，那好，门口那楼梯你也天天走吧？一共多少级？

华生说不知道。

福尔摩斯说，是 17 级——你只是看见，我这才叫观察。

其实读书和语文学习的区别也类似。按照生态语文学习系统，读书，只是接收信息，是吸收系统；而学习，是要把新接收的信息和原有的知识结构进行一次对接，是处理系统。

最好的对接方法，就是像福尔摩斯那样，进行一次输出。由吸收系统到处理系统，最终落在输出和呈现系统上。正如福尔摩斯看见楼梯，然后输出一次对于这个楼梯的描述——一共有多少级。

读书也一样，读完了对人讲一次，或者哪怕只是写下几个字的读书笔记，也是更高效率的学习。

所以，看见≠观察，读书≠学习。前者是经过，后者是经验。真正得到的，是对经历的人、事及知识的提炼和总结，形成自己的东西。

其实，我们无时无刻不在观察，只不过我们会选择性地去忘记一些“不重要”的东西。如果想要有丰厚的回报，那你就必须经过“吸收—处理—呈现”三个生态语文学习阶段，经常进行高效的输出、外化和呈现。

每个人每天都在接收很多新信息，但是能记住的 5% 可能都不到，能融入我们的知识架构的更是少之又少。高效学习，不是靠脑子，而是靠方法——眼睛看，耳朵听，用嘴说，用笔写。最好的学习就是调动一切能调动的感官。

通过调动感官博览群书，大致建立自己的知识骨架，书读得多了，慢慢清楚了自己想要的知识体系，然后再找这方面的书籍精读、咀嚼、吸收、内化，将信息化为知识，填充进自己的骨架里，形成血和肉，慢慢的改变就是从内到外，内化于心，外化于行，自己的思维模式也会慢慢形成。

最重要的还是将信息化为知识，这需要你去做，去实践，在实践中总结提升，去理解更深层面的东西，不然可能只能永远浮于表面，碰不到精髓核心。

那么，如何将信息转化为知识，将知识填充到自己原有的知识架构中？有几种很好的方法：

第一，行动。按照美国金字塔学习理论，通过做中学、学中做，进行行动的实际应用。比如，教是最好的学，教别人可以达到 90% 的学习效率。

第二，写作。通过写作可以倒逼输入和思考，用输出促输入，用外化促内化。

第三，讨论。这就需要一个共同学习和爱好的圈子，小组讨论合作探究，大家互相质疑，互相提醒，互相督促。

我念大学时，我敬佩的老师有一个读书讨论的小圈子，我是削尖了头都要钻进这个圈子的。

现在想想，这是一件多么美好的事情。

拓宽思维广博度，获得无限话题灵感

孩子要实现高效的语文学习，我们依据生态语文理论，将既影响分数，又影响成长的一组生命密码和五大核心素养提炼出来，加以特别关注，实现重点的突破，达到高效学习的目标，迎接语文大分时代的来临。

第一个语文素养是思维广博度。在孩子 6 ~ 14 岁时，给孩子进行思维广度训练可以起到事半功倍的效果。思维广度是检测孩子发散思维的重要指标。我们对全国 12 个城市近 10 万学生进行调查，发现大部分孩子的思维广度在 2 ~ 3 个维度。这样的孩子不仅作文无话可说，以后到了社会也缺乏创意。

借助作文来进行思维的广度训练，效果非常明显。举个例子，让孩子说说“手”这个话题。家长也可以试一试，你能说出多少个相关的话题？训练过的孩子会说到二十几个。如果孩子的话题打不开，那就是孩子在用科学的思维思考，老是琢磨“手”的本质、形状、用途。这种思维是一种对外认识的方向。

我们来换个方向，找找我们大脑中与“手”相关的人和事。别着急，进入自己大脑的信息空间，一步一步开始我们的思维拓展之旅：

首先，进入我们的“生活空间”。这个空间有三个信息仓库：家庭、学校、社区。在“家庭”信息中我们找找与手相关的人和事。

“手”——妈妈的爱（那次轻柔的抚摸）；

“手”——家庭暴力（那次爸爸的毒打）；

“手”——岁月的沧桑（爷爷抱我到我牵着爷爷的手）；

…………

在“学校”信息中我们找找与手相关的人和事。

“手”——友谊的桥梁（同学的搀扶）；

“手”——知识的航标（教师的指引）；

…………

在“社区”信息中我们找找与手相关的人和事。

“手”——安全的指挥棒（交通警察）；

“手”——健康的托盘（医生）；

“手”——罪恶之源（小偷）；

“手”——城市美容师（环卫工）；

“手”——城市缔造者（农民工）；

…………

接着让我们进入大脑中丰富的“知识空间”，这里有十几个信息仓库：历史、文学、战争、哲学、音乐、美术、科学、体育、风俗、法律、教育、新闻等。

“手”——琴键上的舞蹈者（贝多芬）；

“手”——托起胜利的希望（董存瑞）；

“手”——前进的方向（毛泽东在天安门城楼）；

“手”——民族情怀（岳母刺字）；

“手”——和平的使者（奥运圣火传递）；

“手”——用生命捍卫知识（地震中那个手握半支铅笔被掩埋的男孩）；

…………

最后让我们进入大脑神奇的“想象空间”，这里有童话、神话、科幻、虚拟四个仓库。

“手”——勤劳（小蚂蚁的手）；

“手”——博大（如来的手）；

“手”——神奇（机器手、外星人的手）；

“手”——权力、团结、诚信；

…………

记得一次一个电视台的导演拿了一个企业1000万赞助费，企业要求拍摄 50 集《服装与时尚》节目。导演头疼不已。其实用上面的思维方式可以轻松拍摄 500 集内容。从“家里”拍起，拍到神奇的想象空间，可以无穷无尽地拍下去。

在广阔的三大空间选取素材进行组合，可解决孩子作文选材难题，同时，在 14 岁前为孩子建立这种思维广度，将使他们终身受益。

挖掘思维深刻度，让作文变得有内涵

第二个语文素养是思维深刻度。思维广度考查横向思维，思维深度则是衡量孩子纵向思维的重要指标，它侧重检验孩子由一个点引发的纵深思考，即我们通常说的“有没有思想”“是否有厚重感”。在日常生活中，与众不同的观点、独具深度的思想会让孩子引人瞩目。

落落大方，语惊四座，这不正是我们家长所期待的吗？在今后的工作与人生中，独具深度的思想更有可能成为孩子成功的捷径，令人耳目一新的演讲或工作报告，会给孩子带来不一样的机遇。而且，从最功利的角度出发，思维深度能够解决作文中的“中心”“主题”问题，让作文不再“读之无味，弃之可惜”，变得更有内涵与思想，极易在中高考或竞赛中获得评委的青睐，获得高分或好评。

遗憾的是，我们的测评数据显示，北京、广州、武汉、深圳等城市的学生思维深度仅为 1.1、1.2（理想值为 8），绝大部分孩子停留在“关注自我”的层面，缺乏广阔的眼界和博大的胸怀。这种情况下，孩子如何脱颖而出？如何在中高考中夺得高分？在速食文化、多元文化的今天，关于怎样帮助孩子有序地沉淀思想，这是值得每一个家长深思的问题。

家长需注意，对于思维深度训练，您的配合尤为重要。家长在日常生活中，每周可以有 2 ~ 3 次“有效聊天”，多为孩子创造情境，鼓励孩子表达。

比如节假日家庭聚会，让孩子给众人敬酒，且须说一段敬酒词。这时，孩子会怎么表现呢？大部分孩子（包括我们自己），可能端起酒杯或饮料就来一句："爷爷奶奶，叔叔伯伯，祝你们身体健康，万事如意！"虽然这也到了"关注他人"的层次，但是平淡无味，不够出彩。

小小的"敬酒"如何敬出特色、敬出满堂彩呢？

我们可以按照八个思维深度等级来引导孩子：

关注自我："这次期末考试我得了100分，我很开心，敬各位长辈一杯。"（分享内心的喜悦）

关注他人："爸爸妈妈，谢谢你们的养育之恩，来，我敬你们。"（感父母之恩）

关注群体："叔叔伯伯，都说文人生性好酒，你们在我眼里可都是名副其实的文人呢！所以这一杯酒一定要喝。"（关注文化人这一群体）

关注社会："爷爷奶奶，我听说'酒是粮食精'，以前的酒都很甘甜醇正，现在却不一样了，你们喝一杯看是不是这样？"（关注自然环境的变化）

关注民族："因为3斤四特大曲酒，贺龙拜服周恩来总理，这才有了后来的南昌起义。没有这酒，就没有我们新中国呀！所以，这一杯一定要喝！"（酒与中华民族的故事）

关注历史："古有李白斗酒诗百篇，关羽温酒斩华雄，赵匡胤杯酒释兵权，来，敬我们源远流长的酒文化！"（酒与历史典故）

关注哲学："每一滴酒其实都来自一种生命，现在我以茶代酒敬你们，这也算是一种生命对另一种生命的拥有吧。"（酒与生命的思考）

关注信仰："酒肉穿肠过，佛祖心中留，为了这份境界，大家喝一杯！"（酒与佛教）

从小有意识地训练孩子思维的八个等级，帮助孩子形成独特的人格魅力，才能受人敬仰，且能轻松应对各种小中高考作文。

提高个性表达力，让文字彰显人格的力量

第三个语文素养是个性表达力。每个人的语言表达都带有一定的个性特点，如赵忠祥的深沉，毕福剑的幽默，朱军的正派，各有千秋，自成一家。我们将一个人对不同角度、形式、风格的掌握程度称为个性表达力，它能够体现一个人的创造力和聪明度，与孩子人格的形成相辅相成。

在传统教育中，“个性”这个词似乎并不受欢迎，在老师眼里，它可能是“调皮”“捣蛋”“不守规矩”的代名词。应试教育更多培养“统一”思想、“统一”风格的人，所以记叙文永远都是“时间、地点、人物”“起因、经过、结果”，《难忘的一件事》从小学三年级写到初三，导致我们的“盗版”现象非常严重。

创新止步不前的原因在于，我们从小培养的就是“盗版型人才”，缺乏对学生个性的保护，更不用说指导学生培养自己的个性表达力了。

在个性表达力培养方面，家长能做的事情可能并不多，这需要 2 ~ 3 年的专业训练，可以从以下三个方面入手：

一是个性角度的培养。

譬如“罗老师拍桌子”这件事让你写，你从什么角度写？

一般的学生可能会写，“我”是一名学生，站在第一人称的角度，写“我”观察罗老师拍桌子的动作、神态、肖像、外貌等。

或者，站在第三人称的角度，以“我”是老师的角度，“我”上第一堂课，班上就闹哄哄的，你方唱罢我登场，跟人声鼎沸的菜市场似的，初为人师的年轻气盛，焰气喧腾的心高气傲，“严师出高徒”“黄荆棍下出好人”的陈腐老旧而奉为圭臬的教学理念，统统逼迫温文尔雅的我，决定杀一儆百给学生一个下马威瞧瞧。

然而真的只有这两种角度吗？倘若仅仅选取以上这两种角度，结果将注定是悲剧，不管是竞赛作文还是考场作文，这样的作文终将无法超越 80% 的竞争对手！而在生活中也会坠入庸常的泥淖，如堕入五里雾一般，无法多角度看问题，无法深刻清晰地理解他人的感受，模糊吞吐，磕磕绊绊，哼哼唧唧，乏善可陈。

绝少的学生会以“我”是手的视角作为切入口，站在“我是主角”的角度上，写我的主人是一位初出茅庐、初登讲台的老师，第一堂课学生不识时务、不留情面的闹腾与喧嚣，逼迫他不得不要求我拍桌子，可是桌子是我朝夕相处、摩挲与共、抚摸相依的好朋友，我不想拍它，我左右为难，摇摆不定……

或者，“我”是桌子，曾经生活在葳蕤葱郁的森林里，那里有漂亮的花束，仿佛吟唱着简单质朴的民谣，阳光那样和煦，雨露那样丰沛，清澈的溪流汩汩潺动，每逢起风的日子，柔软的叶子像窗帘拂动一样总能快活地舞蹈。可是有一天，“我”被利斧巨钺轰隆无情地砍倒，剥皮，锯断，切割，锤打，一顿惨无人道的“热情”蹂躏之后，我变成了一张规规矩矩、痴痴呆呆的桌子。从此，在这个散发着琅琅书声和充斥着惨白粉末灰尘的教室里，沉寂如屋角的一碗水，一待就是十多年，无法言讲的惆怅，成捆的试卷一般，重重地压在头顶，动不动就被人拍打，这不，又有人抡起了拳头……

或者，从“我是配角”的角度出发，“我”还可以是椅子，突然，“啪”的一声，就听见一个抡拳重捶的声音撕破天空，仿佛一把锋利的剑，穿透我的表皮，直刺“我”的心灵。“我”诚惶诚恐、战战兢兢、抱肩抖瑟地旁观我的搭档桌子被老师欺负的过程，吓得魂飞魄散。

“我”也可以是教室，“我”看见老师，甫一进教室，他的愤怒就莫名无端地扩散——仿佛整个喧闹的教室都在同他作对；接着下一秒，他的愤怒又迅速准确地聚焦——面前的这张桌子首当其冲，实在一无是处，令人气闷，它就是他一切不幸的根源，承受着他的愤怒像火山似的爆发。桌子忍辱负重，不言不语，抽泣噤声。此时，教室里岑寂如死，仿佛在被雷鸣闪电袭击过的天空和大地上，慢慢地、零零星星地出现了一些低低的，桌子、椅子、书本、粉笔等小声议论“老师拍桌子”这件事的窃窃私语的声音……

以上四种视角，分为主角和配角，属于作文的个性视角。从个性视角

出发，你会发现精妙的构思、绝妙的语言，你会看到作品叙事的峰回路转，你会发现审美诉求的跌宕起伏，你会啧啧惊叹："作文居然能这么写！"你的作文才有惊天地泣鬼神的个性表达力，和语不惊人死不休的文字典雅度，你的作文才会让人眼前豁然一亮！

作文如此，万象如此。仿佛一座巍峨耸立的远山，不仅要从远处横着看到蜿蜒的岭，而且得从近处侧着看到嶙峋的峰。观同一座山，观察者所处的方位迥异，角度不同，俯视，仰视，正视，斜视，侧视，平视，远眺，近睹，视觉形象会呈现千姿百态的变化。作文从不同的角度切入，会让人对所描写和描述的景物和事情产生更加全面、更加立体、更加血肉丰满的认识，获得更加纯粹、更加圆融、更加完美的感受。

尤其对于孩子，无论是久远的成长，还是眼前的成绩，都大有裨益。

二是个性构篇的训练。

构篇更多针对作文而言，我们根据学生的不同性格，总结了四种不同的构篇方式和结构形式，孩子可根据自己的性格特点选择合适的方式。

莫泊桑说："布局是一连串巧妙的导向结局的匠心组合。"

美国哲学家兰德尔说过："结构是一切意思和意义的基础，没有结构，任何东西都不存在，都不可设想。"

这些告诉我们，文章的结构是很重要的。在一篇文章中，结构和语文一样，都是给文章内容以具体形态的东西。结构，不仅影响文章的表达质量，而且在一定意义上还可以生成或者改变思想内容。

在传统的语文教学中，很少关心"怎么写"。因此在学生头脑中，毫无文章之"形"。文虽无"定法"，却有规律可循。学生领悟了写作的门道，写作时方能豁然开朗。

目前中国中小学生写作文毫无结构意识，缺乏构篇方法，在常规教学中，学生的作文、周记、日记，只是单纯地把生活中的事情还原，教师的教学也往往只要求学生运用"开头、中间、结尾"三段式的方法写作。从2004年底到今天，我们经过对北京、武汉、广州、深圳等地几万名学生的调查，结果显示没有一个学生能回答什么是作文的结构，更不用说能运用什么样的构篇方法。

这样的情况在中国中小学生中较为普遍，写作文时事先没有通盘考虑，写一段想一段，写到哪算到哪，不尊重客观事物固有的逻辑，导致言之无序，思路缺乏条理性。由于详略处理不当，结构散乱，对主题的表达带来直接的影响：中心不突出。

结构无疑是文章的“骨骼”——失去了健壮坚实、功能齐全的骨骼，血肉无所依附，灵魂无所寄托。一般在考试时，这样的作文基本上都得不了高分。不仅如此，缺乏严谨的结构，学生成长中就缺乏缜密的思维。没有创意的结构，学生的成长更会缺少几分精彩。结构不仅是写作的需要，更是培养学生缜密与创意思维的有效方式，创意传递了聪明的特质，创意的构篇会成就创意的人生，创意的人生就是一篇有创意的构篇文章。

当今作文教学对结构的忽视所造成的学生成长缺失不可低估，造成这种现象的原因有很多：

第一，目前中小学生没有完善的作文教材，更谈不上教给他们谋篇布局的操作方法。

第二，老师在指导学生构篇时方法单一，学生作文一般呈现总分式：包括总—分、分—总、总—分—总三种形式，这是学校作文中最常见的结构方式。

像这样的作文构篇教学，无法达到中高考作文对文章做到“有创意”这一评价标准，80% 的学生会因缺乏“有创意”的构篇丢掉 18 ~ 22 分。如何创意？现有的作文教学体系采用的是一套理工科式的公式教学法，把文章按体裁分为记叙文、议论文、说明文等，并有了一套规定的格式，如学生写《苹果》，首先审题会审出“状物”这一体裁格式，接着按照这一格式套出苹果的来历、颜色、形状、味道、品质，整个写作过程就是一次数学的答题过程。从这个方面来讲，传统的构篇是导致千篇一律、千人一面的罪魁祸首。

为了引导学生突破传统构篇的束缚，我们以学生的个性为主体，协助学生形成适合自己的个性构篇风格。我们为幽默的孩子研发出了充满戏剧

性的点面构篇，为不服输的孩子研发了情节跌宕的冲突构篇，为爱美的孩子研发了优美的散文构篇，为爱思考的孩子研发了充满哲理的明暗构篇。未来我们还会不断地推陈出新，研发更多的个性化构篇。

三是个性风格的培养。

在孩子尚未形成个性风格之前，最好的训练方式是模仿。如将“秦朝末年，楚汉之争，项羽惨败，来到乌江边，拔剑自刎”这段话按照自己崇拜的人物风格临摹仿写，孩子们会写出什么样的文章来呢？

如果孩子喜欢周星驰，想象一下周星驰会怎么写？可以用上他的经典台词，外加幽默搞笑风格，那么可能会是这样：

> 项羽带领残部一路 rubber，来到乌江边摆了一个 pose，问部下：本霸王帅不帅？（帅呆了。）
>
> 项羽一段真情告白：曾经有一成功的机会摆在我的面前，我没有珍惜，直到失去才后悔莫及，人生最大的悲哀莫过于此。

如果是赵忠祥呢？他在《人与自然》中低沉而富有磁性的解说，至今吸引着一大批人，如果用《人与自然》的语言风格，改写会是这样：

> 这是一个弱肉强食的世界，残阳如血，他——一代霸王项羽，伫立在乌江边的岩石上，夕阳在他脸上镀上了一层金光，他的目光坚定地注视着远方，为了国家不再生灵涂炭，为了百姓不再家破人亡，霸王项羽毅然拔出长剑，潇洒地在脖子上一抹，霎时，鲜血在晚霞中起舞，化作一道美丽的彩虹，彩虹里成就的是汉家王朝。一个人的失败往往预示着一个伟大时代的到来。

还有体育解说员黄健翔，他的解说语速快，充满激情，所以他的改写是这样：

中央人民广播电台，中央电视台，我们在乌江边转播楚汉之争的最后一战——决战。最先出场的是一代霸王项羽，他表演的难度系数是208，第一个动作是拔剑，他拔出来了，伟大的项羽把剑拔出来了……

来一个对比强一点的，婉约派诗人李清照，她会怎么写？

项王掩面而泣，继而吟道：急急切切，莽莽撞撞，凄凄惨惨戚戚。垓下惨败时候，终难逃离。三军两阵之前，怎敌他，汉军来袭？鼓息也，最伤心，却是旧时败敌……

再看看擅长用数据说话的苹果教父乔布斯，如何改写中国这一历史事件：

项羽站在乌江边，决定做人生最后一次演讲：将士们，这是我第一次没有准备PPT的演讲，也可能是人生最后一次演讲。下面我们来分析一下战况：垓下之时，楚军10万，汉军30万。我军惨败。后800精骑伴我突围，汉军5000骑兵追杀。目前我部仅剩28骑。通过以上形势、军力分析，我军必败无疑。我一生信奉“活着就是为了改变世界”。死是生的一种延续，我将在另外一个世界开启创新之门。

看到这里，也许有家长会产生疑问：这是不是要教孩子追星？我们的意见是，模仿是孩子个性人格形成不可超越的一个阶段，我们不反对追星，但是要“有目的”地追星，在追星中学技能长本事。家长在这时，一是要包容和理解，二是要引导孩子看到明星光鲜背后的付出与品质。孩子在临摹多种名人风格后，会找到一种最适合自己的表达方式，并逐步形成自己的风格。

因此，人格临摹会让孩子写出的文字彰显出人格的力量。这种力量闪耀个性的光辉，能穿透读者的心灵，这种训练有助于孩子人格的形成。

提高文字典雅度，彰显个人修养与气质

第四个语文素养是文字典雅度。文字典雅度彰显个人修养与气质特性，这个概念来自香港中文大学冯胜利教授的研究，他认为文中出现的书面语语言点占行文语言点的比例，有相应的标准，过于典雅反而让行文生硬。我们将其泛化到口语表达中来，即到什么山头唱什么歌，面对不同对象，应该使用不同的语言。而且研究表明，成功人士的文字典雅度跨度一般较大。

经过多年研究，我们将文字典雅度划分为“俗、雅、酸”三个层面，其中“俗”又分为“恶俗、低俗、通俗”，“雅”分为“文雅、高雅、典雅”，“酸”分为“酸气、酸涩和酸腐”。毛泽东形容苏联共产主义为“土豆烧熟了，再加牛肉，不许放屁”，俗得通透，“我失娇杨君失柳”雅得别致，“为人民服务”更是通俗易懂地阐释了共产党的使命。从恶俗到酸涩，大跨度的文字典雅度揭示了伟人的特质之一，在各种场合、面对各种人群游刃有余的交流，正是成功人才所必备的素质之一。

在日常生活中，训练文字典雅度的机会非常多，比如你和别人约好吃饭，但等了40分钟，对方还没到，你需要发一条微信，你会发什么内容？

我们先看“俗”版微信，会给我们带来什么感觉。

> 恶俗：（无称谓）你 ××× 的让 ×× 等了半天，啥意思？
>
> 低俗：（无称谓）×，你丫又迟到？
>
> 通俗：（无称谓）讨厌，你怎么搞的？又来这么晚？

仅从字面看，这三种可能都不得体，但假如对方是你很熟的朋友，这种表达方式反而显得关系亲密。若换成其他表达方式，反而会令人不自在，甚至关系疏远。

再看“雅”版微信：

文雅：××，你计划还让我等多长时间？（用了“计划”二字，感觉立刻发生改变）

高雅：××先生，请问您还需要多长时间能到？（“先生”“请”等礼貌用语）

典雅：××，等待是一种温馨的期盼，真诚期待您的到来。（“温馨”“期盼”等给人以舒服的感觉）

这三种表达方式是比较常见的，也是最令人舒服的，适用于日常交流。而且高分作文的典雅度也常在这个范围内。

最后升级到“酸”版微信：

酸气：××兄，弟已恭候多时，恳请谋面。

酸涩：×××职务+钧鉴，昨日一时之偶兴，遂成今日之佳约，诚盼莅临，醉飞吟盏。

酸腐：适此阳和方起，万物生辉之际，白鹿访于深山，苍鹰会在崖边，盼君之眷顾，万望晤面。

这三种表达方式，仅在特定人群及特定场合使用，过于书面化，令人忍俊不禁。

不同的文字典雅度直接关系到孩子未来的朋友圈有多大。“俗”带来的“真实感”，“雅”带来的“美感”，“酸”带来的“文化感”，各有千秋。在历年高考中，凭借优美的文笔取胜的作文不在少数。但是，相对于前面三个核心参数，文字典雅度来不得“突击”，它需要孩子持续的积累。

提升情理均衡度，发挥孩子的情商与智商

第五个语文素养是情理均衡度。情理均衡度是指通过作文看孩子明理与抒情的文章比例，推导出孩子的思维特质——科学思维（逻辑思维）/文学思维（感性思维）。极度理性的人逻辑思维强，收获成功的可能性大，但因缺乏感性思维，无法感受细腻生活，可能导致生活不幸福。极度感性的人太过于敏感，事业方面容易受挫。

通俗地讲，情理均衡度就是“情商”与“智商”的关系。理想状况是情理完全均衡（5:5），情商高，智商也高的人，生活春风得意。情或理极端发展的情况（比例 0:10 或者 1:9 等）对孩子的发展不利：情商高，智商低的人会有贵人相助（情商高懂得笼络资源）；情商低，智商高的人大多怀才不遇（即所谓的“有知识没文化”）；情商低，智商也低的人往往一事无成。

我们考查孩子情理均衡度的一个重要方法是检验其阅读和所学知识在现实生活中的运用。

情理均衡度的培养对家长的要求相对较高，家长可在孩子小学阶段引导孩子，学会将所学知识“为我所用”，运用到日常生活中去。在孩子初中阶段，则要辅导孩子阅读 1 ~ 2 位哲学家的书籍，精通至少一位哲学家的理论，为理性思维发展打下坚实基础，促进孩子的情与理得到平衡发展。

孩子，请背起人生的行囊

语文，是最直接的指向人的灵魂的学科。语文不仅覆盖一切，而且穿透一切。语文是一切文化的载体，一切学科的母体。一切其他学科都是用语文表达出来的。一旦离开语文，如同树叶离开树根，虎毛离开虎皮，价值就会烟消云散。

一旦抽离了语文，东方文明的大厦将顷刻坍塌，人类将面临重新建构一种文明的任务，这绝非耸人听闻。

所以，你必须以对待整个人生和整个文明的态度来对待语文，才能学好语文。

因为语文所训练的是人对一切文明符号的理解力和创新力，它对人生的作用实在无形又巨大。尤其在语文大分时代的背景下，语文学好了，干什么都摧枯拉朽，势如破竹。语文学不好，干什么都举步维艰，愚昧弱智。

如果语文教育不能烛照学生的心灵，让学生心灵更美、德行更纯、思维更广、情商更高、更具智慧、更会表达与沟通，那么，语文教育终将会走向泛化和同质。几十年来应试教育模式已经把学生禁锢在校园和课本中，生活的阳光在屋脊之上，学生生活在屋顶之下，没有自我空间，生活趋于同质。同质化的生活却要求学生写出个性化的文章，拥有个性化的人生，强人所难。只有依托思维广博度、思维深刻度、个性表达力、文字典雅度和情理均衡度这五大核心素养的语文教育，才能为孩子打下文化烙印，备好充实的行囊，继而建立起人生的自信，改变自己的命运。

在人生漫漫的旅程上，没有征途就没有行囊。打包行囊，不要忘记打包好语文素养和精神梦想的行囊。这个行囊承载着的，是引爆智慧头脑的导火线，是打开成功大门的金钥匙。盛放着开阔人生的所有可能，孕育着一生念念不忘、汲取力量的精神磁场。

孩子，请背着丰盈的行囊，沿着阳光洒下的方向，即使心志苦痛、筋骨劳累、身形空乏，但是那浸润在空气中脱俗的书香总能牵引心灵的舞蹈，轻盈似鸟。

在命运的舞台上，翩然起舞。

三、风雅，从附庸开始
——掌握语文的工具价值

于丹，为大众找回孔子

双肩承一喙，俯仰天地间。

尽管人人都长着一个脑袋搭着两个肩膀，但差别实在是太大了。有的拙于言辞、羞于表达，有的善于言谈、富于春秋，有的善于写作、著于竹帛，有的果于自信、止于至善，也有的老于世故、工于心计，有的疲于奔命、急于事功、毁于一旦，这是人的多样性和复杂性。

于丹健谈善言，说起话来滔滔不绝、神定气足、张弛得法、缓急有度、提神醒脑，颇有著名评书表演艺术家刘兰芳的风采，一部《论语》说得跟《杨家将》似的。因此她在《百家讲坛》一夜爆红是自然而然的事情。当年于丹在电视上左手孔子，右手庄子，普及高雅文化，道不远人，得到了广大观众的青睐。一时间大家纷纷效仿，读则字辞经史雅，吟则诗词歌赋曲，附庸风雅，甚嚣尘上。

但随即就遭到了许多严厉批评，各种指责层出不穷，主要观点是说

她说话不严密，学理上有漏洞。精深不够，肤浅有余；附庸居多，风雅不足。

但是，我以为，假如让于丹下课，弄一老孔子专家抑或某一鸿儒硕学站在那里，跟古时道学先生一般，声音在嗓子里滚半天出不来，说话上气不接下气，摇头晃脑，之乎者也，那《百家讲坛》就别开了。

因为曲高必然和寡，所以风雅始于附庸。

教给孩子“做”蛋糕的艺术

要想培养一个腹有诗书气自华、读书深处意自平的孩子，就应该从附庸风雅开始。

现在许多家长给孩子买书非常功利，“风雅”的书避而远之，觉得看作文书对学校单元作文成绩的提分效果明显，就只让孩子读作文书，其余雅人深致的文雅闲书一律不看。

其实，作文书仅仅是工具书，它只是教给孩子“切”蛋糕的技术，而真正充满人文性的书籍教给孩子的却是“做”蛋糕的艺术。适当读点“风雅、文雅、典雅、高雅”的无用闲书，对孩子的认知能力、写作能力都有很大帮助。

快餐式的、碎片化的、通俗的、艺术低下的少儿读物在市场上时有风行。孩子的内心酷肖一个容器：如果先装进文雅精致的优质东西，以后哪怕掺杂进鄙俚浅陋的杂芜物什，也不过是增加了多样性和丰富性；而如果一开始放进去的就是趣味低下的碎片和零杂，那就不仅影响审美趣味，优秀典雅的东西也很难装进去了。

一个从来不阅读的人，他的内心世界始终是泥沙俱下、玉石杂糅、无序且偏激的。请不要小看阅读，那是一种支起孩子内心强大支柱的无形力量。

以前我们那个时代，到处找书去读。现如今书多了，书海成了一种

江湖，江湖上卖得好的书往往是更靠近生活的实用的书：养生、美容、商战、股票、英语……书海茫茫，一入其中，如坠雾中，往往目不暇接，每每身不由己。尽管人虽至促迫之时，亦必有一二刻之闲，可以安坐读书，扬风崇雅，但是崇尚什么样的雅，阅读什么样的书却成了一个棘手的难题。

难题就在于应试教育的背景下，孩子每天起早贪黑，学习时间早已经侵入闲暇甚至休息时间。许多学生疲于奔命，产生了严重的学业倦怠。一个处于倦怠状态下的孩子，怎么会产生阅读的欲望？

据调查，在 2017 年没有读过课外书的 14 ~ 17 周岁人群中，有 31.5% 的人表示是“因功课而没时间读书”，比例占各种不读书的原因之首；有 28.3% 的人是“因没有读书的习惯、不喜欢读书”而没有读书；有 22.0% 的人是“因上网、玩游戏等而没时间读书”，这是中学生的阅读现状。

复旦大学做过一个调查，大学生里面阅读本专业经典著作的占 15.2%，阅读人文科学的占 22.8%，阅读外文文献的只有 5.2%，3 个月阅读量平均在 3 本书以下，这是大学生的阅读状态。

这些问题的背后是什么呢？是教育，尤其是中小学生的语文教育。应试教育轻视甚至延误了阅读。

阅读首先需要的是有闲暇，闲暇的意义不仅是保证阅读时间，更重要的是保证阅读的状态。阅读需要从容的心态，需要投入地思考。见缝插针式的阅读往往是实用主义的，未必真正适合孩子。我们总是把语文教育意义视为阅读的目标，而忽视了文学性在陶冶孩子身心、释放情感等方面的功能。我们过于追求阅读效果的即时性，而忽视了阅读效果的渗透性、潜在性与长久性。文化给人的力量，更多的是缓慢、绵密、恒久的渗透。虽然它是“无用”的，然而一切都有痕迹，我们沉重的肉身会因某些时刻“无用”的阅读而获得心灵的轻盈和洁净。

本来作为调节，孩子除了周末，尚有寒暑假进行休整，但目前的状况是补课培优不但侵占了周末，也大量占用了寒假和暑假的时间。一旦自然休息的节律被打破，孩子便会陷入身心疲劳的尴尬境地。偶尔的假日，也成了极度放松的时间，成为过于繁忙学习的一种反弹。当然，即使孩子有了闲暇，也未必读书，闲暇只是读书的前提条件。更多孩子处理闲暇的方式是玩游戏、逛漫展或者进行生活交际等。

这里有两点非常重要，一是他们缺乏阅读的需要，二是他们缺乏阅读的环境。所谓缺乏阅读的需要，是指他们的学业并不迫切需要大量的阅读。许多孩子的学习非常单一，就是研究题目、应对考试。这种简单的技巧并不需要丰富的阅读做支撑，丰富的阅读有时候甚至可能是一种阻碍。在这种情况下，阅读远不如大量做题来得更加有效，也更加节省时间。在有些学校里，那些从不阅读，把大量时间花费在研究题海战术以应对考试的学生往往更受老师欢迎。所谓缺乏阅读的环境，也有多层含意，最重要的是缺乏积极阅读的校园文化和家庭阅读氛围。

那么,如何营造家庭阅读氛围?

首先，可以让孩子做一个阅读小测试，试答以下问题：

1. 你每天看报吗?
2. 你开始读一本书时是否感到困难?
3. 你是否先翻阅再进行详读?
4. 你阅读时,是否不理会表格、图片等?
5. 你是否只对你感兴趣的书籍才能集中注意力?
6. 你是否做摘要并对所读的内容提出问题?
7. 你是否经常去图书馆?
8. 你是否多读几本同一学科的书?
9. 你阅读时有无退步的倾向?
10. 当读到一个不懂的字,你会去查吗?
11. 你是否发现在一本书里有许多内容你不明其意?
12. 你了解多数你读过的书吗?
13. 你读过的大部分书是否在一两个星期内便忘记?

14.　你是否每星期至少读 4 本书？

15.　你读一页书平均是否要花一分钟以上？

16.　你阅读的速度是否随文字的难易而不同？

17.　你是否略读或跳读？

18.　你是否一个字一个字地读？

19.　你阅读时在脑海中是否听到了字的发音？

20.　一般来说，你喜欢阅读吗？

评估：

1 ~ 4 浏览的习惯及能力；

5 ~ 8 提问的习惯及能力；

9 ~ 11 精读的习惯及能力；

12 ~ 13 复述的习惯及能力；

14 ~ 20 速读的习惯及能力。

答案：

1.(√)2.(×)3.(√)4.(×)5.(×)6.(√)7.(√)8.(√)9.(×)10.(√)11.(×)12.(√)13.(×)14.(√)15.(×)16.(√)17.(√)18.(×)19.(×)20.(√)

这项测验主要考查孩子的阅读方法、阅读习惯及阅读心态这三方面，如果孩子的回答与标准答案不符，则表示需要在相应方面加以改进。

其次，家长和孩子要努力形成阅读共同体。在家里营造书香氛围，书架上的藏书量至少在 100 册以上。要在孩子生活学习的地方随处放一些书籍。为孩子建设一个阅读的朋友圈，选取 3 ~ 5 个孩子的书友，聘请一个或者几个有能力的家长轮值作为书友会会长，定期举办阅读讨论、心得分享的书友会。亦可建立阅读微信群，通过阅读打卡或者定期发表来分享孩子的读书感受。总之，家长要保证一定的时间与孩子共同阅读和讨论。因为孩子能让家长陪读的时间并不长，只有小学生涯的六年光景，所以家长一定要珍惜这段缘分。

老爸老妈的“坑蒙拐骗”

在我教的无数学生中，大凡卓有成就的，小时候无不热爱阅读。他们之所以从孩提时就爱上阅读，是因为受到家庭阅读共同体的影响。

我记得《选材与创新》的第七讲是阅读课，我给孩子们布置了一篇关于阅读的作文。一个叫文婧旎的女孩子，她的文章让我印象最深，至今记得。她写道：

我小时候爱上阅读主要是受罗老师和父亲的影响。

上小学四年级时罗老师教我们作文，他每周都会利用课前、课间抑或课后的时间读书给我们听，读沈石溪的动物小说，读那些发生在西双版纳那块炎热而又多情的神奇土地上，那些被清澈泉水环绕的村村寨寨里，那些被山峦河谷所覆盖的、郁郁葱葱的热带雨林里，野生动物与人类家畜之间角色客串、反串和互串的有趣故事……

有意思的是，罗老师总是在我们听得最入迷，一个个小眼灿灿、小脸通红、小手直举、小嘴滔滔时停下来，像报刊小说连载的编辑似的，又似古时说书先生一样，在最精彩的地方停下来，说一句“欲知后事如何，请听下回分解”，留下一种悬念给我们回味。

我们急切想知道“后来怎么样”，下课就会自己找来看。

每次听罗老师朗读时我都特别专注，大概罗老师能从学生的眼神里看出感动和共鸣来，就把一张武昌区少年图书馆的借书卡给我用。借书卡一次只能借一本书，我一般是走出图书馆就开始看，有的比较薄的书还没走到家就读完了，于是转身又回去借。

我爸爸也是个“附庸风雅”的文学爱好者，我常常跟着他一唱一和，怀文抱质，“附庸风雅”。

“旎旎过来，爸爸给你出一个上联：‘谷磨磨谷，谷随磨转，磨转谷裂出白米。’”

爸爸在书房里召唤我。

我走了进去，思索片刻，当场答道：“风扇扇风，风由扇动，扇动风起生凉意。”

爸爸笑了。老爸你笑什么呢？我心里好没底啊！

这是发生在我家小书房中书香生活的小插曲。

各位请往这边瞧：

南面有一幅质朴的山水画，画中有苏东坡的词：“大江东去，浪淘尽，千古风流人物……”

北面是“空山新雨后，天气晚来秋”的字画，色调、意境古朴而别致。

西面是一个大大的书柜，整整齐齐地摆放着各种各样的书籍。有动物小说、校园文学，也有中外名著；有历史地理，也有猎奇解密；有经史子集，也有科普人文。咦！我想起了一副对联：上联是“古”，下联是“今”，横批是“包罗万象”！

这些书籍，像一列列士兵，等待着我这位“小首长”的检阅。东面是书桌，哇，一尘不染！

这就是我家的小书房，书香清逸幽远，伴随着我走过了童年的春夏秋冬，编织了我童年的色彩斑斓。

看到这样一间小小的书房，你有什么想法呢？哈哈，我猜出了你的心思——嫌小！我说：时人莫小池中水，浅处不妨有蛟龙。斯是陋室，唯吾德馨。

每当夜幕降临，华灯初上，外面的世界流光溢彩、车水马龙，这个小小的书房，却是一处安静、温馨的小天地。在这里，我在知识的海洋中畅游，爸爸对着他的那些“大部头”若有所思。

妈妈呢？她没有“当窗理云鬓，对镜贴花黄”，而是拿着一本书，煞有介事地踱来踱去。哈哈！女儿我“钦定”的书，母亲大人也不敢“抗旨”不读——她正在读《这个历史挺靠谱》呢。这个场景，我用一句话来概括：“等灯登阁各攻书”，好吗？

这个小书房，是我最重要的天地。我在这里挥毫写童趣，开卷阅古今。

小屋之内、方寸之间，在爸爸妈妈的“坑蒙拐骗”下（嘻嘻，请允许我幽默一下），我背下了《弟子规》《孝经》《道德经》《论语》《大学》《中庸》《孙子兵法》等国学经典。当初我不解地问：“爸爸，你要我背这些东西有什么用啊？”爸爸笑了笑，说：“就算它再没用，至少可以锻炼你的记忆力。”

好吧，我认了。如今，我逐渐认识到，这些不朽的传世之作，不仅仅能锻炼我的记忆力，而且还能提升我的思想和智慧，浸润我的学养和气度。

《论语》说的“色难”深深地震撼着我。《孙子兵法》是一幅刀光剑影、鼓角争鸣、金戈铁马的画卷，孙子说“百战百胜，非善之善者也，不战而屈人之兵，善之善者也”，这位老人诠释着中华民族爱好和平的优良传统。老子说“道生一，一生二，二生三，三生万物”“燥胜寒，静胜热，清静为天下正”，这智慧、这玄奥，我将用岁月去理解、去品读。

还有——

册册古文之浩瀚，让我尽览汉语的博大；

卷卷唐诗之雄厚，给我领略生命的力量；

阕阕宋词之优美，让我珍惜亲友的情谊。

在这个小小的书房里，我不仅勤览群书，还在爸爸妈妈的陪伴下通过阅读打卡来登阁攻书，通过网络图书馆听取传统文化的国学讲座。比如“儒家传统与文明的对话”“妙品汉字”“如果白居易遇见伏尔泰”“诗词里的苏东坡”“我们的中华年”“喜迎佳节话对联”等。

这不，清明节快到了，爸爸说：“旎旎，什么时候有空啊？爸爸给你准备了‘杏花春雨话清明’‘书里话外说清明’两个讲座。”爸爸一直都是这样。

在这个小小的书房里，我走过了十几个春秋。如今，爸爸给我的评价是：

儒道经典，均有所诵；

琴棋书法，亦有所长；

诗词歌赋，更有所通。

如果你觉得我家还不够“风雅”，请你到我家的国学小书房，感受最具中国传统特色、最具仪式感、最“附庸风雅”的“无我感恩茶礼”。

读书是语文教育的原点

对每一位家长来说，在其家庭里正在发生的事情，在别人的家庭里早已发生，也将在另外一些人的家庭里继续发生。

人类在几千年的语文教育历史中，创造和积累了许多宝贵的教育思想，这些思想保存的载体主要是教育的经典著作。

教育部新教育实验之所以把语文学习尤其是经典阅读作为最重要的基础活动，是因为当前语文教育的症结并不在所谓工具性和人文性的失衡，而在于放弃读书。

新课程改革自 2015 年以来，语文教育界言必称工具性与人文性，教学方法不断翻新。可是至今，语文教育现状有明显改观吗？

没有。因为在强势话语和热闹表象的遮蔽下，人们忽视了语文教育的原点——读书。

读书才是语文教育真正的原点。

在回归原点、不忘初心的教育实践中，我发现其中最关键的人物是家长。

没有家长对于阅读的热爱，就很难有孩子对阅读的热情。

没有家长对于风雅的附庸，就很难让孩子变得丰赡儒雅。

没有家长与孩子的亲子共读，就很难形成亲子共同的精神家园。

一个孩子的阅读史就是他的精神成长史。

一个家庭的阅读环境构建着孩子的人文土壤。

一个民族的阅读水平决定着这个民族的精神境界。

四、算算语文学习的“分数账”
——掌握语文的成功价值

考得好，世界就灿烂？考不好，世界就灰暗？

一位家长曾向我表达了她的焦虑，她说：“我孩子是小学 4 年级的学生，语文每天背默的内容实在太多，占了所有作业量的 80%，错 3 个字就要重默。和老师交流，老师说小学已经算好了，到了中学要背文言文，那才更可怕。可是不抄不默，我又担心孩子考不出好分数。”

我的一名学生曾给我写了一封信，他说：“罗老师，在语文这个学科上，您给我的启示就是：学语文不是为了争分数。读书改变了我的世界观与价值观。在以前只为考试而活的学习之路上，我每天的心情完全由分数与排名决定：考得好，世界就灿烂；考不好，世界就灰暗……”

…………

显然，对于语文学习，绝大多数家长和学生最关心的就是语文的分数和成绩。

然而，不是所有家长都清楚语文的“分数账”：从一年级识字词到高中结束的12年时间，孩子的语文学习从不间断，丢分却越来越严重。从6分到35分，大部分是被阅读和作文两部分“拖累”。在中高考这种千军万马过独木桥的背景下，对优秀学生而言，语文成绩的差距可以高达30～40分，而数学分差一般是5～15分。

语文最终成为众多学科中最易拉分的学科。

对大多数优秀学生来讲，数学、英语成绩相对稳定，语文就成了提分的重要学科，成为拉开中高考分数最终差距的撒手锏，在各门学科中最易实现分数超越。

关键要解决好影响语文分数最核心的两大问题：阅读的理解分析和作文。大多家长以为作文和阅读很难有效提高，其实不然，虽然语文学习需要系统化和长期化的训练，学生比较难上手，但是一旦入门，学生则终生受益。

语文学习有一定的规律，跟上学校的语文学习进度，大多数孩子一般可以拿到语文保底分数——中考90分、高考98分。但要想语文实现高分突破，就需要从小学到高中，不同阶段系统地学习阅读理解和作文两大容易失去高分的内容。这两块内容的得分受学生成长的“三观”影响，反过来这两块的训练又直接影响孩子的“三观”——世界观、人生观、价值观。

所以，语文学习有两大价值：一是成长价值；二是成功价值。

如何提高孩子阅读理解的分数？

答好阅读理解题，是需要孩子有真实的理解能力的，我们可以从两个方面进行训练：

一、通过“文本”训练学生的理解能力

孩子阅读丢失高分，往往是因为没有养成良好的理解思维习惯。怎样养成？

例如，理解“古井用她的乳汁哺育着乡亲们”这句话的深刻含义。（6分）

第一，“读题能力”。用规范的答题习惯，解答这句话的表面意思。所谓规范的答题习惯包括：疏通词语、指出修辞和标点符号、组织表面意思。

（答：哺育，养育。乳汁，这里用了比喻的修辞手法把井水比作乳汁。这句话的表面意思是指古井用井水养育了村里的乡亲们。得1分）

第二，“读文能力”。结合文章的上下文，找出与题目相关的内容进行分析。

第三，“读人能力”。结合写作的时代背景和文中人物的意图，分析作者在这句话中所要表达的真实意思。

这两步是阅读理解题训练的关键，综合“文”和“人”，理解句子的内在意思。从小学到高中要不间断地训练。

（答：哺育，养育。乳汁，这里用了比喻的修辞手法把井水比作乳汁。这句话表面意思是指古井用井水养育了村里的乡亲们。作者阔别故乡30年，通过对故乡古井的回忆，表达了作者对故乡的无比思念和热爱之情。1+4，得5分）

第四，“读心能力”。结合自己和社会现实，写出自己的阅读感受。表达引申意思。

（答：哺育，养育。乳汁，这里用了比喻的修辞手法把井水比作乳汁。这句话表面意思是指古井用井水养育了村里的乡亲们。作者阔别故乡30年，通过对故乡古井的回忆，表达了作者对故乡的无比思念和热爱之情。在这个大拆迁的时代背景下，故乡不仅是游子的心灵港湾，更是每个人对精神家园的坚守。得6分）

这类训练会为孩子的高考提升10～15分的分值。具体如何针对说明文体、议论文体、记叙文体等不同的理解训练不在这里一一赘述。只是说明，阅读的理解题并非一定要丢失高分，它是有章可循的。

二、在生活中通过聊天的范式提高孩子的阅读理解能力

考得好，世界就灿烂？考不好，世界就灰暗？让阅读改变这种状况吧。

一切阅读都是“读人”，读书本里面的人，读身边的人。一切阅读的能力同时还是读世界的能力，认识世界的能力。因而，阅读对于学生个体而言，意义重大。

那么，如何在生活中培养孩子阅读世界的能力呢？这种能力是语文教育所追求的“真正的理解能力”。这种能力包括：

首先，理解表面意思的能力；

其次，理解语言环境下的人物思想感情的能力；

最后，结合社会现象表达自己感受的能力。

例如，早上孩子还在睡懒觉，家长说：“安心睡吧，明天哈佛的录取通知书就送到了。”要求孩子准确理解这句话的深刻含意。

表面意思：让孩子安心睡觉，成功就会找上门。

人物的内在意思：家长用讽刺（或幽默）对孩子睡懒觉表示不满，从而表达对孩子成功的殷切希望。

引申意思：揭示当今孩子学习负担重，家长又望子成龙、望女成凤。

这里的阅读就是让孩子读懂家长、读懂社会、读出自己。

一个有思想的孩子，通常会对文章从品人评文到知人论世有更深的感悟，家长应该多鼓励孩子阅读课外书，通过增加阅历深化思想内容。虽然很多时候，阅读不一定要直接反映在成绩上，但是阅读代表着一种人文素养的积累，是对知识面、视野和思维的一种开阔，可以帮助学生形成人文思维。即使孩子一时语文分数并不那么高，但如果孩子爱读书，在阅读中提高了悟性，养成了人文思维，语文成绩也会在无形中提高。

家长可以帮助孩子根据课文选择拓展阅读的材料，这样孩子读起来比较贴近，也比较容易理解。

比如，涉及历史人物、事件的课文，在复习和预习时给孩子增加一些历史背景的讲解，或者给孩子找一些相关的书籍来看；

涉及山水地理、自然科学的课文，可以给孩子找一些图片或者一些科普文章，增加孩子读书时的趣味性。

如果条件允许，甚至可以带孩子在旅游过程中探讨学习过的内容，“读

万卷书，行万里路”，为孩子创造带着书本走出去看世界的机会，努力让孩子把书里的世界和真实的世界融为一个大大的世界。

如果是古诗词，除了为孩子增加一些作者和作品的时代背景了解，还可以找一些相关的画或者同时期的其他作品，让孩子看看，包括可以到博物馆去找一些学习资料。家长可以选择的基本读物有《论语》《古文观止》等，可以从中选一些字辞经史雅的篇章。

还可以选择唐诗宋词的选本，以及现当代一些优秀作家的作品。初中生可以看看冰心、朱自清的美文，高中生就应该看看鲁迅、老舍等人的作品。一些经典的中外童话、小说，也应该好好读读，如《小王子》《夏洛的网》等。

阅读能力有了，语文考试成绩自然不会差。

如何提高孩子作文的分数?

各位家长，你是否以为竞赛作文（创作作文）得分高，就等同于考试作文得分高？事实恰恰相反，屡获竞赛奖项的学生，在中高考中发挥并不好，得分普遍偏低。

原因在于中高考作文是规定了选拔动作的特定写作，不同于创作，强调“个性”。中高考作文规定的 600 字、800 字有写作规律，开头 80 个字内必须亮出主题。而这一点往往被竞赛作文的作者们忽视，在考场作文中铺垫过多，主题不鲜明，抓不住阅卷老师的眼球。我们可以理解为竞赛作文是在写 8 分钟发言的“提案”，中高考作文就是写 3 分钟发言的“演讲稿”。

另外，孩子平时的作文好，并不代表中高考作文就好。平时作文的评价通常偏高，因为教师是教练兼裁判，对于考试是一个通过式的心态，强调“大同”，习作缺少发展性，只停留在基础等级，同时还受对学生的印象影响。

而中高考作文得分往往偏低，因为教练、裁判分开，裁判被大量千篇一律的惯性影响，造成阅卷的审美疲劳，极易产生压分现象。这类选拔考试作文更偏重“差异化”。基础等级只是保底分，真正的突破在发展等级。

考试作文就是要求考生借助 600 ~ 800 字，展现考生是一个什么样的人。阅卷老师会通过主题评判考生是否厚重，通过选材评判考生是否渊博，通过表达形式评判考生是否聪明，通过文笔评判考生是否有才气。

因此，一篇高分作文必须“色香味”俱全。

各位家长，让我们看看中高考作文评分规则：

以武汉为例，武汉中考作文满分 50 分：主题与材料 20 分，语言组织 20 分，结构形式 10 分。

A 等基准分为 48 分，B 等基准分为 40 分，C 等基准分为 31 分，D 等基准分为 20 分。总基准分为 36 分。其标准特别之处在于：

· 其中一项有特色，另外两项都评为 B，可考虑评为 A 等级（48 分以上）。

· 其中一项有特色，另外两项为 A、B 之间，可考虑给满分。

这个标准中的核心词语是“有特色”，如果作文“有特色”，得分就会在 48 分以上。

若没有特色，哪怕三项评 A，总分也可能只有 45 分。

高考作文评分标准也是如此，分为基础等级 40 分，发展等级 20 分。发展等级的关键词是“深刻”“丰富”“有文采”“有创意”。一般学生会扣掉 20 分，往往是发展等级扣分。2012 年北京 82% 的学生作文得分在 38 ~ 42 分之间。

如何做到中考“有特色”、高考有“发展等级”得分？

综合全国作文的特点，无外乎六大突破：

突破一：观点“鲜明”。

观点鲜明区别于“观点突出”，如“我爱我的祖国”因包含面广泛，可以算作“观点突出”。“我爱我祖国悠久的历史长河中那些民族英雄不屈不挠的精神”则属于“观点鲜明”，这个观点精确到“不屈不挠”

这个“点”上。

突破二：观点“独到”。

要做到这一点，需要具备两种能力：一是对材料的开放式分析能力，寻找到 3 ~ 5 个主题，正反主题皆可；二是对对手的分析能力，寻找到超越 80% 考生的“独到点”。

例如，暑假回到家里，帮助妈妈插秧苗。田间小路一走一滑。妈妈说，脱掉上衣，脱掉鞋袜。我照做，果然轻松抵达。

首先进行材料的开放式分析：

1)从“秧苗担子”出发：可以分析出“压力就是动力”“有压力才有改变”等压力类主题；

2)从“妈妈”出发：可以分析出“轻装上阵达目标”“放得下才能扛得起”等“放下”类的主题；

3)从“田间小路”出发：可以分析出“困难是你的良师”“我的阻力就是你的挑战”等“困难”类的主题；

4)从“鞋、袜、衣”出发：可以分析出“有时关爱会成为成长的障碍”“爱与害”等“爱的思考”类主题。

再进行对手分析：

第 1 类和第 2 类主题，对手会大量涉及；第 3 类主题对手会很难想到，但跑题风险过大；第 4 类主题，对手想到的比较少，扣题也较紧，所以选定第 4 个主题，更能形成“观点独到”等级标准。

突破三：选材有新意。

这样的选材一定是众所周知的“正材”（主要材料）。为达到这一点，考生须在平时积累一定数量的历史事件，熟记中国朝代变革时期准确的时间、地点和人物、事件，一般中考需要准备 30 个，高考需要 50 ~ 80 个。在材料积累的基础上，阳光喔可针对这些材料进行多主题的训练。

选材有新意不是要学生去“杜撰”材料，而是“选”那些评委知道，但可能连他都想不到的材料。

例如：作文题《家的声音》

大多数同学会选择自己家里爸爸、妈妈、爷爷、奶奶的声音。选材就缺少新意。我们可以这样选材：

公元前202年12月，在垓下，十余万楚军被五十余万汉军团团围困。

四面有楚歌传来。楚歌？

那可是家的声音！

此刻项羽想起了……

接下来文章可以以楚歌代表和平的呼唤，与战争的厮杀声形成对比，彰显战争与和平的主题。这类材料就达到“选材有新意”的标准。背会材料不难，难在个性化运用的训练。

突破四：想象力丰富。

这个规则有风险，一般不主张过度突破。在内容和主题上想象有风险，但是在形式上的突破可以尝试。

突破五：语言有表现力、有文采。

主要表现在文字有节奏感、韵律感、画面感、逻辑感。小学阶段可以按照《形式仿写》和《意境仿写》的教材要求进行训练，基本可以解决节奏和意境问题。初中随着孩子的心理发展，语言会在思辨性和画面感上有所侧重，可以按照孩子的心里喜好开始个性化的语言表现力训练。

突破六：结构有特色。

结构的特色突破可以从三个方面进行：

一是角度突破，如采用第三人称、“我是主角”“我是配角”等角度来行文；

二是形式突破，如摒弃记叙文、抒情文、议论文、说明文四大文体，采用日记、书信、实验报告、微博体等创新形式；

三是在风格上突破，可以是优美的散文风格、惊险的冲突风格、幽默的喜剧风格、深沉的哲理风格等。这项训练将结合学生自身个性来设计。

例如：《善待自己》可以用实验报告的形式写作。

《一次关于“自己”的实验》

步骤 1：“自己溶液”+“压制溶液”= 不稳定；

步骤 2：“自己溶液”+“放纵溶液”= 爆炸；

步骤 3：“自己溶液”+“善待溶液”=“成功溶液”。

这样的结构就“有特色”。

学语文不是为了争分数

孩子语文学习的“分数账”，不管是作文的分数，还是阅读的分数，其实更需要淡定面对的是家长。

“分数”本是一个中性的词，只是因为我们在应试教育中人人趋“分”若鹜，进而极度扭曲了分数的内涵和获取分数的路径，分数才会变得面目可憎，遥不可及。家长不要过于在意分数的高低，大可不必谈“分”色变，更不必急“分”近“数”而汲汲于题海战术，矻矻于疯狂补习。

语文的“分数账”，不是晦暗幽惑的分数，而是健康爽朗的分数，清新自然的分数，本真质朴的分数。它不仅仅依赖于语文知识的掌握、答题技巧的提炼，更有赖于语文趣味与语文情怀的孕育、激发和沉淀。

家长真正应该关注的是孩子的语文基础和对语文学习的态度。

五、晒谷场，最珍贵的“语文课”
——享受语文的幸福价值

开学第一堂课，学生问我：

“罗老师，你是一位作家，那你能不能把我们也培养成作家？”

老实说，我不能。

世界上所有行业都可以教，唯有一个行业是没法教的，就是写作。写作依傍于内心，内心无法复制。

一个在稠人广众之中成长起来的作家，虽然可以免除内心孤苦寂寥之虑，但他的作品往往流于平庸。而一个在岑寂中独立工作的作家，假若他确实不同凡响，就必须天天面对内心永恒的东西。

文学的要义是服从于自己的内心。写作的最好状态，就是坐在自己的内心深处慢慢书写。他离世界最远，也离世界最近。当内心的源头活水漫上来，慢慢把他淹没时，那种窒息就是幸福。写作的过程，就是独自走在从笔尖到心间的蜿蜒起伏的漫漫长途上。没有可供偷懒的交通工具，只能靠自己虔诚的姿态和勤劳的手。

所有人都可以分析一个作家的作品，卡夫卡、维吉妮亚·伍尔芙也好，

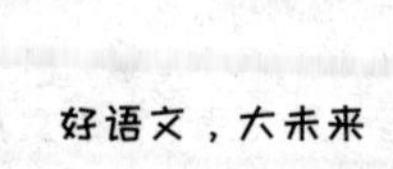

莫言、博尔赫斯也好，都可以。但是没有人有一个药方说，你怎么成为他们。登顶美国国家图书奖终身成就奖的著名作家斯蒂芬·金说：“写作不是别人给你的一项工作，而是长在你自己身体内的一部分。”此话卑之无甚高论，但是却道出一个真理：培养作家是虚妄的，混混沌沌的教化成就不了作家，作家只有自己培养自己。

好的作文教学方式不是培养作家，而是给热爱写作的孩子提供好的土壤和人文环境，让他们“情动而辞发”（刘勰《文心雕龙》语）地自由表达和自然生成。

我认为最好的方式大约是，通过对文学作品的鉴赏，在精神信仰上像航标灯一样有一个引导，让孩子们看到真正优秀恒久的东西。

最令人怀念的“写作课”

我出生在农村，成长在晒谷场。秋天，那里有晒不完的谷子、棉花；夏天，那里有四周篱笆下开不败的花。更重要的是，一到寒暑假，屋前偌大的晒谷场就成了我的“私人笔记本”。我的手上整天拿着一根细细的、生锈的铁丝，抑或一截硬硬的、干枯的麦秸秆，我用它做笔，把能写字的地方像谷粒麦穗一样全部铺满了。

有一次，我把我心仪女孩×××的名字写在了晒谷场上，我满场飞奔，满头大汗，大大的晒谷场上只有“×××”三个字。

我看见邻居叔伯们扛着锄头，从名字上走过去，他们没有发现脚下写得满满的汉字。但满头大汗的我，心中却充满了难以名状的兴奋与自豪。

夜幕降临的时候，一头黄牛拉着磙架，石磙慢慢轧平坎坷，还有赶牛人扬鞭的影子，我静静地蹲在石磙上，端详着空荡荡的晒谷场，心里感觉美滋滋的。

我真想说，我在上小学的时候就已经是一个很像样的作家了。现在想来我的那些“作品”当然是狗屁不通。但是，再狗屁不通，我依然认为那些日子是我最为珍贵的“语文课”，是最令人怀念的“写作课”。

那些日子最大限度地满足了我的表达欲望，这种欲望至今没有泯灭。

天底下没有比这样的课堂更令人心花怒放和心安理得了。它自由、放肆，充满了表达的无限可能性；它没有功利色彩，一块大地，没有格子，写出的是最鲜活、最美丽的文字。

我的童年很苦、很穷，可我的童年很幸福。

但是时至今日，我从乡村来到了城市，以前的晒谷场变成了广场和商场。

广场上是喧嚣的喇叭、跳舞的大妈和商业的促销，哪里会有孩子去乱涂乱画，把广场弄得纵横交错、坑坑洼洼呀？我们要培养的是小孩子良好的行为习惯，没有规矩，不成方圆。

这，我自然不反对，可我不同意只有在作文本上才可以写作文。

我的观点是，对孩子来说，每一个字首先是一个玩具，在孩子们拆开来装上去，装上去又拆开来的时候，每一个字都是情趣盎然的，是具有召唤力的。而在孩子们运用这些文字连字成词、组章叠句的过程中，缀在一起的文字、摞在一起的章句都应该像积木那样散发出童年童话般的气息。

孩子们为什么想写？当然不是为了考试。

准确地说，是为了表达。

独一无二的表达

享誉世界文坛的著名作家严歌苓形容自己就是一个表达狂。在哥伦比亚大学进修期间，一位教欧洲经典文学的老教授一进教室就特别强势地说，英国剑桥大学著名物理学家霍金讲了一个定律：人类要以每小时90英里的速度才能追得上世界的出版品。像中国大陆每年出30万种出版物，中国台湾每年出版3万本出版物，3万本出版物一天就是80本，是什么让你们感觉到这个世界上缺你们一本书？你们为什么要书写？

所有的学生都傻了，感觉自己确实在干一件很无聊的事情。所有的辛苦，一点一滴的努力最后能不能变成文学，能不能出版一本书，那全是问题。

是啊，世界上难道缺我这本书吗？

“可我就自信地认为，世界就缺我这一份表达。”严歌苓说，“我坚信世界没有我这样的表达，只有我这么独一份。我坚信我的整个表白是独特的，所以我的整个疯狂、整个病态，就是要把这么独一份的表白放在这个世界的每天出几百万本书的行列里头。因为我相信那几百万本书很可能在重复，而我这独一份的表达是独一无二的。”

是的，一个人不管多大岁数，从事什么工作，作家也好，白领也罢，都有严歌苓式的独一无二的表达愿望。孩子们喜欢东涂西抹，其实和老人们喜欢喋喋不休、当大官的喜欢长篇大论没有本质区别。

从家里来校区上课的孩子们都怕写作文，中国孩子最怕周树人、文言文和写作文，这真是灾难。

孩子们有多少古灵精怪、鲜活滚烫的念头渴望与人分享？他们有多少话想对别人说？他们还有多少话想在没人的地方说？他们同时还有多少话想古里古怪地说？

表达首先是一种必需、一种乐趣、一种热情，然后才是一种方式、一种方法。同样，作文首先是一种触动、一种心动、一种情动，然后才是一种技巧、一种技法。

孩子害怕作文，骨子里是害怕表达的方式不符合老师的要求。在害怕面前，在作文面前，他们像芭蕉叶一样舒展和泼洒的心智犹如遭到了当头一棒。

害怕作文，其实是童言有忌。

童言无忌才是真

都说童言无忌，可是，现在的孩子很早就接受正规教育和校外补差培优了，还能有多少无忌？

但是，一个人总不能忘记自己无忌的童言和无价的童年。

虽然童年记忆随着年龄渐长，会逐渐淡去（尽管记忆力好的人，能够留下关于童年的一大片一大片的连贯的印象，但是大多数记忆力不怎么好的人，童年在他们的脑海里，只有点点滴滴。），但其实正是这点点滴滴的童年和童言真正决定了一个人的一生。或者幸运，或者悲哀，这完全取决于家长的素养和教育智慧，他们能在孩子们的心灵上划下一道深刻的印痕。

阳光喔小升初集训班上有一个学生叫虎子，他父母的家庭教育智慧值得我们学习借鉴。

“别玩了，快做功课。”每天傍晚，家家都会传来父母对孩子的催促声。而在虎子的家里却是另一番景象。

吃过晚饭，虎子俨然一位小老师。他说：“妈妈，我们来英语会话好吗？”半小时后，虎子又对爸爸说：“爸爸，你念念你写的作文，我的作文也要说给你听听。”这是虎子和父母“做功课”的时间。

两代人每天要相互“批改作业”，为什么虎子的父母会这样做？说起来虎子是有“功劳”的。

三年前，虎子在阳光喔上三年级“叙述与描写”时，他的淘气顽皮是全校区有名的。虽然他很聪明，但上课坐不住，学习上粗心马虎。考试常会“考煳”。这主要原因就是他心性浮躁，太贪玩，虎子最迷恋王者荣耀游戏，想方设法要一边写作文，一边玩游戏，不然就自己偷偷画漫画小人。当父母耐心地询问虎子为什么不认真学习，为什么贪玩时，虎子反而振振有词地说：“老让我学习、做功课，你们大人怎么不做功课？爸爸在家就爱看电视、看球赛，妈妈看小说、看美剧，

你们怎么不学习？是不是等我上了班也可以这样？那我现在学这么多有什么用啊？”

真是童言无忌。可虎子的话引起了父母的重视。

父母商量了一下，决定在学习上给儿子做出榜样。实际上父母平时不是不学习，而是经常在虎子睡觉以后还学得很晚，只是虎子不知道。虎子的母亲是医生，因工作需要一直在参加英语培训，她决定每天与儿子进行英语对话，并把自己的英语会话录音放给虎子听。虎子的父亲做科研工作，他还喜欢业余写作，就经常将自己写的新作品念给儿子听，并听取儿子的建议。条件是儿子要把自己的作文等作业也念给爸爸听……虽然父母做的“功课”孩子不一定都懂得，但虎子却知道父母每天也在“做功课”，这样坚持了几年，虎子对学习竟然变得认真自觉多了。他以优异的成绩小学毕业，上中学后虎子已是成绩拔尖的学生了。

虎子的转变，家长可以从中得到什么启示呢？那就是童言无忌才是真。

中国的传统教育观念中，缺乏家庭民主和对孩子的尊重。自古以来，只讲“师道尊严，父道尊严”，孩子是幼稚无知的。其实，童言无忌。孩子们常常能说出真理，但是虽然孩子说的都是实话，却常被大人嘲笑和训斥。而父母、老师即使在教育过程中出现错误、产生重大失误或伤害了孩子，却从不追究，也从不反思和总结教训，不必检讨，也不必对其后果负责任，因父母、老师自认为其动机是“为孩子好”。

但孩子若是犯错误、有缺点，则必须反复检查，时时追究，不让孩子有机会表达自己的内心世界。这种不平等的关系，必然造成两代人的疏离与隔阂。现在有不少父母常批评孩子不够尊重家长，但父母们扪心自问，自己是否真正倾听过孩子的心声？有些父母常常对孩子吐槽、挖苦、揶揄，以为这样是在管教孩子。试想，孩子很少体会到被尊重的感觉，他又如何懂得尊重别人呢？孩子人微言轻，不被尊重，便缺乏自尊和自重，也会缺乏责任心和对父母的孝心，更可能用谎话和假象来敷衍大人，以逃避打骂。

家庭教育的黄金律

要尊重孩子，父母就要多听“童言”，做到以下四点对家庭教育是有益的。

第一，耐心。耐心听听孩子讲述自己的故事，不要有任何偏见，不要做什么“道德评判”。

第二，反省。认真思考孩子在生活中的感受，要以孩子为镜子，反省家教中的失误或不足。

第三，激励。激励孩子对父母的言行进行点评，要启发孩子说实话，开提意见会，而父母应听得进，改得快。

第四，欣赏。真诚欣赏和赞赏孩子成长中的进步，父母与孩子共同成长，营造家庭中良好的学习氛围。

挪威著名剧作家易卜生说过，人的第一天职是什么？答案很简单，不伪饰自己。家庭环境应该是清澈透明的，不需要任何虚假文饰伪装，这样孩子才能有一个纯净的心灵家园。

在心灵家园里，每一个孩子都有随意涂抹的天性，谁不希望在自家的客厅里乱写乱画呢？可我们的住房越来越好，装潢越来越考究，还有几个家长愿意让孩子在自家客厅的墙壁上乱写乱画呢？

我想对各位家长说，母语是我们的语言，古老而美丽，幽密而深邃，灿烂辉煌。母语于我们，犹如私藏，更如圣物。但是，对于孩子而言，母语更是孩子们的玩物，让孩子们玩去吧。

美国前总统罗斯福说过：“生长与变化是一切生命的法则，昨天的答案不适用于今日的问题，正如今天的方法不能解决明天的需求。”家庭教育是一场持久的“心理战”，也是父母与孩子之间的“拉锯战”，不在于谁能够占上风，而在于孩子的生长是否自然，发展是否正常健康。

请遵循家庭教育的黄金律：童言无忌才是真。宁要真实的贫穷，也不要虚假的繁荣；宁要不完美的真实，也不要不真实的完美。父母给孩子说真话的机会，才能真正有的放矢地引导孩子，孩子也会时时给父母成长的

惊喜。

除家庭教育之外，我提议所有的小学和课外培训学校都应当有一块大大的“晒谷场”，这块“晒谷场”不是用于张贴三好学生的先进事迹和植入琳琅满目的小广告，而是在语文课的“规定动作”之外，让我们的孩子们有一个地方“晒”他们的“自选动作”。

它的意义并不在于能培养作家。它的意义在于，孩子们可以在这个土壤和环境中，明白酣畅淋漓地顺利表达、真实表达和自由表达是一件多么幸福的事。

学习语文，是一件让自己内心多么舒展的幸福事儿。

读者来信

罗老师：

您好！我女儿今年二年级，刚开始学语文，老师要求写日记，她不会写，主要是篇幅写不长，觉得一天无事可写。我语文也学得不太好，指导起来有点困难，希望罗老师能帮助一下孩子。

妞妞妈妈

妞妞妈妈：

你好。很高兴收到你的来信。

二年级的学生作文主要是以看图说话和看图写话为主，切忌对作文的要求过高。在我看来，这个时期的语文学习，以兴趣爱好为主，篇幅长不长并不重要，日记哪怕是一句话都不要紧，只要肯写就可以了。在写作文这方面的引导上，不要给孩子设定什么任务，而是引导孩子主动去写，注重对孩子进行思维训练。

如果说一年级之前，孩子脑海里面的信息是一个一个的“概念”“单词”，那么这一阶段，孩子就可以把这些“概念”“单词”连成一个句子，形成最基本的逻辑思维。这一阶段，更多依靠看图说话和口语训练来实现思维的发展。你在与孩子聊天时，可以用这样的方式来进行。比如，问孩子“今天你开心吗？”，孩子回答“开心”或“不开心”后，让她用3分钟的时间来表达“今天为什么开心”或者“今天为什么不开心”，给出理由。这时可以感受孩子思维是偏向感性轴还是理性轴。

如果小孩子每天确实没有什么事情可以写，在生活琐事上大人可以引导孩子遵循时间线和逻辑线去思考，或者引导孩子读一些感兴趣的书籍，让小孩将自己的思考、所见所闻写到日记上。如果仔细观察，平平常常的一天都是有东西可以写的，实在写不出，就把一天经历过的点滴都记录下来，或者让小孩完成一项任务，比如说洗碗这件事，让小孩洗完之后，再把整个过程写下来，这样都可以提高写作能力。

无论孩子写成什么样子都要以赞扬为主，修正为辅。

罗老师

第二章

给孩子的语文学习绘一张蓝图

初为父母，欢喜雀跃之时，都会开始思考：如何培养一个优秀的孩子？如何对孩子近二十年的成长进行设计和规划？这个命题亘古而博大！

“老师，孩子的语文怎么辅导？”

“从什么时候开始辅导比较好？”

“为什么我的孩子不爱读书？”

“我的孩子读什么书比较好？”

“为什么我的孩子特别喜欢读书，可作文就是写不好？”

…………

每天都能听到家长这样的问题，看似简单又循环往复，好像总在问又总没有得到解决！我常常想，应该如何简单有效地给家长们一个个满意的回答？

这一琢磨，就是三十年！

在回答问题之前，有一件事需要我们统一一下思想，那就是，你怎样理解语文？语文学习包含多少内容？语文学得好的人是个什么样子？

噢，这语文学得好的人嘛——

“语文考试成绩特别好。”

“素养特别高。”

“有学问，知识渊博。”

“有口才会演讲。”

“会写文章。”

“理解能力强。”

“表演能力特别好。”

“爱思考，有思想。”

“还有，情商高！”

…………

眼花缭乱的感觉，这么模模糊糊一大片的概念，该怎样说得清楚？

语文好像特别简单。生活在一个语文的国度里，拼音、识字、读书、写作……好像谁都会教，可博大精深的语文涵盖了阅读、写作、表达、表演、思维……似乎无所不包！好像一生都在学习，又很难一下说得清楚。所以，语文的学习，大家就跟着感觉走，摸着石头过河，可意会不可言传！

这也是我们阳光喔为什么用了上百万个家庭和孩子的案例、花了三十年的时间来解答这个问题的原因。

三十年的实践经验告诉我们，语文学习，要遵循孩子每个阶段生长发育的规律！要遵循孩子心灵成长和能力提升的规律！要遵循语文与其他学科之间相互关联的规律！用科学系统的思维来回答上面的问题。

也就是说，孩子学好语文，是一个长期系统的工程，需要我们认真摸索和学习，给孩子一个科学的规划，要从小为孩子绘一张语文学习的战略蓝图。

有了这幅图纸，接下来，我们就要抓住每个年龄阶段最重要的能力进行训练，一步一个脚印，落实好关键时期的关键能力，孩子的语文学习之路就一定能够走得轻松、有序、高效！

接下来，我们就分几个阶段，来谈谈如何进行语文的规划指导和学习实践。

一、重复的力量：2 ~ 3 岁孩子的语文学习规划和重点能力培养

首先我们来认识一下 2 ~ 3 岁（幼儿期）孩子的思维发展情况。

这个阶段是孩子注意力系统形成阶段。此时，孩子的思维刚刚萌芽，“概念”开始进驻大脑，点式思维形成。但因思维尚处于原始状态，未得到训练，只能靠简单重复才能在大脑中建立印象。一般来说，一个事物或者动作需要重复 800 遍以上，才能在孩子的头脑中形成固定的“概念”。

比如什么是沙子，孩子可能要蹲在沙堆里面抓起沙子观察 800 多次，才能做到自如辨识。为什么孩子总是热衷某一活动或某一事物，不停地重复，乐此不疲？就是因为此阶段孩子的思维呈现原始状态。

像“爸爸”“妈妈”的称呼，最初在他们头脑中也是没有概念可言的，只是一种简单的发声。但是重复多次后，他们会知道“爸爸”“妈妈”代表的是亲吻、拥抱或是食物。

同一个故事每晚重复，孩子依然不厌其烦，笑点听了百次还是会咧开嘴巴咯咯地笑。也就是在一遍又一遍的重复中，孩子认识了“大灰狼”“白雪公主”等。

因此，这个阶段的语文学习千万不可忽视了“重复的力量”：在重复中感知事物，在重复中建立联系，在重复中形成习惯，在重复中促进理解，在重复中培养注意力。

2 ~ 3 岁也是注意力形成的关键阶段，切忌人为打断或者干扰孩子重复做的游戏，否则孩子的注意力系统将受到毁灭性的破坏，修复难度较大。因怕孩子玩沙迷了眼睛或弄脏了衣服，而武断地拍掉孩子手上的沙子；或者因同一个故事讲了十遍孩子依然乐此不疲而表露不满，责怪孩子理解能力差，这些都是非常不可取的做法。正确的训练方法是在孩子自己尚未转移注意力前，尽量不要打断。帮助孩子在重复中形成概念，多为孩子讲故事，只要孩子愿意，故事可以重复多次。

在注意力未经破坏的情况下，孩子到小学低年级时，可以集中注意力 20 分钟，高年级可以达到 30 分钟，中学阶段则为 45 ~ 60 分钟。这也是目前中小学课程设计时依据的原理和考虑的重要因素。而注意力系统在建立初期一旦被破坏，孩子的注意力可能仅能维持 5 分钟，对于中小学的学习是极为不利的。

基于此，在孩子 2 ~ 3 岁时，科学创设情境，用重复的力量，培养专注，建立联系，形成习惯，是培养孩子学习起步的关键。重复并不难，贵在家长们要懂，并且坚持和陪伴。

下面几个案例，可以回答家长们的一些问题，也可以学习模仿和实践。

如何让孩子喜欢读书?

这个问题应该是家长问得最多的一个问题了，如果这个问题孩子 2 岁的时候问，是可以简单解决的。如果到了小学，还可以改变。一旦到了初中高中，难度就比较大，也已经很难改变了。因为孩子已经养成了不爱读书的习惯， 再想让他爱读书，有多难?

所以，教育孩子，把握年龄特点、遵循各阶段成长的规律是多么重要!

我们知道著名的巴普洛夫条件反射的教育理论，0 ~ 3 岁是最好训练的时期！在这一阶段，每当孩子开心幸福的时刻，比如夜晚睡觉前，依偎在父母的怀里，听爸爸妈妈读书、讲故事，让孩子在幸福的亲子阅读中进入梦乡，这样一幅美丽的场景，谁不向往？时间久了，孩子一见到书就会联想到幸福快乐，他就会对书产生喜爱、产生依赖。久而久之，他一上床睡觉，就一定会想到读书，这就是通过重复建立了条件反射，一旦形成睡觉前读书的条件反射，就培养了读书的习惯。这种习惯一旦建立，会成为惯性，成为生活中不可替代的生活方式，从而影响孩子一生！因此，一旦习惯培养起来，孩子就会爱读书，而且越读书的孩子越爱读书！越不爱读书的孩子就会常被老师家长提醒逼迫，见到书就痛苦，越读越不爱读，因为，他的读书已经和痛苦压力之间建立了条件反射，就会自觉地反抗和逃避，就会越来越反感读书，那结果可想而知。所以，在关键的时期抓住了关键能力的培养，形成了良性循环，是多么重要。一旦读书习惯建立，长大后语文学习就会越来越轻松，反之，就会影响知识积累，让学习越来越吃力，让家长越来越焦虑。

和猫咪的交流

朋友前年喜得爱女，现在孩子刚刚两岁。在炎热的夏天，爸爸总抱着孩子到楼下乘凉。墙头时不时会有几只猫咪在上面睡觉，爸爸天天指着猫咪跟她交流，孩子也天天跟猫咪说话。“咪咪，下！”“咪咪，吃！吃！”

整个夏天，孩子最高兴的事就是与猫咪对话。

每天，孩子都扯着爸爸的衣角，指着楼下，喊，“爸爸”看“猫咪”。

于是爸爸坚持每天带孩子去看猫咪，和猫咪说话。

“猫咪，睡觉——”

“猫咪，下来——”

“猫咪，过来——”

“猫咪，很乖——”

后来孩子很快都能扩展自己的词语了：“咪咪，下来！吃饭！过来！乖！”

爸爸进而在孩子的表达中顺势又教了猫咪的身体部位、小猫的生活习惯、小猫的故事，不断丰富表达的词汇，不断地重复刺激孩子大脑中对小猫的认知。

一日，去朋友家聊天，我们边聊边听孩子在一旁玩着玩具自言自语。

“猫咪，下来，陪我玩好不好？”

“猫咪，我给你好吃的。”

“猫咪说：‘我要睡觉！’”

“猫咪，你不能睡觉。要抓老鼠，要爱劳动！”

…………

孩子语言连贯，词汇还很丰富，这个年龄的孩子有这样的表现让我很惊讶。

我问：“这孩子，语言表达能力这么强？”

朋友说：“唉，累死我了，一个夏天，天天陪她去和小猫说话！”

我说：“你这累可太值得了！一个夏天耐心的陪伴，天天重复观察表达，这孩子对观察表达产生了浓厚的兴趣，她的观察习惯、语言表达习惯都被你培养出来了，以后她不光是看到小猫，看到任何小动物或她感兴趣的事物，都会注意观察并愿意表达。这种习惯一旦形成能力，孩子以后的学习就会非常轻松了！”

朋友高兴至极：“我只是下班帮她妈妈带带孩子，没想到陪孩子还这么有学问！”

我说：“这教育，也不需要那么多学问。”

伴随孩子的每个成长阶段，你能踩上规律，就会事半功倍，孩子就会越养越轻松！

小兔的故事

一次去亲戚家做客，两口子朴实平和，最大的乐趣就是教育他们的孩子。

见我来，他们让我帮忙看会儿孩子，下楼去菜场买菜。

那时他们的儿子才两岁，一会儿不见父母，孩子并不哭闹，见到我，就拉着我去打开他们家电视柜前投影仪的开关。开关一打开，雪白的墙上瞬间活蹦乱跳开始了动画片，我到现在还记得是《雪孩子》，孩子瞬间开心忙碌起来，找到他专属的小椅子赶紧坐下专心看起来。

墙上雪孩子的故事慢慢展开，记得是很小很小的时候看过的片子，很好看，我也安静下来陪他一起看。当看到雪孩子为救小兔子冲进着火的房间，最后化为一摊水的时候，我看到孩子眼里的泪水流了出来。他难过地喊："小兔！小兔！"

我连忙抱起孩子给他擦擦脸上的泪水。

动画片在音乐声中结束了，孩子拉着我的手，又让我按开关，于是《雪孩子》的歌声又开始在房间里回荡，看完一遍又一遍。看一遍，孩子哭一遍！就这样安安静静坐在那儿不跑也不闹。我在想，这孩子真好带！出门一会儿，给他看个动画片，准保没事！

亲戚两口子大包小包买东西回来了，我连忙接过东西，连连夸奖孩子安静、专注认真，还能看懂动画片，感情很丰富……

亲戚说："嗨，这片子，看一百遍了，就是喜欢那个小兔子，看一次哭一次！对小兔子可有感情了！"

我连连夸赞："你俩真会教！这孩子长大一定是个非常善良的孩子！"

八年过去了，这个孩子上了小学三年级，他的小名就叫小兔，待人温暖热情，学习非常专注，成绩门门优秀。十年来，他每天晚上睡觉前都坚持阅读，而且感悟力、理解力极佳！特别是作文，已经写了一本自己的小作品集了！

我在想，这样的孩子，不优秀才怪！因为他有懂教育规律的好父母！

和小兔妈妈的对话

文章想要收尾的时候，想到用了小兔的例子，于是发给小兔的妈妈看看，让她提提意见，很快收到小兔妈妈的回复：

谢谢您！很感人啊，我都要看哭了！

我还可以给您再提供几个素材和例子与家长们分享。

小兔三岁的时候，我们每天给他放《弟子规》。每天睡觉前放，里面还有带节奏敲小木鱼的声音。听了一个月左右吧，有一天，我们带他骑着小车在外面玩，只听他边骑车嘴里边念念有词，我一听，天！《弟子规》从头到尾，他就这么背下来了！

正如您所说，这个年龄段的孩子就是爱重复，这是孩子发展的规律。我为了教孩子，早些年也看了一些教育孩子的书，记得有个专业术语叫"吸收性心智"。这个心智，到学前阶段结束后会慢慢消失，的确需要引起大家的重视。

给您汇报一下小兔的现状，他现在每天回家必须读书，而且速度还很快，三四天就一本，床头都垒了高高的一摞了。前段时间，小兔打乒乓球时拍子碰到了眼角边，受伤缝了几针。因为要养病，晚上睡觉前我不准他再看书，开始他还没说什么，一连几天看不了书，他难受了，跟我说："妈妈，每天连书都看不成，这有什么意思，还不如死了！"

我的心猛地一震！

当老师多年，真实的小兔啊！你让我欢喜、让我沉思、让我惊愕！

二、白雪公主是真的：4 ~ 5 岁孩子的语文学习规划和重点能力培养

转眼，孩子到了 4 ~ 5 岁！这个年龄是孩子最可爱、最好玩的时候了！

这个阶段孩子的语文学习要遵循哪些规律、关注哪些重点呢？

许多教育书籍也都强调，这一时期的孩子，好奇心、记忆力、表达力、思维力发展迅速，无疑是培养各种学习习惯、建立各种规则最好的时期。建议家长可以帮助孩子建立下面这些习惯：

1. 记忆习惯。这一时期是孩子记忆力最好的阶段，可通过背诵韵律感较强的诗词强化记忆力。还可以通过一分钟记忆（明确时间，集中注意力，一分钟记多少字），把记忆和时间联系起来，培养学习习惯。

2. 表达习惯。这一阶段一般通过复述故事的形式来培养孩子的演讲习惯，通过表达自己的需求和感受来鼓励孩子真实表达自己的意见。

3. 阅读习惯。家长可制定定期定量的阅读计划，与孩子一起读故事，内容可以是这一阶段孩子喜欢的童话、神话故事，也可以适当加一些成语故事。另外，这一阶段的阅读不局限于书籍，可以是实地游览、实物参观等形式，丰富孩子的见闻。

4. 定计划的习惯。从小开始，帮助孩子建立制定计划的习惯，引导孩子认识“凡事预则立，不预则废”的道理。前期可以家长参与某件事的计划，比如如何度过一个周末，帮助孩子明白自己想要干什么，以及达到目标需要的步骤。这对后期学习很重要。

这一阶段的家长相对参与度很高，陪伴读书、培养习惯也做得相对较好，我就不再细数。在这里我想重点谈一下，这个阶段的孩子有一个能力特别需要家长认识并高度关注，就是对于形象思维的呵护！

这个阶段的孩子最喜欢听童话故事、神话故事，而最突出的特点是他们真的相信：太阳公公开心的时候是会笑的，花儿姐姐悲伤的时候是会哭的，美丽的白雪公主当然是真的！他们每天都活在童话世界里，眼眸是那么清澈明亮，心灵是那么纯真无邪。他们和小鸟说话：“小鸟，你早。”他们和小动物玩耍：“小熊，我是你的好朋友。”他们听得见小河在歌唱，他们相信小树和风儿在说悄悄话！无忌的童言，天真烂漫，他们的每一句话，都饱含真情，是有生命、有爱的、最好的写作语言。我说的可爱，便是源于此！

呵护孩子的纯真和形象思维特质，在情境中锻炼表达，就是这个时期教育的最关键之处！那么如何呵护呢？

首先，培养自己的形象思维，并用这种语言和孩子对话，不要因为自己的理性扼杀孩子的天性和童年。

其次，创设情境，帮助孩子充分体验，在体验中感知，在体验中表达。

最后，不断有意识地收集成果，给孩子创造成功的机会，鼓励孩子大胆尝试并体验成功感，让他们在无拘无束的快乐中形成爱表达、敢于表达的习惯。

好吧，说到如何落实，我们还是来讲讲故事，父母们要听听这些幼稚可爱但引人深思的故事！

花儿会哭吗？

讲课的时候，我常常会打开一张图片——一朵鲜艳的花儿挂着晶莹的露珠。教室里坐满了家长和学生。我开始提问：“请问，这花会哭吗？”

一阵叽叽喳喳的讨论：

“花怎么会哭呢？”

“花是会哭的，它挨了打！”

“花儿不会哭！”

“会哭！”

常常还听到一些争吵。

“那么，哪个答案是对的呢？为什么？”我又问。

一阵叽叽喳喳，大多听到的是小朋友的声音。

“会哭，因为小花很难过！”

家长不会参与辩论，他们只是笑笑，笑孩子的天真！心中暗想，长大你们就明白了！

于是接下来我开始继续讲课。

这两个答案都没错！

试想想，如果你是科学家，怎么能相信小花会哭呢？花朵上的露水只是水蒸气遇冷凝结的小水珠，这才是正确答案呢！

可是，大家都读过历史，一千多年前唐朝的大诗人杜甫，明明在诗中写道：“感时花溅泪，恨别鸟惊心。”感伤的时候，花儿都溅泪，怨恨离别，听到鸟儿的叫声，都让自己心痛心惊！这分明就是告诉我们，这花儿一千多年前就会哭了！

所以，两个答案都没错，只是说话的人不一样！他们是谁？一个文学家，一个科学家。

科学家说，我学习知识，就是要弄明白这个世界真实的答案！

文学家说，我心里快乐，万物就快乐，我心里悲伤则万物都悲伤！

噢！明白了，同样的道理，文学家和科学家的解答方法完全不一样！

科学家找解答世界真实的答案，文学家找对世界内心的感觉！

现在，你明白了吧？那么，你是文学家还是科学家？

你希望孩子写好作文，就要千方百计保护好他的这种属于文学家特质的丰富的情感、内心敏锐的感受力。特别是 4 ~ 6 岁的孩子，更需要你的呵护和培养！随着孩子慢慢变大，这种宝贵的形象感性的思维方式就会慢慢消失了。

写作，是文学，是艺术，是要鼓励孩子长一双敏锐的眼睛，长一颗敏感、丰富、充满情感的内心，这是一切文学创作的源泉！

可不要小看这个提问，或许因为你不懂，给孩子不停纠正答案的时候，就扼杀了一位天生的文学家！

更不要以自己的思维方式，对孩子的答案给予对错的评判！而是要引导孩子明白以上的道理，在鼓励中释放培养孩子的天性！

孩子带着爱的眼睛看着这个美丽的世界，在他们丰富的内心中，只要呵护了这粒文学的种子，以后他的语言文字就充满爱、充满稚气的童真，给你带来无尽的温暖！

现在，你该知道这道题的答案了吧！

圣诞老爷爷的袜子

美丽的圣诞节，美丽的平安夜，有一个美丽的童话，在灯光璀璨挂满了礼物的圣诞树上，在我们的睡梦里，在我们的书包里，在我们的床头前……圣诞老爷爷，会从白雪皑皑的树林里，会从高高的山岗上，会从雪花飘舞的空中，驾着马车来，带来了糖果，带来了巧克力，带来了漂亮的玩具。他唱着歌踏着雪，来到每个小朋友的跟前……

儿子小的时候，我就常常讲这个美好的故事。儿子每到圣诞平安夜，

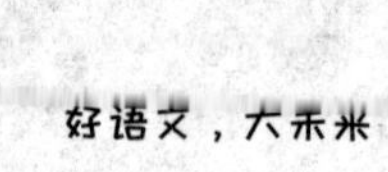

总会充满期待地睡去，等待夜晚老爷爷的礼物。而第二天的床头一定会有一个长长的袜子，装满了他的热爱！他于是欢呼雀跃！幸福满满！

记不清过了多少个这样的节日，记不清我们为他挂过多少次专门到商场买的长长的新袜子，或许就是因为有了许多这样的故事，儿子一直到现在性格都阳光快乐、充满幸福感！

培养一个充满幸福感的孩子，培养一个阳光快乐的孩子，一点儿也不难。在他小的时候，告诉他无数这样充满爱的故事，因为他真的相信。时间久了，他的心中装的也是满满的快乐和浓浓的爱了！

一片温暖的树叶

秋天到来的时候，一片片金黄的树叶像蝴蝶翩翩起舞，飘落了下来！

你牵着孩子的手在马路边散步，冷不丁会听到孩子认真地提问："爸爸，妈妈，秋天到了，树上的树叶为什么会掉下来啊？"

父母们认真地回答："冬天到了，空气中的水分不多了，小树叶就慢慢变黄变枯、纷纷落下来了！"

我问家长："还有别的答案吗？"

一时，家长语塞。

孩子争着回答：

"妈妈，是小树叶想和小朋友玩！"

"是想和小鸟玩。"

"是看小蚂蚁太冷了，给小蚂蚁盖棉被。"

"是想和我玩玩具。"

…………

这就是这个时期孩子的世界！一个天生的文学家的世界！

在孩子的心中，小树叶和他一样是充满情感的，是有生命的，他们把自己的情感、自己的想法都借助小树叶表达出来！

一个喜欢朋友的孩子眼中，小树叶飘下来是去找朋友。

一个热爱小动物的小朋友眼中，小树叶飘下来是去找小动物。

一个会关心人的小朋友眼中，小树叶就会去给小蚂蚁盖被子。

这是一片多么美好、多么温暖的小树叶！

不要着急给孩子标准的科学答案，呵护好这个阶段孩子最美好的感性思维的最佳时光，你们就是种下了一粒文学家的种子，将来一定能长出一株感悟敏锐、情感丰富的文学幼苗！

亲爱的家长，希望我们都能拥有文学家的思维，在孩子成长的道路上，用心呵护，科学引导，每一个孩子都能成为秋天那片温暖的小树叶！

小鸟飞越太平洋

接下来，分享一个 2012 年高考零分作文的故事，我们一同来分析分析原因。

【考题】

阅读下面的材料，根据要求作文。

有一种鸟，它能够飞行几万公里，飞越太平洋，而它需要的只是一小截树枝。在飞行中，它把树枝衔在嘴里，累了就把那截树枝扔到水面上，然后飞落到树枝上休息一会儿，饿了就站在树枝上捕鱼，困了就站在树枝上睡觉。谁能想到，小鸟成功地飞越了太平洋，靠的却仅是一小截树枝。试想，如果小鸟衔的不是树枝，而是把鸟窝和食物等所有的用品，一股脑儿全带在身上，那小鸟还飞得起来吗?

根据上述材料作文，要求自定立意，自拟题目，自选文体（诗歌除外）；

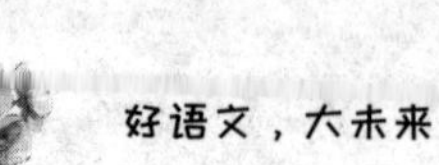

不要脱离材料的内容及含意范围作文，不少于 800 字。

【作文】

我不相信傻鸟的道理

一个理科生，我看到这个题目的时候，立刻石化了。我很想抽人！很想狠狠地抽命题老师一巴掌——代表我的物理老师。

让一只鸟，叼着树枝飞太平洋——什么样的极品智商才能编出这样的故事呢？

我不知道命题老师的鸟，是如何威猛，是如何神奇。一个正常人的思维却让我不得不怀疑一些东西。

我不跟你计较，一个叼着树枝的鸟，如何跟同伴打情骂俏；我不跟你计较，一个不会游泳的鸟，如何踩着树枝捕鱼；也不跟你计较，太平洋的海浪会不会打翻树枝。

我只问你一个问题：知道究竟多大的一根树枝，才可以让一只鸟浮在水面上？

铁丝一样粗的？筷子那样粗的？

找抽的命题老师，请允许我教给你一个关于浮力的公式，如果你想让一块木头能载动一只鸟，那么需要符合如下条件（出于对您智商的尊重，我不使用各种字母）：

木头产生的浮力＝木头本身的重力＋鸟的重力

为了能让木头发挥最大的作用，我们假设木头恰好被完全踩到水面以下。那么可以得出这样的结论：

水的密度 × 木头的体积 × 重力加速度 − 木头的密度 × 木头的体积 × 重力加速度＋鸟的重量 × 重力加速度

合并同类项并简化之，得出：

木头的体积 ×（水的密度 − 木头的密度 − 鸟的重量）

水的密度约为 1000 千克 / 立方米，而木头的密度在 400 ~ 750 千克/立方米之间，我们权且当这只鸟很聪明，找了比较轻的一种，木头的密度按500千克/立方米计算。可得出：鸟的重量/木头的体积=500千克/立方米。

简单来说，就是这样的结论：如果鸟是1公斤重，那么，木头的体积＝1/500立方米＝0.002立方米＝2立方分米。

2立方分米什么概念呢？我们常见的砖头，大约两块！！！一公斤重的鸟是什么概念呢？这么说吧，普通的母鸡一般三四斤重，一公斤重的鸡，也就是只小雏鸡。

一只小鸡那样大小的鸟，衔得动两块砖头大小的木块或者说是一个胳膊粗细的木棒吗？就算可以，风对木块的阻力，也会让鸟儿飞到大西洋，而不是太平洋。

命题老师可能会说他的鸟大，鸟大分量也重啊！那可能要衔的就不是胳膊粗的木棒了，而是一根柱子了。

总之，科学告诉我，不管是什么鸟，都不会选择叼着树枝飞太平洋。如果一定要这么干，肯定是只傻鸟——淹死在太平洋里喂鱼的傻鸟。对于建立在这个傻鸟故事上的傻鸟道理，只有傻鸟才会信。

【零分理由】

第一，此生不按题目要求写作，却举了这么多歪理，态度极不端正。

第二，对出题老师不尊重，我不知道你的语文老师是谁，我如果知道他是谁，我一定会到他那儿给你说坏话，还有，如果让你的语文老师看到你写的这篇作文，他一定会气得吐血。

第三，从你的文章可以看出，你是一名很优秀的理科生，所以，我给你零分你也不会少什么，我相信你在数理化考试中完全可以弥补回来。

【点评】

这位学生一定得关注一下，以后没准儿会是一位不可多得的科学家。

我想看懂这个故事的家长，也不用我多说什么了，可惜的是这么有才的一个孩子，运用理科思维方式做了一道文学题！而且后果还如此严重！

我在想，这么个好笑又让人心疼的故事，是怎么发生的呢？

或许是和他的父母有些关系！

或许就是这个孩子，在小的时候，拉着爸爸妈妈的手问："秋天到了，树叶为什么会落下来呢？"

或许就是爸爸妈妈自信地回答："因为秋天到了，大树的水分不足了……"

或许，孩子还问了许多问题，爸爸妈妈都是这样自信地回答。

慢慢长大了，孩子也会这样解答问题了。

慢慢长大了，孩子就形成这样的思维习惯了！

科学家的思维方式、文学家的思维方式都没有错！他们一个理性，让我们清醒地去探求世界；他们一个感性，让我们生活在这个世界感受到无限美好！

理性和感性，智商和情商对我们都很重要！

他们就像我们的左腿右腿，互相支撑，互相辅佐，让我们幸福平衡地生活着！

千万不要因为我们认识的片面，而让孩子的教育失衡！让我们的孩子长大后，在美好的生活道路上深一脚浅一脚，无法平衡，甚至跌倒！

三、用思维为孩子的语言架一座桥：6 ~ 8 岁孩子的语文学习规划和重点能力培养

时光飞逝，一晃，孩子就 6 岁了！

6 ~ 8 岁是孩子思维发展的一个重要转折期：开始由点式思维向线式思维发展。

如果说 6 岁之前，孩子脑海里面的信息是一个一个的“概念”“单词”，那么这一阶段，孩子就可以把这些“概念”“单词”连成一个句子，形成最基本的逻辑思维。这一阶段，更多依靠口语训练来实现思维的发展。

6 ~ 8 岁孩子语文学习中家长的关注误区

然而这一阶段，家长们的关注点却在另外一件事情上——孩子开始上学前班了，要上小学了！

对于孩子第一个人生的起跑线，家长们操碎了心，也充满了期待！

他们把全部关注力都用在如何为孩子找到一所好的学校、一个好的班

级、一位好的老师。这是孩子的第一个起跑线，怎能输在起跑线上？

我一直在想，孩子一生的成功教育，到底是名学校、名老师重要，还是一个懂教育的家长更重要？答案是不言而喻的，孩子的一生不知要上多少个学校，换多少个班级，换多少个老师，而真正能持续跟踪孩子，最了解孩子优点和不足并能够及时进行干预的，只可能是家长！

所以，这个阶段，家长们与其花很多人力物力帮助孩子找到最好的学校，不如认真研究这个阶段孩子身心发展的特点，研究正确的教育方法，抓住关键时期孩子的关键能力，配合老师保证孩子全面持续的发展，这才是孩子成功最可靠的保证。

可是，对于一个 6 岁、刚刚上学前班、上一年级的孩子，大多家长认为这个阶段的语文学习就是学拼音、识字、背诵简单的课文、养成良好的书写的习惯等，却完全忽视了孩子的思维训练。

然后到三年级、四年级，孩子要开始学作文了，家长们会突然发现，孩子怎么就怕作文了呢？作文怎么就没有东西写、写不长、写不生动呢？阅读怎么就不理解，说话怎么就比较胆小，说起来常常紧张，不能够准确、连贯地表达呢？

这个时候，家长就开始帮助孩子写作业，亲自辅导并开始觉得有些问题了。大多数家长也就是在这一时期，开始寻求帮助，四处找辅导老师。

不知不觉到了小学高年级，语文怎么就成了比较头痛的学科了呢？作文千篇一律，阅读总是扣分，家长开始焦虑！

要是到了中学，家长更加焦虑！如果之前没打好基础，中高考就只有临时突击，临时抱佛脚！

我们大部分家长伴随着孩子成长，都是这样一步步走过来的，小时候不着急，后来陷入恶性循环，越大越焦虑，越为孩子操心！当然，孩子也在学习的道路上苦不堪言！

我们可不可以在孩子小的时候找到更好的教育方法，把这种循环倒过来？

只要教育得法，在孩子还小、不懂事的时候，认真对待孩子的教育问题，努力找到方法，给孩子做好学习规划，然后一步步把握好教育的节点，等孩子大了，慢慢懂事了，学习习惯养成了，学习方法掌握了，孩子慢慢走上学习的快车道，我们的家长反而会越来越轻松呢。

这种焦虑的逆转，完全是成立的。

我了解了身边许多优秀的孩子，凡是家长把力气用得比较靠前的，研究、关注教育的，有清晰规划的，知道每一个阶段重点抓什么的，常常会出现孩子越大越轻松的局面。因为孩子的问题和优秀都是一步一步积累起来的，所以关注孩子成长中的每一个阶段的关键能力就显得尤为重要。

6 ~ 8 岁语文学习的关键能力

6 ~ 8 岁语文学习的关键能力是什么呢？

没错，就是思维的培养和训练！

我们倡导语文学习是一个生态系统，好比一棵枝繁叶茂的大树，听、读、游，是语文之根，负责吸收养分，说、写、演是语文之果，是我们最想看到的孩子学习的成果。

要想让这棵语文的大树硕果累累，最最重要的是语之干，负责把树根的营养传输到果实上！这个树干就像语文的思维系统，起到传输的作用。

如果把孩子的语文能力比作一辆快速奔跑的小车，读书积累语句都当作车上载满的砖石，那思维就是一条路，没有为孩子铺一条快速奔跑的思维之路，车上就是装满了语言词汇，也都无法快速地表达出来。

思维的训练就这么重要！而且训练最好的时期就是这个阶段。

6 ~ 8 岁，如果你把注意力放在孩子思维的训练上，那么你将为孩子以后的语文学习架设一座思维之桥！它会帮助孩子快速走向成功之路。

那么这座语文的思维之桥又如何搭建呢？

我们还是跟着这些真实的案例，在许多“为什么”里来寻找答案吧！

今天你开心吗？为什么？

一次上课的时候，我叫一个一年级的小孩子配合我上课。

（师）小朋友，你叫什么名字？

（生）我叫 ×××。

（师）今天星期天，能和我讲讲你今天一天过得开心吗？

（生）开心！

（师）为什么？

（生）（想半天）因为……因为……我今天去了姥姥家。

（师）还有吗？

（生）（一脸茫然）——没了！

纵观整个过程，孩子思考问题的时间不超过十秒！为什么会出现这种情况？

思维不流畅，需要训练！

【解决方案】

回家问孩子：“今天你开心吗？”孩子回答“开心”或“不开心”后，让他用 1 ~ 3 分钟的时间连续表达“今天为什么开心”或者“今天为什么不开心”，并给出理由。这时，你可以感受孩子思维是偏向感性轴还是理性轴。

如果孩子的表达遵循一条时间线：“今天我开心。早上我一起床，妈妈就准备了我最爱吃的三明治和牛奶。然后妈妈带我去了小姨家，见到可爱的小表妹，我们一起玩捉迷藏，可开心了。下午我们还一起去了小姨家附近的公园，那里有一个大湖，可以划船，还看到了美丽的白天鹅。晚上回到家，妈妈还夸我今天没有吵闹。所以我今天很开心。”

这时，孩子展现给我们的是 3 ~ 4 个画面：早餐、捉迷藏、游公园等。这种形象思维能给人一种画面感，从画面感中能体会到孩子满满的幸福。

如果孩子的表达遵循逻辑线：“今天我很开心，一是我吃到了最喜欢吃的三明治，二是玩了几个地方，三是见到了表妹，四是妈妈表扬。吃、喝、玩都很开心。”这种表达展现的是孩子的理性思维，这种思维的孩子通常会为解决问题积极找方法，容易走向成功，但是缺少幸福感。

家长要注意的是，不要在 6 ~ 8 岁时过早让孩子局限于某一种思维特质，理性思维与感性思维可同时训练，也可辅助一些相关课程，如形体与发声、演讲与口才、看图说话、文学思维训练等。

架好这座语文的思维之桥，孩子的思维被训练得清晰流畅，会把孩子的语文积累快速输出和转化，变成良好的口语表达能力。思维流畅了，口语表达就会流畅起来，当然文字的表达也就没有那么难了！孩子写作的时候，写得很慢的原因并不是写得慢，而是脑子想得慢。解决了思维问题就解决了问题的关键。家长和孩子平时在生活中可以多多训练。

我最爱我的孩子，为什么？

这样的训练方案，同时也可以用在家长身上，小学时未经过思维训练的家长，自己也未必能够做好这道题。

家长会上，我也常常看到这样的情景：

（师）请问家长，您的孩子多大了，是男孩还是女孩？

（家长）是儿子！

（师）您爱您的儿子吗？

（家长）当然爱！

（师）为什么？

（家长）（想半天）因为……自己的儿子当然爱！

（师）您刚才的回答，只有几秒时间，您可以稍稍想一想，然后连续说三分钟，可以吗？

（家长）这个（一脸茫然）……

【解决方案】

我为什么爱儿子？

回答这道题首先要启动思维。

其一，我们可以用形象思维表达：这得从他刚出生时说起，然后每年讲一个小故事，你会发现，一旦你的思维通畅了，语言表达就像河水决堤，滔滔而来！

其二，可以启动逻辑思维训练：我为什么爱孩子，这得从以下几个方面来说：第一，善良；第二，勤劳；第三，好学；第四，喜欢帮助小朋友；第五，孝顺；第六……

我要在这里跳绳，为什么？

网上有一个很火的视频，是《超级演说家》的一期节目，内容是被评委一致认为世界上最会说话的人——武汉大学演讲辩论队的陈铭教授的一段超级精彩的演说。

陈铭教授在讲述他的口才是如何训练的时，讲述了他小时候的一个故事。

我的妈妈是做律师工作的，有一天，她把我带到办公室去玩，因为大家都很忙，妈妈也没有时间陪我，于是给了我一根跳绳，让我到走廊上跳绳玩。我就一个人在走廊里跳了起来。跳绳总还是有动静的，所以没过一会儿，就从其他办公室走出来一位叔叔。

"小朋友，你不能在这儿跳绳，到别处玩去。"我继续跳绳，没有听他的。一会儿，叔叔走过来，又说了一遍："小朋友，你不能在这儿跳绳，到别处玩去！"我认真想了想，然后和叔叔说："叔叔，我不能离开这儿。"

叔叔有些不高兴了，说："为什么？"

我说："我不离开有三个理由：

第一，我在这儿跳绳是妈妈告诉我的，我离开了妈妈就不知到哪儿找我，会非常着急。

第二，我在这儿跳绳，这个走廊并不是办公区，我并没有影响你们的工作。

第三，我妈妈也在这个单位工作，她很忙，我在这儿跳绳，不影响妈妈的工作，领导应该表扬我、支持我。

所以，我想继续在这儿跳绳。叔叔，你说可以吗？"

叔叔一听，睁大了眼睛，笑起来，连忙竖起大拇指："谁家的孩子，这么有口才！好，你就在这儿跳吧！"

听了这个故事，我们会心地笑起来！难怪陈铭教授这么优秀，原来是他的律师妈妈从小对他的逻辑思维训练发挥了巨大作用。这再一次让我们认识到思维的发展对孩子一生的影响是多么重要。

如果家长也希望有一个优秀的孩子，并且能在他们成长的过程中，越教越顺手，越大越轻松，就让我们在这个关键时期，一起和孩子来做做思维的学习和训练，为孩子铺好思维的高速路，架一座思维的高速桥吧。

【解决方案】

留几个练习的作业（家长孩子一起练）：

1. 我爱我的家乡。为什么？

2. 我要竞聘班长。为什么？

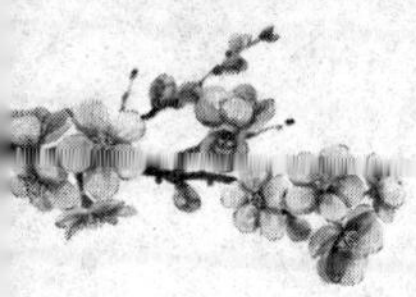

3. 作文写“难忘的一个人”。为什么写这个人？

一旦铺好了思维的高速路，语言就会欢快地飞奔而来！文字就会欢快地流淌出来，充满智慧，充满欣喜，充满自信，让我们对自己、对孩子充满了成功的期待！

这个方法并不难，难点是在这个关键的时期里，谁懂并来训练我们的孩子！

亲爱的家长，这个人不是别人，正是你自己！

四、锤炼孩子文字的童子功：9 ~ 11 岁孩子的语文学习规划和重点能力培养

9 ~ 11 岁，孩子已经在学校进入中年级了，学习压力也慢慢大了起来。而从三年级开始的作文，让孩子们的学习难度陡然增加了。

这一阶段的语文学习要遵循哪些规律，关注哪些重点呢？

我们还是要从这一阶段孩子的思维特点方面寻找解决的方法。

这一时期孩子慢慢长大一些，思维也将从具体形象思维逐步向抽象逻辑思维过渡，同时也形成比较稳定的抽象思维能力，包括概念明确化、丰富化、系统化以及一定的分类、比较、推理能力。从阅读方面，这一时期的孩子已经超越图画阅读，开始追求“故事情节”。因此，家长在选择书籍时，要注意根据孩子的阅读特点选择。

这段时间是孩子思维能力发展和完善的重要时期，必须打好坚实的基础。从思维训练层面来说，需要进行思维广度、深度以及个性表达力方面的训练。

写作是语文学习中最难的部分，因为要求的是综合能力，所以孩子一旦接触就会觉得比较难。如果我们在孩子 6 ~ 8 岁时注重了思维训练，

给他搭建了快速的思维桥梁，那么在这个阶段，孩子的语言表达和写作构思相对来讲就会快得多，那么这个阶段的重点就是要磨磨孩子的文字基本功了。

练拳不练功，到头一场空。

一个孩子，如果想以后轻松驾驭文字，那么不好好练练基本功是不可能的，特别是扎扎实实的童子功。

在我们的学习中，特别是写作，年龄的增长和写作能力并不是成正比的，这也是为什么许多家长不能很好地教孩子写作的原因。是因为他们成年了，发现自己的文章也写不好，而且这样的家长往往是大多数。

我们成年人，因为生活阅历比较丰富，感悟当然也会比较丰富，但为什么许多人仍然无法下笔写作？这是因为在小的时候没有认真地磨炼文字功夫。虽然有很多想法，却无法用文字更好地表达出来。

所以，这段时光，如果能好好地磨炼孩子，让他们从小就能够很好地驾驭文字，相信他们成年后，一定会比我们优秀得多。

好吧，我们就和孩子一起来上点专业课：

如何把文字写长？

如何把文字写美？

如何把文字写得生动？

如何把文字写得很具体？

如何把文字写得有韵律？

如何把文字写得有意境？

要回答这些问题，我们还是来看几个故事。

老师很开心

有一次上课，我笑容满面地走进了教室，然后给孩子们出了一道题目，让孩子们将我当时的心情形容出来。

听到这个题目，孩子们纷纷举起了手。

我选了一名举手举得最高的同学来回答。

“今天罗老师很开心。”孩子急切地站了起来，盯着我的眼睛，认真地回答。

这个孩子将罗老师开心的状态说出来了，这是描写基本功的零起点，一般学生都能做到。

虽然如此，我依然对孩子的回答给予了肯定。

然后点起了第二名同学。

孩子从容地站了起来，朗声说道：“今天罗老师很开心，眉飞色舞，摇头晃脑。”

听到孩子的回答，我心里一喜。这个孩子已经能按照教师的要求，把动作和神态进行简单描写。但是还不具体。

“将老师的神态初步描绘出来了，很棒！”我依然对孩子进行了肯定。

然后点起了第三名、第四名……

然而，让我失望的是，基本上所有孩子的回答都跟第二个孩子大同小异。怎么办，难道教学到这里就要戛然而止了吗？

肯定不能。

于是我决定开启思维训练。把“罗老师很开心”的状态通过思维导引，指向能承载开心的相关部位：嘴角、肩膀、目光、手指、脚尖、额头……

这类指向性引导为后面写具体、写生动预置了巨大的写作空间。

在我引导之下，孩子们思维又一次活跃了起来。

“罗老师站在讲台上很开心，目光里流露出春天般的温暖，嘴角不时地……”

终于写具体了，我心里的一块石头落了地。

接着又引导孩子准确运用动词和形容词。

接下来再运用修辞手法，对句子中的动词、形容词进行了修饰。

“老师的目光是那般温暖，如同冬日的阳光（比喻），抚摸着我们的心灵（拟人）。这目光化作一股暖流……”

经过五次引导，孩子们的作文，从“今天罗老师很开心”一句话，终于扩充到一段话。终于可以将句子写长了。

从只能说出开心的状态，到具体部位，到准确运用动词和形容词，到最后用修辞手法，孩子们的描写终于写具体、写生动了。

从这一堂课可以看出，其实孩子已经具备了写生动、写具体的能力。只是因为受到自己思维的限制，无法将内容写具体、写生动。

当我们为孩子将思维进行发散、梳理之后，孩子思维的大门一打开，词汇也如雨后的春笋一般，纷纷地跳跃了出来。

这就是思维的力量。

打开孩子的思维，从孩子思维的条理性开启，其实我们在家里也可以训练。比如，让孩子对自己的心情进行描述。当孩子能够完整地将心情从简述状态、类别描绘，到细腻、具体部位指向，到准确地运用动词和形容词、修辞手法的时候，孩子的童子功基础已经具备了。

俺家门前的海

家长课堂上，我跟家长们坐在一起聊天。很多家长跟我反映，孩子的文字缺乏一点儿味道。但是这点儿味道具体是什么，又说不太清楚。

于是，我给家长们看了一篇文章——《俺家门前的海》。这是张歧很有代表性的一篇文章，也是曾经入选过教材的一篇文章。为什么选它作为孩子们学习的范文？我们读过之后，就清楚了。这篇文章很短，全文是这样的：

> 蓝色的雾，蓝色的风，蓝色的潮声……
>
> 俺家门前的海，像一面锃光明亮的大玻璃镜，映着天，天变蓝了，

映着云，云变蓝了，映着鸟，鸟变蓝了。

真有趣呀，仰头看，天变成一个倒过来的大海，那云，就是翻滚奔腾的波流，那鸟，就是结群洄游的鱼……

还有声音哩！俺就生长在这蓝色的透明的世界。

这世界给了俺不尽的兴趣，给了俺永远张开的遐思的羽翼；给了俺永恒不泯的童心……

因此，人都说渔家孩子有着海一般晶莹的生命：心，装着海；眼，流动着海；笑，就是海的声韵……

读完这篇文章，我问家长们，你觉得孩子们缺乏的，是不是就是这篇文章呈现的这种味道？

家长们纷纷点头。

那孩子们缺的味道是什么呢？

就是文字中的韵律感和意境。

那这篇文章是如何呈现这种韵律感和意境的呢？

“蓝色的雾，蓝色的风，蓝色的潮声……”这一句，三个字数差不多的短语，这让整个句子读起来韵味悠长。

可是在“映着天，天变蓝了，映着云，云变蓝了，映着鸟，鸟变蓝了”这一句中，作者又换了节奏，变成了“3/4”这样的节奏感，让句子在整齐中又富于灵动的变化。

其实，仔细分析，我们还可以发现更多这样富有节奏的句子。

怎样训练呢？

古人训练韵律感，从《声律启蒙》中的“云对雨，雪对风，晚照对晴空”这样短句子的对句模仿，到“两岸晓烟杨柳绿，一园春雨杏花红”的长句模仿。当孩子们模仿到一定程度的时候，逐渐将这些句式内化吸收，就可以在自己的文章中，根据自己的想法，进行对句。

这说明，仿写，可以很好地解决文章的节奏问题。

但是对于现代的孩子来说，他们缺乏这样从小扎实的对句训练，怎

么办呢？

我们可以将孩子交给专业的机构，让机构来带领孩子们进行节奏的仿写。

家长们也可以在家训练句子的改写，比如，将长句改成短句。

例如：昨天傍晚有一阵风把我们家院子里的银杏树吹得落叶纷飞。此句过长，可改为短句：

傍晚时分，秋风掠过。银杏树落叶纷飞，院子里一地金黄。

韵律感是不是出来了？

那意境的问题我们如何解决呢？

为什么《俺家门前的海》呈现出其独有的意境，除了韵律感之外，最重要的还有画面夜色的营造。文章大面积蓝色的画面，给人呈现出一种玲珑剔透又略带忧虑的气质。

张艺谋的电影把色彩用到了极致，《红高粱》中雄浑的红色；《十面埋伏》中漫山的翠竹，满眼的绿色；《大红灯笼高高挂》用灰、红、蓝三种颜色构成凝重冷漠、焦躁而窒息的氛围；《英雄》更是将色彩发挥得淋漓尽致，用红白蓝三色呈现三个故事，让人享受一场视觉的盛宴。

如果说张艺谋的电影给我们留下了什么印象，那就是两个字：色彩。

“有我之境，以我观物，故物皆著我之色彩”，国学大师王国维的美学主张，在张艺谋的电影作品中得到了极好的阐释。

心，是什么颜色，世界就是什么颜色。

面向大海，心是蓝色的，海是蓝色的，天是蓝色的，雾也是蓝色的；

漫步香山，山是火红的，树是火红的，云是火红的，笑也是火红的；

走进深林，叶是碧绿的，湖是碧绿的，风是碧绿的，连鸟鸣也是碧绿的。

训练到这里，我们成功地解决了开头提出的六个问题：

把文字写长了！

把文字写美了！

把文字写得生动了！

把文字写得很具体了！

把文字写得有韵律了！

把文字写得有意境了！

这六个问题解决了，孩子文字的基本功基本上也扎实了。

五、找到不一样的我：12 ~ 15 岁孩子的语文学习规划和重点能力培养

12 ~ 15 岁是孩子思维辩证性的形成期，开始有自己的主意和思想。我们说的青春叛逆期，通常发生在这个阶段。家长在这个时候要有意识地引导孩子学习部分哲学理论，进行辩证思维训练，如围绕“吸烟有害健康”进行主客观思维的辩论（烟可作为精神寄托，但客观上确实对身体有害），平面与立体思维的辩论（烟草经济链与烟民健康），引导孩子认识真实的世界。同时对于孩子表现出的反叛，也要给予足够的耐心和正确的疏导。

这一阶段的孩子更多面临考试的压力，因此，中考作文材料积累与运用（至少 20 个经典事例，通常来自历史和重大新闻事件等）、中考的阅读与作文等技巧训练比重需要加大。

这一时期，孩子的个性成长，开始有自己的观点和思想。因此，我们可以根据他们追求标新立异、不再囿于条条框框的特点，在语文学习中，进行创新和个性表达的培养。

那么，如何创新，让孩子的作文呈现出独具一格的个性特色？独具个性的作文，往往是孩子对不同角度、形式、风格的掌握与灵活运用，能够体现一个人的创造性与聪明度，与孩子人格的形成相辅相成。

在个性表达力培养方面，家长能做的事情可能并不多，这需要 2 ~ 3 年的专业训练，可以从以下三个方面入手：

个性角度的培养

如要写“罗老师拍桌子”这件事，一般孩子都会站在第一人称的角度来写，“我”就是我，文章可以写“我”观察到的罗老师拍桌子的动作、神态等。少数孩子可能站在第三人称的角度来写，“我”是“罗老师”：“今天上课教室又闹哄哄的，从不发脾气的我，终于忍不住拍桌子了，得给这些孩子一点‘颜色’看看了。”但是真的只有这两种角度吗？若仅选择这两个角度，孩子考试终将无法超越 80% 的竞争对手，生活中也会落入平庸，并且会因不能多角度看问题，无法深刻理解他人感受，情商低下。那么，我们还可以从哪些角度去写呢？

我在第一章中已经讲过，至少还有 4 种角度，就不在这里一一列举了。家长注意平时多引导孩子多角度看问题，无论对孩子成长还是分数都将大有裨益。

个性结构有特色

结构特色，我们可以以形式的创新为突破口。如摒弃记叙文、抒情文、议论文、说明文四大文体，采用日记、书信、实验报告、微博体等创新形式。

主题创新有特色

主题的创新，实质是创新思维的另外一种表现形式。往往表现为与常人所不同的逆向思维，或者与大众看法不同的异向思维。

例如“家的声音”这个题目。

面对这个题目，大多数同学选择写自己家里爸爸、妈妈、爷爷、奶奶

的声音。这种从家庭生活中选择的材料，多用来表现亲情的主题。

然而有一位考生却另辟蹊径，选择了另外一种其他人很少涉猎的主题：四面有楚歌传来。楚歌？那是家的声音！此刻项羽想起了……接下来文章从楚歌代表和平的呼唤，与战争的厮杀声形成对比，彰显战争与和平的主题。这类材料的运用就达到了“主题有新意”的标准。

关于创新与个性表达的话有千言万语，可是，要想更加直观地看到创新的力量，我们不妨从具体的、实实在在的文章中来感知。

一次别具一格的阅读

在这个阶段，阅读，孩子们都会，写阅读，孩子们也会，那如何将阅读写出自己独具特色的风格呢？

我们不妨来看一下一位小读者的文章。你肯定能从中找到个性表达的方法。

【作文】

观《窃读记》

林海音的窃读，收获了知识，也感动了他人。让我们走进不同人物的心，去倾听他们的感受。

——题记

书观窃读

我是一本书。我是那个女孩在书店窃读过的书籍之一。

那是一个下午，我和一旁的伙伴们正一起享受着午后惬意的阳光，也不时被书店来往的人们拿出来借读。

突然，一个小女孩从众多大人的腋下、胳膊下慌慌忙忙地挤过来，就站在我们所在的书架面前。

她的头发因为实在太挤被弄乱了，嘴角也因为站在这排书架前面而微微上扬。找了几遍，最终，她小心翼翼地将我取出来，小声窃喜："耶！终于找到你了！"然后，她迅速钻出人群，找到一个角落，静静地开始阅读。她的目光充满了对知识的渴望与阅读的喜悦。她快速地、轻柔地翻看着我，瞳孔不时放大，又不时缩小，时而充满兴奋，时而充满悲伤。嘴里不时还会嘀咕："他怎么能这样了？""真希望这不会发生。""真是太惊险了！"……

大概过了三个小时吧，灯亮了，小女孩才抬起头来，似乎因为口干，她深深地咽了一下口水，便依依不舍地将我放回了书架。在她回头的时候，我看到了她缝在衣领上的名字：英子。她低着头，走出了书店。

望着她远去的背影，我默默地对她说：谢谢你，英子，是你让我有了作为一本书的意义，我永远不会忘记爱阅读的你。

店员观窃读

我是一名普通的书店店员。我看到了那个小女孩窃读的全过程。

那天下午，我正如往常一样站在柜台后面，拨弄着算盘上的珠子。

那个小女孩照常光顾了。只见她找了找，然后在畅销的新书里找到了一本，看她欣喜的模样应该是找到了自己想要的。她躲到了墙角，看得特别入神，也看得很快，嘴里还不时小声地嘀咕着什么，时而还将手指贴到嘴上，十分投入、十分享受的样子。我本想将她赶走的，但是想了想，又不忍心。

一个小时，两个小时，三个小时……人渐渐少了，天也慢慢黑下来了，我就打开了店里的灯。她也许是感觉到了灯光的闪亮，也可能是感觉到了我在看她，便很自觉地、依依不舍地将书放回了书架。隐隐约约地我感觉到她的眼里流露出一种"何时才能相会"的眼神。

她走到店门的时候，还回头看了看那个她放回书的书架，满是不舍。望着她远去的背影，我自言自语："真是一个爱读书的好孩子，

我也得多读书了。”

窃读，给自己带来快乐和知识，也让别人燃起了对阅读的渴望。不是你买了书，书就会自动和你成为好朋友，对你知无不言言无不尽，而是要和书多沟通、多交心才能成为彼此的知心朋友。“书山有路勤为径”，让我们都爱上阅读，都来窃读，成为书的朋友。

这篇文章是根据林海音的《窃读记》进行角度创新的一个经典案例。

在林海音的《窃读记》中，林海音是以第一人称，即“我”就是小女孩的角度来写窃读的。小作者沿用了《窃读记》中的故事内容，只是将文中“窃读”变成了“观窃读”，然后将小女孩的视角换成书本的视角和店员的视角。

通过这样的变换，整个故事都耳目一新了，这就是角度创新给人的感受。

挥手，与自卑告别

成长过程中的压抑、缺憾、不足，都会在孩子的内心深处形成自卑的阴影。这个阶段，孩子因为受到以自我为中心的关注视角的影响，多多少少都会有一些自卑。

他们不知道，其实，即便是光耀千古的巨人，他们也会自卑。他们是怎么告别自卑的呢？读完，你肯定能找到方法。当然了，你还能获得一次独特的个性化结构创作的愉快之旅。

【作文】

告别自卑

今天，“告别自卑”网站异常热闹，Why？因为有众多知名博客云集。他们来自海内外，来自古今中外，纷纷就“如何告别自卑”发出了博客帖子：

Hi，大家好！我乃著名小提琴天才帕格尼尼。原本，上天想把我造就成一个自卑者，疾病从我一出生便纠缠住我——四岁患肺炎，六岁得喉结炎，此后一场大病又夺去了我的眼睛，各种病魔不断侵蚀着我的肌体。但我并没就此倒下，我自信地站了起来，自信地与命运搏斗，自信地追求自己的理想。因此，希望朋友们能像我一样告别自卑！

——博客帕格尼尼

我站在风雨中，任凭风吹雨打，我不低头，我躺在大自然中，虽然不能看见大自然如诗如画的美景，不能听见鸟雀的和谐之曲，甚至不能忘情地赞美道：啊，美好啊！可我不自卑，我要自信地享受生活，为残缺的人生抒写不残缺的乐章！

——博客海伦·凯勒

我获得英国剑桥大学的录取通知书时，我是多么高兴啊！可随后我被无情地告知已患上脊椎性侧索硬化症，好像刚怒放的鲜花被闪电折弯了腰。可我并没有自卑，我顽强地生存，不断探究黑洞，并取得了成功，同时创造了一个又一个两年半。那朵曾折断腰的花又挺立于天地间，并散发了无穷芬芳……

——博客霍金

看了那么多自信者、成功者的帖子，我感触颇深，于是也尾随发了帖子：

我原本也是自卑者，如一块石子，默默地躺在路边，但感谢众多博客朋友，让我重拾了自信，远离了自卑，让我明白：即使自己是一块不起眼的石子，也可以成为一块筑基石，为繁忙的交通奉献自己的力量。李白不是曾自信地说“天生我材必有用”吗？我也相信，“长风破浪会有时，直挂云帆济沧海”。因此希望所有自卑的朋友——告别自卑。

——博客“重生”

这是一篇中考满分作文。

文章为何成功，我们从阅卷老师的评语中就可以一窥究竟：大胆的创新和别出心裁的构思是这篇文章成功的主要原因。作者采用博客发帖子的形式，先模拟帕格尼尼、海伦·凯勒、霍金等名人的口吻，分别讲述了自己如何告别自卑、顽强拼搏、最终成功的经历；然后，作者借“重生”的口吻，表达了自己决心告别自卑的心声。文章由此阐明了告别自卑的意义，使文章的观点得到鲜明的表达。综观全文，立意明确，思路清晰，层次分明，结构稳健，语言简明，叙写流畅，反映了作者较为扎实的写作功底。

给天下苍生让路

【作文】

让路

他在昏暗的屋子里踌躇，窗外的风猎猎作响，墙上如豆的灯火不停跳跃，隐约可见他的眼睛里光芒闪烁，墙上的影子疲惫而坚毅。

皱眉，转身，凝视着高渐离：高兄，此一去，凶多吉少，生死有命，成败在天，吾自当竭力，为报太子厚爱，秦必刺，事若不成，请就此收手。天下本来就应该由一个英雄来治理，无奈嬴政太过刻毒。如若我再也没有回来，那就注定嬴政是天下的王者。杀身成仁，舍生取义，吾足矣。

窗外繁星灿烂，他知道，或许这是他最后一次欣赏了。他不知道今夜过后的明天是胜利还是死亡。一个奇怪的念头袭过他的脑海：死亡。坚毅的眸子里闪过一道光芒。

他希望能死去。阴霾长空，风声呜咽，高渐离击筑声凄凉悲伤，飘向天际。空气寂静得有些可怕。

素衣白冠，太子丹及宾客手捧酒杯。仰头，一饮而下，杯碎，转身登车，只留下一袭固执的身影。风萧萧兮易水寒，壮士一去兮不复还……雄浑的歌声回荡在易水河畔，夕照下，林间暮鸦悲鸣哀切。

铺开地图，慢慢地，匕首的锋刃露了出来，寒气如冰，抓起，刺去，一气呵成。秦王闪过，把剑对准他的胸膛。动作流畅，神态镇定，没有一丝慌乱。不可思议。

秦王为什么可以如此沉着？为什么如此具有帝王的气场？所有人，退到殿外。你为什么要刺杀寡人？沉默，他不说话。两个人的目光都紧紧地盯着对方。你怕不怕寡人杀了你？

怕？怕就不来了？吾只是想验证一句话，一统天下，你可能做到？秦王颔首：寡人决定之事，定然做到。闭目，仰天，含笑。忽然，他握紧秦王的剑猛力向自己的胸膛穿去，微睁双眼，说：刺杀你，为太子丹；吾自杀，为天下让路。

数日，易水河畔，凛冽的寒风掠过高渐离冰冷的脸庞，他想起他曾经说过，杀身成仁，舍生取义。此刻，高渐离终于明白这句话的含义了。

他，让路给一个王者，也让路给天下苍生。让路，让他的名字光耀尘埃。

这篇文章构思新颖，对“荆轲刺秦”的故事，作者没有从大家都知道的“士为知己者死”的角度进行写作，而是从给天下苍生一个统一和平的生活环境出发，凸显出作者主题创新的能力。正是因为这种对材料主题创新提炼的能力，让他成为2013年中考作文中的一匹黑马。

看了这么多的作文，大家是不是被孩子们创新的能力所折服，心里叹息着，要是自己的孩子也能写出这样优秀的作文该多好？

其实每个孩子，都有一个敢创新、会创新的大脑。只要我们能够抓住这个阶段孩子的思维特点，并根据这些特点进行科学的培养，孩子们就会回报我们让人刮目相看的成绩。

六、叛逆是孩子一生最美的风景线：16 ~ 18 岁孩子的语文学习规划和重点能力培养

这一阶段，很多家长都在为孩子的叛逆而伤透脑筋，突然看到这个题目，是不是会有些许的错愕？

让家长们心力交瘁的叛逆，怎么就成了孩子一生最美的风景线了呢？

其实，家长们之所以对叛逆如此头疼，是被它表现出来的现象所蒙蔽，而忘了探究叛逆的实质了。

16 ~ 18 岁的孩子，已经进入人生的青春期。青春期的孩子，在人格上，其主要任务就是发展自己的独立人格，而影响孩子人格独立的，主要就是过去依赖的人，所以，孩子的斗争对象就是父母。青春期的孩子，急迫地想“干掉父母在心中的伟大形象”，同时让周围的人正视他的存在。所以孩子的叛逆、愤怒，其实都是生命力的体现。

青春期的孩子，允许他愤怒了，理解他的叛逆了，接纳他的躁动了，他在家庭里面赢得了“胜利”，就有力量去外面的世界获取更大的“胜利”。如果在家里，他的独立人格系统没有发展完成，就会在潜意识里形成依赖他人的习惯。

我相信，每个家长都希望自己的孩子有独立健全的人格系统，是一个有主见、有观点、有看法的孩子，而不是唯唯诺诺、总是习惯依赖别人的孩子。

所以，现在再次回到我们的题目——叛逆是孩子一生最美的风景线——家长们是不是已经在内心深处觉得确实如此了呢？

读到这里家长们可能又有问题了：为什么孩子到了这个阶段就开始叛逆呢？

要弄清楚这个问题，我们需要了解这一阶段孩子思维发展的特点。

这一阶段，是孩子的理论性抽象逻辑思维形成期，能以理论作为指导，来综合分析各种事实材料，从而不断扩大自己的知识领域，同时形成个人的独立思想，个性风格也初见轮廓。

需要注意的是，这一阶段，孩子应精读并掌握至少 2 位哲学家的理论，这将是他以后所有思维和思想的原点。同时注意个性风格训练，逐步从人物临摹中脱离出来，形成自己的风格。

这一阶段的孩子为什么会叛逆，这是因为孩子的各项思维能力都已经全部成型，尤其是理论性抽象逻辑辩证思维的形成，让孩子在看待问题的时候，可以有更多的角度切入，也有了一定的人生阅历，让他可以将问题理解得更加透彻清楚。

基于这一思维特点，在语文重点能力的训练方面，我认为，我们可以从以下两个方面入手。

观点鲜明和观点独到

我们在第一章中讲高考作文的六大突破时，前两个突破讲的就是观点鲜明和观点独到，在此就不再赘述了。

主题的八大境界

主题的八大境界包括关注自我、关注他人、关注群体、关注社会、关注民族、关注历史、关注哲学、关注信仰。

这八大境界，从“小我”的周围生活出发，逐渐扩展到民族、历史、哲学、信仰。思考的内容越来越深，所反映出来的人格也越来越厚重。

所以，主题的八大境界，是关于思维深度与厚度的一个训练。这与这个时期孩子的思维能力与人生阅历以及知识的积累都是紧密联系着的。

在日常生活中，与众不同的观点、独具深度的思想会让孩子受人瞩目。拥有一个落落大方、语惊四座的孩子，总是让家长们充满了期待。除此之外，在以后的工作与人生中，独具深度的思想更有可能成为孩子成功的捷径，令人耳目一新的演讲或工作报告，会给孩子带来不一样的机遇。

如果家长们觉得谈这些稍微有点远，那我们不妨谈谈这个阶段孩子最近处的事情——高考。

从最功利的角度出发，思维深度能够解决作文中的“中心”“主题”问题，让作文不再“读之无味，弃之可惜”，变得更有内涵与思想，极容易在中高考或竞赛中获得评委的青睐，获得高分或好评。

和个性化表达一样，思维的深度训练，很多家长参与起来会有一定的难度，我们可以交给专业的机构来培养。但是家长配合也特别重要。因为不论在哪个机构，孩子每周在课堂上学习只有 2 小时时间，对于思维深度的掌握尚停留在知识点层面，具体的运用需要家长们在平时有意引导和训练，方能帮助孩子形成思维体系。

如何操作呢？

在日常生活中，家长与孩子可以每周进行 2 ～ 3 次“有效聊天”，引导孩子从关注自我、关注他人，到关注群体、关注社会、关注民族、关注历史、关注哲学以及关注信仰八个层面展开聊天。家长甚至还可以提前“备课”，准备好相关资料。

那么，主题鲜明与主题深刻在孩子的作文中是如何体现的呢？我们不妨一起来看两篇满分作文。

今天，我们来说说心里话

【作文】

今天，我想说说心里话

有些话，我已憋了千年，今天真想说说。

我曹操虽然出身不好，可也算个有志青年。在那个宦官当道、奸臣篡位的时期，我等不干出一番事业，百姓何来一个太平天下呢？我与各路英雄联盟，诛杀汉贼董卓，可惜计划失败，加上吕伯奢那一档子事，一夜之间，我似乎成了历史上的过街老鼠。想那天，我“咔嚓”几下，竟然二话不说，挥剑杀了我的恩人——吕伯奢，自此留下了我人生的污点。那声“宁可我负天下人，休叫天下人负我”，更让我之前的形象毁于一旦。忆当年往事，悔恨之泪，真是千年不断啊！我总想，等有朝一日，功成名就，终会被人认可的。

有些事，我已提及千年，今天还想说说。

当年天下大乱，家国不保，念及天子年幼，尚不能独断大事，我不得已把权力揽到了自己手上。尽管我深知已经越权，但各路豪杰并起，个个虎视眈眈，为保汉室天下，我也是不得已而为之啊。我欲“奉天子以令诸臣”，可世人却到处散布谣言，说我“挟天子以令诸侯”。我几度想放弃，可每当我看到处处民不聊生，就坚定了自己的信念。数年之内，我灭袁绍、吕布……统一了大半个天下。那些黄口小儿竟骂我“名为汉相，实为汉贼”。诸君试看，皇帝年少而怯弱，怎能与各路诸侯相斗？若非我独掌大权，北方能这么快统一吗？

有些情，我已亏欠千年，今天不得不说。

我总想，灭荆州刘表，取江东孙权，天下便可以一统了。自以为江东已是囊中之物，于是放松了防备，决定在铜雀台休整几日。可这一举措，使我失去了进攻的最佳时机。本以为公瑾只是个黄口小儿，却不知他有如此才干。我输了，输得很惨，我带来的百万雄兵被赤壁

大火烧得灰飞烟灭。若非关云长念我旧情，冒死放我一条生路，我也只能战死沙场了。那次惨败，让我再也无力回天，头痛的毛病日益严重。环顾四周，已是日薄西山之际，风卷集着落叶和荒草，没有一丝生命的气息，留我一人在这无声的世界里，我感到前所未有的悲凉。我怎对得起我们的父老，对得起我的士兵？

虽然我是“志在千里”，可毕竟已是“烈士暮年”。常言道，“人之将死，其言也善”。天下人皆称我为奸雄，可又有几人能领会我的苦衷呢？

张扬民族的灵魂

【作文】

民族的灵魂

古往今来，历史的车轮如狂风般呼啸而过，卷起的风沙曾湮灭多少辉煌？！然而，一直有一群人昂首在天地之间！他们是历史的弄潮者，他们永远忠于自己民族的灵魂，他们称自己为：中国人。

《周易》有云：“天行健，君子以自强不息。”诚然，这是中华民族自古便有的民族精神，它作为一代又一代人的精神支柱，屹立千年，以至于时至今日，这种不畏艰险勇往直前的精神仍深埋在我们民族的灵魂之中。

灵魂是不可弃的。若连灵魂都可以遗弃，又谈何精神？又谈何民族？然而，中华民族历史上却不乏丢失灵魂的时候。君可记得曾经的丧权辱国？君可知晓“文革”中的人心惶惶？这都是我们曾经的“落魄”。但君又可记得虎门上空熊熊的热浪？君又可知晓粉碎“四人帮”时的举国欢庆？没错，中国人一直未曾忘记他们民族的灵魂！那是他们永恒的、不屈的精神！

“必须敢于正视，这才可望，敢想，敢说，敢做，敢当。”这是鲁迅对曾经的中国人的告诫。而这句话又是否适用于现代中国人？我们中不乏缺少民族精神的人，没有上进心，崇洋媚外，民族歧视者怕是大有人在。然而人们总以一种抱怨教育、抱怨社会、抱怨国家的心态回避问题，而不是从自身调整。而那些问题也并未解决。我们是不是该反省，我们是不是错了？我们是不是已经丢失了民族的灵魂？我们是不是应该正视这“惨淡的人生”？！

中华民族的灵魂是坚定不移的磐石，是勇往直前的激流，是不朽不折的古树，是昂首挺胸的雄狮！

中华民族可能不是最伟大的民族，但中华民族绝对是不向任何人低头的民族！所有的辉煌我们都记着，所有的屈辱我们也记着。因为我们知道，这辉煌是所有屈辱的血泪支撑起来的！我们要让所有的后代都知道，中国人面对屈辱并没有妥协，而是在忍辱中丰满羽翼，等待崛起后的一飞冲天！

正如毛主席所说：“数风流人物，还看今朝！”长江后浪推前浪，一浪更比一浪强！我们不能遗忘曾经，我们要铭记历史，铭记所有的屈辱与辉煌，更要铭记那永垂不朽的民族的灵魂！

这两篇作文，第一篇，主题非常独到。在大家都在跟家人、同学和老师倾诉心里话的时候，这个孩子以曹操的视角，写自己想要倾诉的心里话，表现出曹操对自己以往的痛苦与悔恨。这是绝大多数孩子都想不到的一个主题，这个孩子想到了，所以获得满分。

第二篇，也是一篇高考满分作文。作者一上来直接写民族的灵魂。直接将主题引到关于民族和哲学的角度，主题之厚重，让阅读的人无不叹服。

最后，咱们谈谈孩子学习成功最关键的保证是什么。

那就是，父母要学习！要懂教育规律！

因为教育孩子是漫长的、需要持续不断坚守、既考验耐力又考验智慧的一项最伟大的工程。

我们的国家，有那么多的考试，小升初、中高考、考研，医生、律师、会计师各种职业从业资格考试……可是唯独没有父母从业资格考试，而恰

恰父母才是孩子最好的老师!

亲爱的家长们，那么，你是否做好了与孩子一同学习、不断进步的准备？是否做好了不能把责任都交给老师，而要自身投入的准备？是否做好了不仅养好孩子身体，更要用教育丰盈他们精神世界的准备？

一个孩子是否优秀，就取决于你自己的行动，就取决于你自己陪伴孩子并坚持长期孜孜不倦地学习。

语文，浩如烟海，博大精深。如今，语文好早已不是语文成绩好的概念了。它包罗万象、内涵深厚，能够影响一生、精彩一生。我们必须做好系统的方案和规划，抓住关键期，培养关键能力，让孩子一步步通过语文学习提升成绩、提升能力、提升生命的质量，沉淀深厚的人文素养。

你是否为孩子设计好了这张语文学习的壮阔蓝图?

第三章

带着孩子沐浴『阳光雨露』

一、倾听花开的声音
——让孩子养成倾听的习惯

阅读力 VS 倾听力

以前在实验小学做语文老师的时候，办公室很大，五六排老师坐一个办公室，往往一个话题会引起大家一系列的反应或者讨论。记得那次是关于老师教育自己孩子的讨论。有个老师讲的事情让我记忆犹新——

因为工作忙，她很少给女儿讲睡前故事。那么，怎么解决晚上的空余时间呢？那位老师想了一个好办法，就是晚饭后，让女儿自己去看书，老师偶尔会和她一起看，读给她听。后来，又有了一个更好的办法，就是买一个音乐播放器，把音频拷到里面去，这样就可以让女儿窝在被子里听故事了。

过了几年，随着女儿年龄的增长，老师越发想偷懒，常常让她自己看书或者听播放器。当然，老师的理由很充分，美其名曰：阅读的能力很重要。

她的女儿就在我所在的学校就读，各科老师也是同事。直到有一天，同事向这位老师抱怨她的女儿时，她才意识到问题的严重性。同事这样评价她的女儿：孩子上课时对老师的各种问题反应很快，老师们也十分喜欢这个聪慧的孩子，可是每逢考试，孩子却总是很粗心，做题不是落了这里就是没有顾上那里。

同事也给出了一些简单的分析，说，她家女儿是“90后”，生长于录音磁带、MP3风靡的年代，从小是听故事长大的，所以孩子擅长听，上课时优势尽显，考试时劣势突出。

我相信，讲到这里，很多家长会有两种反应：一种是我们家的孩子也是这样培养的，不会也有类似的问题吧？还有一种就是，我们家孩子与这位老师的孩子恰恰相反，看书的时间要远远多于听故事的时间，那会不会让孩子听的能力大打折扣呢？

众所周知，因为考试，家长对于孩子的阅读能力十分上心。而让孩子从小看书、看图画书，成了一个非常便捷的培养孩子阅读能力的途径，深受家长和孩子们欢迎。但与此同时，传统的口耳相传讲故事，似乎就很少见到了。以至于，一说到讲故事，很多家长下意识的反应，就是亲子阅读图画书的场景。

古希腊先哲苏格拉底说：上帝赐予人两耳目，但只有一口，欲使其多闻多见而少言。寥寥数语，形象而又深刻地说明了倾听的重要性。有课题组专门做过一项调查，人们在日常交往活动中，听占45%，说占30%，读占16%，写占9%。这也就是说，听说读写几项能力中，听是排在第一位的，其重要性不言而喻。

倾听，不仅仅是一种能力，更多的时候，是一种美德。倾听表达的是对别人的尊重，一定程度上反映出一个人的道德修养，是个人素质的重要组成部分。同时，倾听对于一个人的学习和成长有着非常重要的意义，我们常说的“当我们遇到一件事情，你有一种好办法，我也有一种好办法，如果我们懂得互相倾听，那我们每个人就都会拥有两种好方法”，说的就是这样的道理。

倾听从心开始

那是多年前的一件事了。那会儿我带语文课兼班主任。下课的时候，我经过花坛边时看到有趣的一幕：一个小女孩正猫在花丛中，低着头，歪着脑袋，口里煞有介事地说着些什么。我感到很好奇，便走过去，蹲下身子问："你在做什么呢？"小女孩说："我在和花儿说话呢。"我觉得好笑，就问："花儿能听到你说的话吗？""能啊，花儿也有耳朵，只要你靠近它同它说话，它就能听到！"小女孩认真地说。

听着小女孩天真的话语，我笑着摇摇头走了。

早上，学生组织去春游，作为班主任，我自然也去了。郊外清新的空气让我觉得心胸开阔了许多，蓝的天白的云青的草，更是让人看了心情畅快。学生们追着赶着闹着笑着，望着顽皮的他们，我心中竟萌生了一种想融入他们玩乐中的想法。

学生们玩累了，都躺在草地上休息，有几个还在不安分地打着滚，我也坐在他们中间，和他们东聊西侃。这时，躺在我旁边的一个男生说："罗老师，您能听到风跑过的声音吗？"我说这怎么可能啊，因为这时并没有起风。"您躺下来，闭上眼睛就能听到风声，不信，您试试。"我顺从地躺下了，然后在那个男生的提示下缓缓地闭上了眼睛。

突然感觉到天地是那样无垠，那样宽广，而我的耳边也响起了呼呼的声音，时而急，时而缓，时而轻吟，时而深沉。我想，那一定是学生所说的风声吧！我还听到鸟儿划破宁静天空的声音，清脆而纯净。我还能感觉到我的心跳声，平缓而有节奏，和大地脉搏跃动的声音一样富有震撼力。

"您能听到吗？"学生的话又一次在我的耳际响起。

"我能听到。"我说。只要用心去听，我们还是可以听到花儿的歌声，还是可以听到童年的嬉笑声，还是可以听到成长的脚步声。

很多家长以为，倾听还不简单，让孩子专心地听，集中精力地听，认真地听，不就行了吗？其实不然，倾听，是把感观、感情和智力的输入综合起来，经过思考或者融入情感的一个过程。以前听课的时候，听到这样一个有趣的案例：

老师将一个大大的“聪”字写在黑板上，告诉学生：“聪明的孩子首先是一个善于倾听的人，因为‘聪’字把大大的耳朵摆在第一位，会用耳倾听的孩子才是聪明的孩子。其次呢，聪明的孩子会动手、动口和用心，其中‘用心’是基础，放在‘聪’字的右下角，而‘聪’字右上角那两点，不正像一双勤劳的小手吗？它告诉我们要先做再说，多做事少说话，做一个踏踏实实的人。”

学生听得比之前更认真了。老师不忘用目光巡视全班，当有人忘了专心倾听时，老师就会意味深长地指一指黑板上的那个“聪”字，学生则会意地一笑，立马就改正了。下课的时候，老师说，这个“聪”字就一直留在黑板上吧，让它时时提醒我们上课要注意倾听。

老师说得多好，一个善于倾听的人，不仅仅是要靠耳朵，还应该用眼睛、脑和心。用一句话说，就是倾听要从心开始。

用心养成倾听的习惯

作为老师，我经常在课堂上看到这样的现象：发言的学生讲得津津有味，别的学生或东张西望，或挤眉弄眼，或旁若无人地干着自己的事；站起来的学生发言还没有结束，旁边的学生却高高地举起了手，大声嚷道：“老师，我来，我来……”；教师让一位学生作答时，其余举手的同学都异口同声地叹起气来，垂头丧气地顾不上听讲；合作学习时，老师的要求还没有说完，学生已迫不及待地展开了讨论，老师的后半句话往往淹没在一片声浪中……

种种问题告诉我们，倾听的培养，不能仅仅只是从倾听技巧入手，更重要的是从倾听习惯上动脑筋，用心养成习惯，让用心融于习惯中。

以下是几种培养孩子倾听习惯的建议：

一是尊重的姿势。

在倾听的过程中，可能会因为对方的表达或者语速等存在一定的问题，容易引起倾听者的烦躁、不安甚至是反感等，而这些心理暗示又会通过我们的语言、神态、眼神、肢体等表达出来。善于倾听的人，更容易学习到东西，更容易被别人所接纳。不管是否接受对方的谈话内容，都要尊重对方说话的权利。

家长可以教孩子一些基本的肢体语言和面部表情。比如，倾听别人说话时，身体一定要正面面向说话的人，不要有任何交叉的部分，比如斜对着说话的人、双手抱着肩、跷着腿、双手插在口袋里等，在肢体语言上叫“防御姿势”，代表着拒绝接纳、回避和躲藏。这样的肢体语言被证明接受的信息量非常有限，还给人一种不尊重对方的感受。如果是一对一的谈话，建议身体前倾，效果会更好。

比如，倾听的过程中，眼睛要注视对方，如果明白了对方的意思，要适时地点头，以鼓励对方继续。在倾听轻松的话题时，要保持微笑，可以轻声附和并回应，比如“你说得真好，太棒了，我赞同”“是的，好的，明白，继续”……如果是倾听很多人的话，目光则需要随时移动到讲话者的身上，同时目光要兼顾关注到大家，这样才会传递出尊重的信息。

家长还可以教孩子一些基本的倾听礼仪，这也是对别人的一种尊重。比如倾听的过程中，千万不要打断别人的讲话，尤其是在一句话没有说完之前，更不要急于表达自已的观点。如果没有听清楚，可以稍稍抬手示意：“不好意思，请问一下，刚才你是说……”复述或者提炼对方的谈话内容，用来澄清对方讲话，或请对方重新描述。如果是学习内容或者其他重要的内容，建议随手做记录。此外，如果与对方的谈话结束了，要给对方明确的感谢，或者相应的行动。比如“非常高兴和你沟通，谢谢你”，然后再根据需要起身相送。

古语云，“己所不欲，勿施于人”。倾听是平等的，你怎么对待别人，别人也将怎么对待你。学会尊重别人，才能得到别人的尊重。

二是思考的思维。

倾听的目的不是复制，而是思考。有一位家长是这样教育孩子的——

妈妈给上四年级的女儿买了一个人工智能机器人，女儿欢喜得不得了。开机后，女儿、机器人、妈妈之间有了一段对话。

女儿：请问，你叫什么名字？

机器人：我叫小雅。

女儿：小雅，你今年几岁？

机器人：这是个秘密。

女儿：小雅，你爸爸是谁？

机器人：我爸爸是一个帅气的人工智能工程师。

女儿：小雅，我可以和你做朋友吗？

机器人：友谊万岁。

女儿：妈妈，我不知道问小雅什么问题了。

妈妈：刚才小雅回答了你几个问题，你能告诉妈妈，小雅是什么吗？

女儿（思考了一会儿）：小雅是一个智能机器人，它可以和人进行对话，也可以和人类做朋友。

妈妈：你听得真认真。小雅有什么技能呢？

女儿：那我问问小雅。小雅小雅，你会什么呢？

机器人：我什么都会。

女儿：具体说说你会的一些技能吧。

机器人：我会唱歌，会背古诗词，会数学，会讲故事，你所喜欢的，我都会。

女儿：你真厉害。那你知道我喜欢什么吗？

机器人：小主人你最厉害了，你喜欢的，都是我喜欢的。

女儿：小雅，每个人都有自己的特点，要坚持自己的长处哦。

我们不妨分析一下这个案例，这个案例给我们真实地呈现了思考的几种形式：一是在倾听或者对话的过程中，归纳整理有用的或者重要的信息，变成自己需要的内容，比如案例中对小雅的分析。二是在倾听的过程中，保持与对方互动，如果没有听懂，还需要采取必要的方法来解决，比如在小雅会什么技能的问题上。三是在听的过程中，自己也要多思考，自己碰上这样的事情或者问题，该怎么去解决，比如最后一句，在得到小雅的表扬后，女儿并没有得意，而是发表了自己的观点。

平时，家长也可以做些这样的尝试，来训练孩子的倾听力——

请孩子做广告代言人。电视上的广告，往往朗朗上口，比较容易记住，可以多问问孩子，请孩子复述表演。

给孩子听音乐，然后请孩子回忆着哼唱音乐。一开始家长可以陪着孩子一起哼唱，逐渐过渡到让孩子独立哼唱曲调。

和孩子谈新闻。报纸、网络上的新闻事件特别多，孩子能不能复述出来？还有，孩子能不能就这个新闻事件发表自己的意见呢？

向孩子口头布置任务，一次布置几项任务，说明任务的要点。比如打扫卫生、清理书桌等。打扫卫生的时候要注意把桌子擦干净，凳子摆好，碗筷放进消毒柜等。看看孩子能否利用思维导图画出来。

不同阶段的孩子，在倾听力的体现上，是各不相同的。相对来说，前两种方法适合小学中年级及以下的孩子进行训练，后两种方法适合小学高年级的孩子进行训练。对于初中阶段的孩子，可以多进行一些人文、历史等方面的训练，让孩子把自我放进去，多思考“假如是我，我会怎么做”“这样的问题，我会怎样解决”，养成思考的习惯。当然了，倾听的习惯是在日常的学习与生活中逐步积累，慢慢养成的，非一日之功。作为家长，要做好坚持的准备，用自己的行动，而不是语言，去教孩子学会用心倾听。

二、怎么教一只白猫抓老鼠
——与家长一起测测孩子的倾听力

倾听力与生俱来

多年前，我作为中国教育培训行业访问团的成员在美国杜克大学访问的时候，听过一个很有趣的关于倾听力的理论。

这个理论说，一个孩子生下来，在四岁以前的倾听力跟动物是一样的，到了五岁以后接受教育才慢慢变成了人类属性。举个例子，每个小猫小狗一生下来，眼睛还没有睁开就张着嘴要吃，凡是圆的都含到嘴里，这是动物的本能属性。小猫生下来一个多月先是吃，除了吃，就是刨地磨爪子。其实，它并不单纯是为了磨爪子，它这个时候调动了所有的肢体、视觉、行为、注意力，为它未来捕捉老鼠做训练，这叫技能，核心的属性就是聚焦。因为一生下来，它的神经系统只关注爪子，哪怕是0.01秒还是0.05秒，它是有反应的。反应完了以后大脑指挥爪子，而且是持续指挥，持续的注意力会为猫未来捕捉所有的东西提供关注力。所以一只没有经过教育的猫天生就具备了盯老鼠的能力。

听完理论那天晚上，在街头，我无意中看到了一个细节：一只白猫坐在路灯下面，猫的对面是一堵墙，墙壁有三米多高。我停下了脚步，顺着猫的方向静静看去，看见墙上有一只很小的壁虎。我就等着看这只猫。这是一只有着本能的猫，我估计它一直等着那个壁虎，它肯定也在估摸着，我爬上去壁虎会不会逃掉。等到壁虎往下爬了一点，白猫噌一下扑上去把壁虎吃了。

我在那里等了快十分钟，也就是说，猫的关注时间至少在十分钟以上。

这样的关注时间其实是不用培养的，每个孩子天生就有倾听力。可是，我们很多家长会问，为什么孩子到了小学一年级、二年级开小差，甚至到了大学或者工作后开会，我们听着听着就开小差了。这是因为我们从小缺少关注时间的训练，尤其是在上小学之前这个阶段。

从心理学的角度来说，两岁半的孩子跟一只猫是一样的，他刨地、玩沙、在墙上画画，要把某一个动作、某一个眼神，或者是某一种味觉，重复四百次，他也不会觉得厌倦。只要这个孩子生下来，你让他按照他的兴趣去琢磨，他的这种兴趣是基因当中本来就有的，任何一个人的倾听力也是与生俱来的，是一种本能。孩子玩沙玩四百次不是脏的问题，玩的过程中视觉、触觉、感觉包括肢体，都因为这件事情调动起来了。

怎么测评孩子的倾听力

作为家长，怎么自己测评一下孩子的倾听力呢？我们不妨来看一个我的同事通过和家长沟通进行测评的案例：

师：游游妈妈您好，我是阳光喔的吴老师，是孩子的成长导师，刚才在电话里和您沟通过，在接下来孩子的学习过程当中，我都会密切地关注孩子的成长，并且和你保持密切的联系。

家：老师你好，那就拜托你了！

师：不客气哈！俗话说“十聋九哑”，不会听的人一定不会说。倾听是语文学习中基础中的基础，这次我大概会花5分钟就倾听力做一个调查，以便孩子过来学习时，我们快速地了解和帮助孩子。请问游游妈妈，您现在方便沟通吗？

家：可以的。

师：好的，感谢游游妈妈配合！关于倾听力，第一个内容就是倾听的时间，这跟孩子的学习习惯养成有关，我想了解一下孩子的倾听时间符不符合孩子这个年龄的规律和要求，什么年龄的孩子能听多长时间不开小差是有它的规律和标准的。所以第一个问题是：咱们孩子在上课的时候，他的专注力一般能够持续多长时间呢？

家：上课情况不是很清楚，因为主要也不是我在负责他的学习。不过他在家里写作业就特别慢，每次写作业都要写很久很久。平常的话，别人家孩子写一个小时的作业，他能够写三个小时，把他爸都气疯了，从晚上八点多一直写到十二点。孩子应该早点睡觉，现在才三年级就十二点才睡觉，每天晚上都搞到大半夜的。

师：好的！这个问题确实很严重，关于孩子写作业慢的情况，有很多家长也跟您一样向我们反馈，每个孩子写作业慢的情况可能都不一样。到时您带孩子过来，我们专门给孩子做个测评，看看是什么情况导致的。但是我觉得更严峻的是孩子课堂的专注时长，因为关注时长直接影响到孩子的学习情况。不过不要紧，等孩子来上课的时候，我帮您关注一下，看看孩子在课堂上的专注时长能够达到多久，再反馈给您。

家：那太感谢啦，这些课堂情况我真的一概不知，学校老师也没有和我反馈过，那就拜托你们啦！

师：没问题，我已经记录下来了。另外，一个孩子的关注度取决于他仅仅是用耳朵听，还是有表情参与，还是有动作参与。其实肌肉和表情都是有记忆功能的，倾听除了时长以外，还有效率问题，是否

表情倾听，是否形体参与倾听。所以我们想了解一下孩子倾听的效率问题：第一，眼神是否参与倾听；第二，表情是否参与倾听；第三，动作是否参与倾听。

家：以前倒是会经常说话，与人沟通。现在慢慢长大就很少了，现在基本上每次都不怎么搭理别人。孩子六七岁的时候其实很爱说话，现在都不怎么说话，我就觉得这个问题还是很严重的。所以想问下，你这边有没有什么好的方法呢？

师：非常抱歉，我打断一下，可能我没说清楚。我刚刚问的是：孩子在和别人说话的时候，是否有眼神参与倾听，是否有肢体动作参与倾听，是否有表情参与倾听呢？

家：比较少，基本没有。

师：好的，了解了。至于您刚刚说孩子不爱说话，因为我没有接触过孩子，也不了解孩子，所以出于对孩子的责任，我现在还不好给您提供什么方法，等后期上课期间，我们再来一个一个帮孩子解决，您看可以吗？

家：好的，那谢谢老师了！

师：您客气了游游妈妈，一个孩子上课时善不善于倾听，听了之后效果怎么样，跟孩子的课堂笔记密切相关。俗话说"好记性不如烂笔头"！所以接下来我想了解一下，孩子记的笔记有没有使用关键词，或者是概括提炼观点，抑或是使用思维导图来辅助记忆呢？

家：他记笔记还是能按照老师的要求抄下来的，但是很少自己提炼关键词、概括观点，思维导图他都不知道是什么。有的时候记一大堆，问他什么内容，他又说不出来。

师：好的，我记下来了。孩子提炼概括的能力还是需要提高的，我会重点关注的。

家：谢谢老师！

师：我们提倡的生态语文，帮助孩子从吸收系统，到处理系统，再到转化系统的高效转化，倾听属于吸收，听完能不能说出来属于呈现。一个人完整的交流过程应该是有倾听、有发问的良性互动过程。不过很多学生存在听完不想表达、不会表达的问题。所以我想了解一下，孩子在看完电影或听完课后，是否有赞同的观点，或者有质疑的观点，或者关联自己（知道哪些内容是对自己有用的，哪些内容是对自己无用的）？

家：有的时候他放学回来会和我说今天老师哪里哪里讲的不对，是不是属于质疑的观点？有的时候对这孩子挺无语的，太调皮了，我和他说老师讲的肯定是你没听懂，不然怎么可能是老师讲错了呢？

师：哈哈，这孩子还挺有自己想法的，是的，他这种就属于带质疑观点的倾听，不管质疑得对不对，孩子这种倾听能力还是值得肯定的，妈妈要多给他鼓励哦！

家：真的呀，我还真没想到，被老师这么一说，还真觉得有时候熊孩子的想法挺奇特的！

师：对呀对呀，其实刚才和您沟通的都是有关倾听力的教育问题，怎么听取决于教育，听什么内容就取决于文化传承了，我们希望左手抓教育，右手抓文化，所以想了解一下，孩子更倾向于听哪类内容，是生活故事、文学故事、音乐艺术还是和大自然有关的内容呢？

家：孩子还是比较喜欢听音乐的，像流行音乐当中的那一些。现在那些流行音乐，我其实很多都听不懂。孩子有什么流行的音乐，还是会经常听一听。说实在话，现在很多孩子追星，我也挺怕的，如果孩子哪天去追星了，那就惨了。

师：孩子比较喜欢听音乐。音乐也是一门艺术，生活当中有烦闷、不愉快的时候，听音乐是非常好的调节方法。人心情好了，做什么都会顺利一点。

师：游游妈妈，咱们的倾听力调查做好了，我大概要花费 10 分钟的时间，整理一下调查报告，稍后发给您哦！回头等孩子来上课期间，我们约一个时间给孩子做一个专业的素养测评来具体分析问题的原因。然后我们才有针对性的办法去解决！

家：好的，非常感谢老师，咱们保持联系哦！你们太用心啦！

师：游游妈妈，请接收倾听力调查报告。

从案例中，我们可以清晰地看到，老师测评倾听力主要是从五个方面进行的：一是倾听的时间，也就是倾听的关注力；二是倾听的状态，主要是眼神、表情、形体等；三是倾听的习惯，主要是倾听时是不是能够记录等；四是倾听的思考，就是听完后，自己是否有观点，是否有意见，是否有创新思想等；五是倾听的内容，喜欢生活故事、文学故事、音乐艺术、哲学、经济等内容。

在案例中，老师没有说清楚倾听的关注力怎么测评，在这里补充说明一下。

正常情况，幼儿园孩子的关注力是 3 ~ 5 分钟。到了小学一、二年级，就是 10 ~ 15 分钟，到了三、四、五、六年级，可以达到 20 ~ 30 分钟，初中及高中，就更高一些了。我们的课堂一般是 40 分钟，也就意味着老师在不同的年级中，需要准备不同的课堂环节或者节点，通过这样的方式，持续提升或者保持孩子的倾听力。

测评关注力的方式也很简单，比如：孩子听家长讲故事的时候，可以保持多少分钟的注意力；看电影的时候，可以保持多少分钟的注意力；课堂上，老师讲课的时候，可以保持多少分钟的注意力……在倾听的过程中，孩子所能投入的时间，就是关注力。家长可以分别测评一下，综合起来，就是孩子的倾听关注力的水平了。

如果孩子的关注力不够，怎么办？家长也不要过于着急，一是尊重现状，制定小目标，分步实现小目标。孩子只有 7 分钟的关注力，你非要强迫他做 40 分钟，这个目标太高了，你让他挑战 8 分钟，要跟他商量、约定，跟当事人约定好。昨天你 5 分钟就开小差，今天我们约定一下，7 分钟内不能开小差，或者 10 分钟。此外，也要及时激励，看到孩子的一点进步，要肯定，要表扬，让孩子觉得有尊严，有兴趣。

附件：

<table>
<tr><td colspan="8">倾听力测评报告</td></tr>
<tr><td colspan="8">基本信息</td></tr>
<tr><td>学生姓名</td><td>游游</td><td>性别</td><td>男</td><td>年级</td><td>三年级</td><td>学校</td><td>越秀区东风西路小学</td></tr>
<tr><td>校区</td><td>越秀</td><td>学习课程</td><td colspan="2">《从前有座山》</td><td>已学课程</td><td colspan="2">无</td></tr>
<tr><td>家长电话</td><td colspan="2">134********</td><td>客户微信</td><td colspan="2">134********</td><td>学习规划</td><td>方案 1</td></tr>
<tr><td colspan="8">学情服务</td></tr>
<tr><td rowspan="5">倾听力</td><td colspan="3">孩子上课的注意力可以持续多长时间?</td><td>0 ~ 5 分</td><td>5 ~ 20 分</td><td>20 ~ 40 分</td><td>> 40 分</td></tr>
<tr><td colspan="3">孩子与人沟通时眼睛能否看着对方?</td><td>不</td><td>眼神</td><td>表情</td><td>形体</td></tr>
<tr><td colspan="3">孩子在听课时能否记笔记?</td><td>能</td><td>关键词</td><td>概括观点</td><td>思维图</td></tr>
<tr><td colspan="3">孩子在看完电影或听课后能否提出问题?</td><td>不能</td><td>赞同观点</td><td>质疑观点</td><td>关联自己</td></tr>
<tr><td colspan="3">孩子喜欢听哪些内容?</td><td>生活故事</td><td>文学故事</td><td>音乐艺术</td><td>大自然</td></tr>
<tr><td colspan="8">报告分析:
生态语文遵循孩子的成长规律，在适当的年龄培养孩子应有的能力，将会让孩子受用一生。通过倾听力调查，我们了解到孩子的倾听力现状如下:
1. 孩子上课的持续专注力时间未知，需要在阳光喔上课关注后再反馈给家长。
2. 孩子跟别人沟通的时候，无眼神倾听、表情倾听、形体倾听。
3. 孩子有记笔记的习惯，但是记笔记的方法还需提升。
4. 能够提出质疑的观点，说明孩子比较好胜，是一种良好的品质，需要鼓励。
5. 孩子在生活中比较喜欢听音乐，说明孩子追求内心的一份宁静。</td></tr>
</table>

三、读了那么多书，估计是白读了
——教孩子读书的几种方法

读书，可以改变自己和社会

这是一个特别打动我的新闻事件——

入夏以来，骇人的高温让浙江杭州荣登“四大火炉”之列，杭州图书馆随之出现了越来越多的乞丐及拾荒者的身影，时有市民对此表示不满。对此，图书馆馆长在接受记者采访时表示，希望借助杭州图书馆允许乞丐和拾荒者入内阅读这样的方式告诉市民，人人生而平等。据了解，十多年了，杭州市图书馆从来不拒绝乞丐和拾荒者进入。常常有读者抱怨，要求图书馆把这些衣衫褴褛的访客请出去，但都遭到了拒绝。据说，馆长的“金句”是：我无权拒绝他们入内读书，但您有权利选择离开。

作家毛姆说，阅读是一座小型的避难所；诗人博尔赫斯说，图书馆就是天堂的样子。这些暖心美好的比喻，似乎在杭州图书馆被具象化了。谁说图书馆只是一排排书架呢？谁说图书馆传递的仅仅是知识呢？

我想，读书，是可以改变自己的。至少，可以改变别人对你的看法，哪怕你是一个乞丐！

这是一段让我特别惊讶的资料——

在每一个犹太人家里，当小孩稍微懂事时，母亲就会翻开《圣经》，滴一点蜂蜜在上面，然后叫小孩去舔书上的蜂蜜。这种仪式的用意不言而喻：书本是甜的。犹太人从不焚烧书籍，即使是一本攻击犹太人的书。在人均拥有图书馆、出版社及每年人均读书的比例上，犹太人(以色列人)超过了世界上任何一个国家，堪为世界之最。犹太家庭还有一个世代相传的说法，那就是书柜要放在床头，要是放在床尾，会被认为是对书的不敬，进而遭到大众的唾弃。

所以，不到3000万的犹太人口中，近百年来，却出现了三位伟大的人物：马克思、爱因斯坦、弗洛伊德。犹太人占比全球人口不到0.25%，但是却获得了全球27%的诺贝尔奖，诺贝尔奖获得率远高于其他各个民族，是全球平均水平的108倍。

我想，读书，是可以改变一个民族的。

触目惊心的阅读现状

关于读书的重要性与阅读量，我曾经在阳光喔学校以书面问卷的方式向500多位家长进行了调查，结果让我惊讶不已。我们不妨一起来看下这组来自北京、广州、武汉、上海、深圳、重庆、西安等地家长的具体数据——

★参与采访调查的家长 200 余人。

★年龄 35 岁 ~ 50 岁。

★认为读书很重要的家长占 76%，家长学历跨度较大，从高中到博士均有。

★认为读书重要的家长占 11%，家长学历主要为大学。

★认为读书有些用的家长占 5%，家长学历主要为大学以下。

★认为读书不重要的家长占 8%，家长学历主要为高中和大专，但有 4 位家长学历为博士。

与此同时，我对 600 多位在阳光喔学习的中小学生也进行了问卷调查，调查的主要内容为你喜欢课外阅读吗？你养成了课外阅读的习惯吗？一个学期内你读了多少书？结果显示：

★ 69% 的中小学生喜欢阅读。

★ 36% 的中小学生养成了阅读习惯。

★ 21% 的中小学生一个学期的阅读量为 10 本书以上。

★ 31% 的中小学生一个学期的阅读量为 5 本书以上。

★ 47% 的中小学生一个学期的阅读量为 5 本书以下。

★ 1% 的中小学生一个学期的阅读量为 0。

不读书都干啥去了？

“好（hǎo）读书，不好（hào）读书；好（hào）读书，不好（hǎo）读书。”有着大好的读书时光和条件，就应该去读书。调查中发现，中小学生不读书或读书少的原因，44% 的人认为是由于学习忙，有 39% 的人认为是学校缺少读书氛围，没有时间读书，另有 33% 的人认为是现在图书出版太多，很难甄别有价值的图书，或缺乏有价值的书，而过去有的调查显示，很多人不读书不买书的原因是书价过高，在这次调查中，却只有15%的比例。那么，不读书，都干啥去了呢？

中国青少年研究中心和共青团中央国际联络部发布的《中国青年发展报告》指出，由于我国的闲暇教育内容比较缺乏，青少年的闲暇消费和闲暇活动缺乏明确的计划和正确的导向，部分青少年无所事事或无所适从。闲暇时间中学习压力过重，有部分学生“闲而不暇”，仍将学习作为其主要内容。而一些新科技因使用不当对青少年造成了负面影响，当前最严重的问题是网络成瘾。这种情况也出现在我的调查中，根据一项中小学生课余生活的调查显示，目前中小学生普遍可自由支配的时间只有6小时。在这段珍贵的自由时间里，高达五成的中小学生选择了上网聊天，还有近四成无奈去培优。

读书的四个层次

作家马德曾这样说读书：“读书，是智慧的行为，而这种行为本身，却可以引领一个人走向更大的智慧。愚昧的人，一辈子像行进在暗夜之中，只能随波逐流，浑浑噩噩活过；而智慧的人，书是心中永远的明灯，引领自己时时清醒，步步睿智，最终走出完美的人生。”我特别喜欢他关于读书的四个层次——

第一个层次是认字。这是小时启蒙的读书方式，拿着拼音读本，一个字一个字地读，不认识的字，也许就借助拼音拼读而识得，也许就干脆郑重其事地问妈妈、爸爸。那时候，你会为认得了新字而高兴不已。你会高兴地在同伴面前炫耀你的收获。是的，常用汉字中的大部分，你就是这样认得的。

第二个层次是读人。这个层次的读书，一般是以认识书中的人物为主，像白雪公主、阿凡提、曹操、诸葛亮、孙悟空、猪八戒、武松等人物，你会记得一些，他的某些特征会令你记忆深刻，有关于他的某些事情，你也

许能说出个一二三来。但是，至于这个人物形象为什么这么鲜活，这个故事为什么这么有趣，作者为什么这样写，你是很少思考的。

第三个层次是读法。此时，拿到一篇文章或者是一本书，你不会只是简简单单地看一下插图，读一下故事情节了。你会认认真真地读上几遍，揣摩文章的结构，品赏文章的语言，学习作者的表达方式。渐渐地，你会领悟到一些写文章的方法，你会惊喜地发现表达的畅快淋漓，你会感受到读书给你带来的好处。

你还会从读的书中学习一些为人处世的方法，你变得越来越聪明，常常会听人夸你无师自通，常常会有人惊讶地问："你是怎么知道的？"你嫣然一笑，更加坚定了"读书破万卷"的决心。

第四个层次是读心。这个时候，你会为得到一本好书而欣喜。当你捧着书，就不舍得放下，你会沉浸到书中去，与书中的人物心灵相通，与写书的人进行着穿越时空的对话。"心灵因书，时而大恸，时而微喜，时而寒霜彻骨，时而微风拂面，一波三折，百转千回。所得的，是生命的真意趣，大滋味。"

读书的三个方法：读人、迁移、整合

常听很多家长说："我感觉我们家孩子的书白读了，问他读了什么，一问三不知啊！""我的孩子读了很多书，可是发现没有什么用啊！""一有空闲时间，就拿起书来读，可是语文成绩也没有提高呀！"

由此可见，家长对于阅读的效果是有要求的。可是，我们在要求效果的时候，是否应该思考一下，我们何曾给过孩子一些读书的方法呢？

记得是在武汉的一次大型讲座上，我讲道，很多家长不会教孩子读书。有个家长不服气，说教孩子读书谁不会啊，还给我举了一些他自己教孩子读书的方法。我说，要不这样，刚好您孩子也在，把您孩子请到讲台上来，我出个题目测试一下，看看孩子读书的水平究竟怎么样。孩子上来后，我问了下年级，是小学五年级。我说，早上你还在睡懒觉，妈妈看到了之后，就说安心睡吧，明天北大的录取通知书就送到了。这句话有什么含意呢？孩子思考了一会儿说，这句话是告诉我，安心睡觉，成功就会找上门。

观众席中有家长笑了，当然也有家长在点着头，对孩子的回答表示赞同。

我们读书，首先要读懂文本的含义，文本的含义大抵就是孩子的回答。这是站在孩子角度的答案。如果站在家长的角度呢？意思就很明确了，家长用讽刺（或幽默）对孩子睡懒觉表示不满，从而表达对孩子成功的殷切希望。如果到了这一层，其实还不够，为什么孩子要睡懒觉呢？原因无外乎两个：孩子学习负担重，缺少睡眠时间；家长望子成龙望女成凤，要求高。

如果这样来读书，何愁孩子不提高呢？简单地归纳一下，其实这样读书的方法也很简单：理解文本表面的意思，理解语言环境下人物的思想感情，结合社会现象表达自己的感受。这是一个层进的过程，读书，需要读懂自己，更要读懂别人。家长在辅导孩子读书的时候，不妨试一试。

读书，是为了更好地运用。我们需要将阅读到的知识迁移到社会生活、周围环境中，达到阅读在生活中的运用，实现阅读与生活的结合。家长怎么辅导孩子运用这种迁移的方法呢？一起来看一个我做过的有趣的活动——“我当值日生”的案例：

我设置了一个活动的场景：老师临时请假，让你来当值日生，最近班上经常有人迟到，老师要求记下这些迟到人的名字。你想完成这个任务，可又不想得罪同学，真希望同学们今天都别迟到。可是，上课铃都响了，教室里还空着六个座位……

假设，第一个迟到的人是孔子。作为值日生，你会怎么处理呢？

学生们一下子炸开了：“孔子不会迟到吧？”“谁敢处理孔子呢？”“孔子是古人，不是现代人，不会来到现在……”

我点了点头，说：“孔子只是一个符号，一类人的代表，生活中有很多孔子这样的人，我们都会遇到这样的事情。读书的目的，是运用。你们

都知道孔子，那么知道孔子的一些什么资料呢？”

“他是儒家的代表人物。”

“他积极上进、乐善好施、宽容豁达。”

“他提出了‘仁’的儒家思想。”

我说道：“没错，孔子就是生活中那一类善良仁义的人。对待这样的人，作为值日生，我们能够直接批评他吗？”

“不能。”

“对，这一类人有很多朋友，如果直接批评，不仅得罪他，也会受到全班同学的抵制。那应该怎么处理呢？”

一个同学站起来说：“如果我是值日生，我会走过去，轻轻拍拍孔子的肩膀说：‘兄弟，是不是路上堵车？还是家里有事？需不需要我帮忙？’我相信，孔子一定会眼睛里噙满泪花，感激地走到黑板前写下：‘迟到者——孔子’。”

教室里响起了热烈的掌声。

后面的情景就更有意思了——

第二个迟到的人是老子，他住在道家，他的特点是平时在班上独来独往。口头禅是：我又不想当班长，也不想当三好生，你管我干吗？面对老子这种玩世不恭、无所谓的态度，最好的办法是转过头，若无其事地看着他：“兄弟，你知道该干什么吧？”老子一定会满不在乎地走到黑板前，轻松地写下：“迟到者——老子”。若你声嘶力竭地批评他，受伤的一定是你，他还会像看怪物似的鄙视你。

第三个迟到的是韩非子，他住在法家，平时眼睛里容不得沙子，经常举报张三、李四，同学们都躲着他，想不到他也会迟到。他迟到了，又怎么办呢？用对待老子、孔子的办法可能都行不通，必须是适应韩非子文化的方法——怒气冲冲跑过去，指着他的鼻子，发出惊天怒吼：“说！为什么迟到？是不是有意破坏班级纪律？在黑板上写下自己的名字，再回到座位上写1000字的检讨，听见没有？”韩非子一定会肃穆地走到黑板前，重重地写下：“迟到者——韩非子”。你越声嘶力竭地批评他，他越感谢你的严格要求，要是你宽容待他，他说不定会到老师那举报你，受伤的一定是你。

接下来迟到的是孙子，他住在兵家，他的特点是平时在班上思维敏捷，做事有板有眼，在同学中也小有威望，他怎么也迟到呢？可以冷静地盯着他：“请你认真说明迟到原因，仔细分析记录你的名字有何意义，若不记你的名字会产生什么后果。”孙子一番理智分析以后，会感谢你的提醒，毅然在黑板上写下：“迟到者——孙子”。若是你不讲道理，声嘶力竭地批评他，他会冲上来和你拼命，受伤的一定是你。

…………

以上所运用的读书方法就是迁移法。首先，从历史、文学作品中提炼与现代生活相关的特征、精神与品质。其次，用这种特征、精神和品质寻找生活中的人。最后，借助阅读文化知识，思考如何运用。简单的三步，让读书绽放无尽的魅力。

现在比较流行一个词，叫“整合”。读书，也可以整合。我们可以引导孩子将不同历史、不同地域的人物相互“穿越”整合，从对比中了解文化的差异；我们可以引导孩子将课内阅读与课外阅读整合，比如从课内了解王二小的故事，从课外阅读了解当时背景，甚至是八路军穿什么衣服等细节知识，历史与文化尽收囊中；我们可以引导孩子将课内外阅读与写作整合，比如运用课内外阅读知识，创作剧本，用写作消化阅读知识。此外，我们还可以将阅读、写作、艺术与文化教育基地进行整合，每一处景点都有“魂”，但孩子在游览参观时没有读出来，可用夏令营、采风活动等轻松的方式，引导孩子读懂景点，通过这种阅读的方式提升孩子的文化修养。

“读书破万卷，下笔如有神。”通过读书，书中的一些知识信息和道德信息储存在脑海中，再和实际生活相联系，孩子们就会觉得有话可说，有想法想表达。作为家长，如果仅让孩子读课堂上那几本书是不够的，一定要让孩子多读书，在孩子头脑里建立起一个小小“图书馆”，装有一定量的好书，再运用正确的阅读方法，让读到的书，如清泉滋润心灵，如画卷表达成长。

四、男孩读男孩的书，女孩读女孩的书
——怎么给孩子选书

给孩子选一本书，真的很难吗？

“书山有路勤为径，学海无涯苦作舟。”书是人类的精神食粮，书是人类心声的写照。读书，让我们学会了立志扬帆，去到达成功的彼岸；读书，让我们感到了无限快乐。无论是站在家长、老师的角度，还是以专家、教授的视角，我都喜欢看孩子们读书：

晨曦中，暮霭下，捧一卷书，或摇头晃脑地吟诵，或频频点头地认可，或眺望远景地思考……

俗话说，思想有多远，我们就能走多远。作为家长，我们对于读书的认识有多深，就决定了孩子在阅读上面的效果有多好。下面，我们一起来分享任怡然妈妈的读书故事——

一本好书就像是一位老友，她用文字向你倾诉心声。饭后，抑或清晨，台灯下，抑或阳光中，我与女儿各捧一本书，彼此静默，却如此亲近。女儿喜欢科普书，而我读文学书比较多。久而久之，彼此相互影响，我会翻看一些科普类书籍，她也会选择一些文学作品来读，补己之短。我的书橱里一直放着一本中学时买的《城南旧事》，每次阅读，我都仿佛回到了童年。很巧，女儿也喜欢。无意间，一本书拉近了我与女儿的距离，也使我走进了她的内心世界。

这段读书故事至少给我们传递了两个信息：一是家长可以与孩子亲子共读；二是家长要会给孩子选书。很多家长说，陪孩子读书，时间还是有的，放下手机就可以了。现在问题的关键是，家长该给孩子选择怎样的书呢？去书店吧，看着满书架的书，买哪一本好呢？网络购书倒是方便了，问题是这个专家说这本书好，那个专家说那本书好，这让家长更加为难了。

给孩子选一本书，真的很难吗？我觉得难的倒不是选书的方法，而是选书的心态。作为家长，我们不能按照自己的标准去给孩子选书，而是要站在孩子的心理与思想特征的角度去选择。

有时间的话，家长可以多带孩子去书店，让孩子自己尝试着去选择。在这之前，家长可以提供一些选书的观点与想法，和孩子进行碰撞，以免孩子的口味太单一，错过一些适合的书。

选的书，孩子为什么不喜欢？

买完书之后，家长也会遇到第二个问题，就是孩子不喜欢读。

有些家长喜欢按照自己的想法买些文学类的书籍，比如散文、诗歌等；也有些家长喜欢买些教辅书，比如习题集、作文书等。本来买书是一件愉快的事情，但孩子不喜欢读，让买来的书束之高阁，不能不说是一种浪费。如何避免这个问题呢？我们在给孩子选书的时候，习惯于盯着这本书的内容，比如这本书能够教给我的孩子什么知识呢？

这本书可以让我的孩子改掉什么不好的习惯呢？这本书可以帮助我的孩子养成良好的品质吗？这本书可以提高我孩子的学习成绩吗？

除了盯在书的内容上，我们还习惯于盯在书的宣传上，但凡看到“专家推荐”“大家作序”“首度解密”“小故事，大道理”“× 天成就孩子的一生”“× 年方法精华呈现”等字眼时，我们会觉得眼前一亮，毫不犹豫地买了回去，脑海中已经开始想象着孩子可以在短期内脱胎换骨了。

殊不知，兴趣才是最好的老师，给孩子选书，应该从培养孩子的阅读兴趣入手。喜欢阅读故事的，就多买点故事书；喜欢看绘本的，就多买点绘本书；喜欢思考问题的，就多买点科学书……有了兴趣，还担心孩子读书没有收获吗？

一个月买几本书比较好？

“罗老师，学校语文老师说我们家孩子书读得太少了，让多读一点。”

“多读书，好处多。”

“可是，我每学期给孩子也买不少书啊，孩子也都读了，怎么还少呢？”

“买几本呢？”

“大概两三本吧。您也知道，孩子学习任务重，能读完这几本书就不错了。”

“是稍微少了一点。”

“那一个学期，孩子究竟要读多少书呢？我们家长也不清楚，不知道买多少本合适呢？”

这是一个小学六年级孩子的家长和我的交流内容。我相信，很多家长都有过这样的困惑——孩子一个月读多少书合适呢？我们来看看一组来自教育部组织编写的指导语文学习的纲领性文件《语文新课程标准》对义务教育阶段阅读总目标的表述：

> 具有独立阅读的能力，学会运用多种阅读方法。有较为丰富的积累和良好的语感，注重情感体验，发展感受和理解的能力。能阅读日常的书报杂志，能初步鉴赏文学作品，丰富自己的精神世界。能借助工具书阅读浅易文言文。背诵优秀诗文240篇（段）。九年课外阅读总量应在400万字以上。

此外，《语文新课程标准》在分年段上也进行了具体的要求：

> 1～2年级：积累自己喜欢的成语和格言警句。背诵优秀诗文50篇（段）。课外阅读总量不少于5万字。
>
> 3～4年级：积累课文中的优美词语、精彩句段，以及在课外阅读和生活中获得的语言材料。背诵优秀诗文50篇（段）。养成读书看报的习惯，收藏图书资料，乐于与同学交流。课外阅读总量不少于40万字。
>
> 5～6年级：诵读优秀诗文，注意通过语调、韵律、节奏等体味作品的内容和情感。背诵优秀诗文60篇（段），扩展阅读面。课外阅读总量不少于100万字。
>
> 7～9年级：学会制订自己的阅读计划，广泛阅读各种类型的读物，课外阅读总量不少于260万字，每学年阅读两三部名著。背诵优秀诗文80篇（段）。

上面案例中的孩子是六年级学生，按照《语文新课程标准》对于阅读量的要求，两年的课外阅读总量至少要高于100万字，平均到每个学期就是25万字，我们以每本书5万字计算，就是一学期至少要读5本书，相当

于一个月不少于 1 本。而家长说的一个学期两三本，肯定是太少了。

有了上面的阅读要求，家长就可以根据自己孩子的年龄与年级换算一下，对比一下了。个人建议，时间允许的话，孩子一个月读 1 ~ 4 本书，都属于正常的阅读量。

曾经看到这样一组数据，着实让我震惊：

部分国家年阅读量对比图

国家	年阅读量
犹太人	64 本
俄罗斯	55 本
美国	21 本
日本	19 本
中国	4 本

“少年强则国强。”重视读书，提高阅读量，家长、孩子、老师，都是任重而道远。

家长的选书误区

一次在办公室，有家长进来向同事请教，该给孩子买什么书，同事简单地介绍了几本书，然后说，多读一些经典还有名著，就比较好了。

等家长走后，我就和同事辩论起来，因为我不赞同这个观点。

同事说，经典是老祖宗留下来的传统文化，滋养了我们几千年，肯定是要好好传承的。

我说，我并不是反对家长去给孩子选择经典的读物，而是说要有选择性地阅读。

同事点了点头，说那你举个例子来看看。

我就举了我们最熟悉的经典之一《弟子规》。很多人都知道，《弟子规》原名《训蒙文》，是清朝康熙年间的秀才李毓秀所作，全文1080字，用得最多的一个字是“勿”，就是“不要”的意思，细细数来竟然有43处之多。下面举几个例子：

比如里面有一句，“父母教，须敬听；父母责，须顺承。”意思是说，父母呼唤，应及时回答，不要慢吞吞地很久才应答；父母有事交代，要立刻动身去做，不可拖延或推辞偷懒。父母教导我们做人处世的道理，是为了我们好，应该恭敬地聆听。做错了事，父母责备教诫时，应当虚心接受，不可强词夺理，使父母亲生气、伤心。这种观念对不对？父母有时候也会错，我们也需要指出来，难道错的也要听？

比如，“亲所好，力为具；亲所恶，谨为去。”意思是说，父母亲所喜好的东西，应该尽力去准备；父母所厌恶的事，我们就不要去做了。你肯定也看出来了，这显然是让孩子做一个听话的工具，以父母的喜好为学习和生活的标准，这样怎么能培养出来一个人格健全的孩子呢？

再比如，“不关已，莫闲管。说话多，不如少。”我相信，不用翻译，家长应该都清楚，这种思想要不得。所以，读这样的书，我们所提倡的创新、个性、思想等，都会被“润物细无声”地抹杀掉。

同事觉得挺有道理，立即拿起手机给家长发了信息，提醒家长，并不是经典的书就是好书。

作为家长，挑选书的时候还有一个误区，就是认为那些名著都是好书。这里也需要注意，很多名著，尤其是古典名著，大多经过我们的重新加工或者翻译成了现代文，已经失去了原汁原味，就像一块压缩饼干一样，营养价值是打了折扣的。

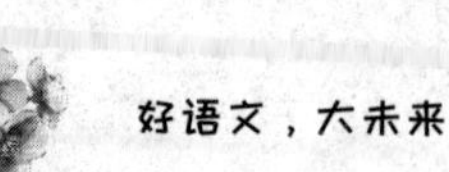

选书三建议

既然选书有这么多的误区，作为家长，我们该怎么选书呢？这里有三个建议：

一是基础共读。

不同年龄的孩子有不同的心理特点，认知水平不一样，所以在不同阶段的阅读选择也会有所不同。家长在帮孩子选书时不仅要选择适合孩子看的，还要与孩子的阅读水平相匹配。

小学一、二年级，因为识字不多，拼音不熟练，学生读的书可以以图为主，字大一点，书薄一点，最好是一本书里只有一两个故事的。这样，孩子很快就能读完一本，内心能产生一种成就感和愉悦感，下次还会想读。如果家长为了省钱，给孩子买那种图少的、故事多的，很厚的书，孩子可能会丧失读书的兴趣。有家长在孩子读一年级时，给孩子看安徒生童话，很厚，结果孩子不想读了。此外，最好先帮孩子扫除书里生字的障碍。要么是买拼音版本的，一本书里不认识的字最好控制在 20% 以内，这样孩子读起来才不会磕磕巴巴，才会乐意读下去。否则的话，就建议父母与孩子一起读，最好是识字与读书同步进行。

到了小学三、四年级，可以读一些深刻的童话书，像科学童话与故事、知识类图书、伟人故事与历史类的书，还有儿童报刊等。

小学五、六年级，可以读一些漫画书、寓言、儿童小说、儿童报告文学、科幻小说、探险故事、人生智慧、为人处世、少儿百科全书等。

初中时期最适合读的书是名人传记、谈人生以及人生智慧方面的书。因为初中时期是一个人奠基立志的时期，有特别强烈的模仿倾向，特别崇拜心中的偶像，如果孩子在初中时期没有机会接触这些名人传记方面的书，他可能就会去追星。另外还可以看一些科普的、青春期知识方面的读物等。

二是分类阅读。

阅读是一个人成长的文化土壤。我一贯主张，男生应该读男人的书，尤其到初中以后，女生应该读女人的书。男孩子在初二，应该读一些正书，适量读闲书。正书包括历史、哲学、经典名著，如《改变世界的五十场战争》《读史有学问》《读史有智慧》等。不喜欢读书，可以采取“以用促读”的方式，找几个伙伴，再找个在校会读书的大学生，有计划地阅读，有目的地在茶余饭后营造展示的空间。初中女生可多看些小品文一类的有“小资”情调的书，当然这类书中一方面带着浓浓的生活气息，另一方面有一些非常积极的人生感悟，如《读者》《意林》等刊物，也可看一些冰心的作品。顺便推荐几本书吧，《鲁迅全集》《傅雷家书》《谁动了我的奶酪？》《双城记》《家与自以为是的猪》《山居笔记》《人性的弱点》《平凡的世界》《毛泽东传》《狼图腾》《昆虫记》《花季·雨季》等。

三是专项阅读。

这一类简单地说，就是缺项阅读或者特长阅读，即根据孩子需要补充的知识或者兴趣来选择阅读书籍，或者根据孩子想发展的方向去选择阅读书籍。比如，孩子未来想做一个天文学家，自然，平时多选择一些天文地理类的书籍是大有裨益的。

最后，给家长一点建议，为了让孩子养成读书的好习惯，作为家长我们需要做到几点：

1. 尽量让孩子伸手所及的地方，都有书之所在。

2. 孩子读书的时候，不要在他面前玩手机玩游戏。

3. 有条件的话，一定要有个书房，书房里都是书，让孩子在良好的氛围中去阅读。

4. 再忙，也要抽时间带孩子去逛逛书店。

5. 和孩子共读一本书，也是一件有意思的事情，家长不妨试一试。

6. 好习惯需要坚持，多给读书的孩子一些鼓励。

五、玩，并不是一件简单的事——研学让孩子学到什么

您真的会带孩子玩吗？

一个家长特意到我办公室来，怒气冲冲地说：“罗老师，都是您给我们推荐的，结果花了一万多，没有看到任何效果啊！”

这是怎么回事呢？原来，在暑假前，家长向我咨询，暑假时间那么长，除了让孩子学习之外，还有什么好的建议。我当时就说，暑假里，可以把学习和玩结合起来，世界那么大，总得去看看，多带孩子出去走一走，看一看。

家长听了，很高兴，暑假就带着孩子出去玩了两周。

结果是什么呢？用家长自己的话说，就是不好的习惯并没有改过来，也没有积累什么知识，倒是钱花了不少。我问家长：您是怎么带孩子玩的呢？家长面无表情，说，还不是和往常一样。我立即就明白了。

老祖宗留下了一句很经典的话——读万卷书，行万里路。

这话在古代就是真理。以前，交通不发达，信息不便利，人们交往的范围比较小，主要就是靠读书来增长见识。他们读什么书呢？四书、五经等，这些教育类的书居多。这样的书读多了，问题也就来了，容易让人迂腐，变成书呆子，像范进、孔乙己这样鲜活的例子。那怎么办呢？出趟门就可以了，靠着两条腿，走啊走，风餐露宿。我们都读过“姑苏城外寒山寺，夜半钟声到客船”，不就是半夜赶路的读书人所看所听到的吗？“去年今日此门中，人面桃花相映红”不就是误入农舍所欣赏到的美景吗？类似于这样的赶路、住山上船上、露宿亭子里的野外经历，数不胜数。没有网络，没有帮助，靠着自己，练就了抗拒风险、应付突发事件的能力。这样的经历多了，身上自然多了一些磨砺的影子与痕迹，出一趟门，就远胜于读很多书。

而现在呢？交通更加便捷，“两岸猿声啼不住，轻舟已过万重山”已经成为现实。每次小长假，在车站机场大包小包的，除了年轻的情侣，最多的，就是我们的爸爸妈妈和孩子了。我们以为，每一次旅程咱们的孩子都会像古人一样收获满满。我们以为，最好的课堂在路上。

其实，我们很多家长，并不会带孩子玩。

让孩子学着去长大

不管是平时，还是寒暑假，带孩子出去玩，现在有个流行的专业术语，叫作研学，以前我们称之为“游学”。这可是一个有着悠久历史的词语，它是世界各国、各民族文明中，最为传统也最为有效的一种学习教育方式。你随便翻翻资料，就会发现《圣经》中记载的东方五学士祝贺耶稣基督诞生的故事和意大利旅行家马可·波罗在中国的游历，都透露出古代研学的重要性。细看历史，孔子率领众弟子周游列国，增进弟子的学识，培养弟子的品质，开阔眼界。李白、杜甫、白居易等无一不是游历祖国的名山大川后有所感，留下了一篇篇脍炙人口的千古名作。

那么，孩子参加研学活动，其意义是什么呢？我们一起来看一个叫赵丽的五年级的孩子写的一篇研学后的日记：

开始学着长大

亲爱的爸爸妈妈，当你们看到这段文字的时候，我应该已经回到了你们身边。所以说，这段文字与其说是写给你们看的，倒不如说是我自己的一个心情日记。

昨天启程出发前往横店研学营，可是飞机晚点了，等待的过程很无聊，于是就给你们打了电话，本来是想给你们说说在机场的见闻，可是一听到熟悉的声音便不自觉地开始撒娇（点评：父母是孩子永远的依靠，在孩子心中，父母是无所不能的，只要在父母身边孩子的娇气就会更明显。我们是不是要思考：什么时候放手让孩子自己去面对生活中的一些问题呢？）：“烦死了，飞机晚点了，现在我们等了好久，快饿死了。”然后心安理得地享受了爸爸妈妈的安慰。等我满足地挂掉电话时，我旁边的同学也在给家里打电话：“妈妈，我们飞机晚点了，我们会晚点出发。”“机场里面很凉快，和同学在一起很好玩，一点都不无聊。”“老师给我们买了牛奶和面包，我吃得饱饱的，放心吧。”可是，我明明看到他对牛奶和面包一点不感兴趣，都已经无聊到数手指头玩了。（点评：观察仔细，并导入思考，对这种现象提出了自己的疑惑。您的孩子，有过这样的经历吗？）

今天上午在广州街香港街游玩，好多同学都在电话里兴奋地向爸爸妈妈介绍自己的所见所闻，于是我又拿起了电话，不知为什么，一听到爸爸妈妈的声音，我似乎又从一个小学生变成了一个小宝宝，不停地说我有多么热多么累，仿佛只要我说了，就马上不热不累了似的。（点评：孩子自己其实知道，和父母说了也解决不了问题，但是她不知道应该怎么和父母沟通。亲子沟通永远且必须是所有家庭在孩子0～18岁之间需要解决的首要问题，作为家长，我们任重而道远。）

晚上我回到宿舍洗完澡躺在床上时，突然觉得自己很委屈，为什么我一个人在这里，自己吃饭自己洗澡还要自己洗衣服，又想起昨天飞机晚点、今天的大太阳，我的眼泪就不知不觉流了出来。这时，老师来查房了，看到我流眼泪就知道我想家了。我又想打电话回家，却被老师制止了。老师亲热地拥着我的肩陪我坐下来，我告诉老师：“我想家了，我想回家了。”老师却反问我：“你今天看到了什么？收获了什么？你能不能先告诉我？”我回想了今天的行程。老师又问我：“那你开心吗？”我想了一下，除了现在有些难受，今天一天确实很开心。（点评：作为家长，我们可以反思一下，为什么孩子在一天都很开心的情况下传递给我们的都是负面情绪呢？是不是平时我们大包大揽惯了呢？）

在听了我的答案后，老师对我说：“雏鹰必须离开妈妈的怀抱才能学会飞翔，我们只有离开爸妈的怀抱才能学着长大。你是爸爸妈妈手心里的宝，你一离开他们的视线他们就会牵肠挂肚。但是他们还是送你来参加研学营，就是希望你学着长大。你现在哭着打电话回家，是不是更加深了爸爸妈妈的担忧？你现在哭一会儿，爸爸妈妈安慰一下，你就睡着了，但是可能爸爸妈妈会担心得一晚上都睡不着。你要知道，成长并不是指你年岁的增加或者是身高体重的增长，而是你开始知道什么叫责任，开始学着少让爸爸妈妈担心。”

当老师离开我的房间时，我还在不停地想老师说的话，渐渐地，我终于明白为什么那个同学饿着肚子无聊透顶的时候，还能一脸幸福地告诉妈妈一切都好；我也终于明白，为什么和我一起晒这大太阳的同学向爸爸妈妈说的都是自己的见闻和收获，因为，我已经开始长大。（点评：每一个孩子的青少年时期都应该有一次研学的经历，我们不放手，就不会知道我们的孩子有多优秀。）

或许，等我回到你们身边，会忘了我今天的这种少有的体验，也请你们提醒我，我已经开始学着长大……

作为家长的您，不知道看完后是不是明白了，孩子出去玩，就是让孩

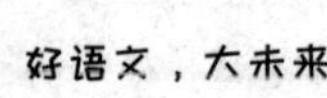

子自己学着去处理生活中的各类问题与情绪，让他们自己学会成长！

去发现更优秀的孩子

“教育的本质是什么？就是培养学生的思维，思维可以改变世界。研学旅行的目的是什么？就是开阔我们的眼界，通过开阔眼界，使我们的思维更开阔。”著名教育专家顾明远一语道破研学旅行的价值所在。在他看来，课堂可以培养学生的思维，但仅有课堂是不够的，我们要走出课堂，走出学校，走向社会，要让学生了解世界，了解社会。研学的最终目的，就是让每一个孩子学会成长，学会思考。对于孩子，研学至少有以下几种收获：

1.“我不能没有朋友。”和同龄的小伙伴一起玩游戏，一起游览祖国的风光与文化，在走走停停中去学会倾听，学会分享，学会与人沟通，学会帮助他人。一个拥有朋友的人，是快乐的人。

2.“我们是一个团队。”在研学的过程中，每个孩子都会扮演不同的角色，有的人是小队长，有的人是宿舍长，有的人是小桌长，即便是跟着爸爸妈妈出去的，也会扮演着一个普通旅游者的身份。当融入人流中的时候，小队长就需要带领好自己的小团队，宿舍长就需要安排好住宿的细节，小桌长就需要让一桌小伙伴吃得饱吃得好，和爸爸妈妈出去也需要让爸爸妈妈放心。走出去，我们就要成为团队中的一员，维护团队的利益与安全。

3.“我也可以更懂事。”同学哭了，去安慰下；买了好吃的，一起分享一点；会做的事情，带着大家一起做……在研学中，每个孩子都可以变得更懂事，因为研学给他们提供了广阔的舞台。

4.“我不是小公主小王子。”作为家长，我们希望孩子可以更独立一点，自己去叠被子，自己去洗澡，自己去和同学交流，自己去有序地整理物品，自己去查找需要学习的资料等。作为家长，我们放手一点，孩子就会独立一点。

5.“我喜欢挑战。”喜欢冒险，是孩子们的天性；喜欢挑战自我，也是孩子成长过程中必需的一种源动力。挑战自己，去表演一个节目；挑战自己，去尝试一个新角色；挑战自己，去管住自己爱吃零食的嘴巴……挑战，让孩子更加独立与自主。

6.“我爱爸爸妈妈。”亲情，是在一日一日的生活中建立起来的，而对亲情的理解，却只需要一个动作一个眼神一个神态。而亲子的游学以及独立的研学，会让孩子更加接近亲情，或者在离开亲情的环境中去理解亲情。

7.“我竟然这样优秀。”很多孩子研学归来后，家长都会感慨：“娃儿晒黑了，却懂事了。”“回来的时候，竟然还给我们带了礼物。”“老师说他像个大人似的。”……让孩子出去走走，让他们去发现更优秀的自己。

…………

我相信，很多家长也可以列出这样的“收获”来。我就不再赘述研学的意义了，我想用一句话和家长们共勉：

一直相信，不出去走走，就会以为孩子所待的地方就是他的全世界。

换个角色和孩子一起玩

曾听一个家长给我讲过这样一段经历：爸爸带着四年级的小孩去游玩，他们住的是公寓，公寓里面有洗衣机。平时洗衣服的事情都是妈妈处理的，而这次出游妈妈单位有事情没有来。爸爸就叫来小孩，一脸笑容地说：“宝贝，可以帮爸爸一个忙吗？”孩子觉得爸爸就是无敌的，现在爸爸竟然提出让自己帮忙，自然是高兴极了，立刻就应允了。爸爸皱了皱眉头：“爸爸不会用洗衣机，你会用吗？”小孩其实也不会，但她还是跑过去看了看，然后高兴地说和我们家的洗衣机是一个牌子的。爸爸笑了笑：“是吗？那怎么用呢？”小孩嘟着嘴说：“网上查一下不就行了？来，把你手机给我，我来查。”就这样，小孩自己查询到了洗衣机的使用方法，同时还手抄了一份使用说明贴在洗衣机上。更让人意想不到的是，小孩回

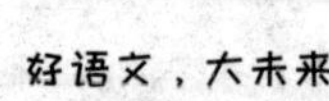

去后，主动提出帮妈妈洗衣服。

既然玩是一件有意义的事情，那么，家长带着孩子应该怎么玩呢？怎么让玩变得有效果呢？我想，上面的案例就是一个玩的典范。这样的家长特别聪明。要想让孩子在游玩的过程中有不同的体验，就应该有不同的角色。这个家长没有把自己当作家长，而是当作朋友去求助，用朋友的心态去体验了不同的经历。就是这样一个不同角色的体验，让孩子有了这次旅行的最大收获。这样培养的孩子，会多出一份对生活的观察力与感悟力，会更懂得尊重别人，会自己尝试着去解决生活中的一些简单问题。

作为家长，在游玩时换个角色，会给人意想不到的惊喜。怎么换个角色呢？家长不妨这样试一试——比如出门前，和孩子约定好，让她做一天妈妈，在过程中，要引导孩子自己拎行李箱，同时也要帮助“孩子”拎；吃饭的时候要引导孩子自己盛饭，同时也要给“孩子”盛饭；洗衣的时候不仅要自己洗，同时也要给“孩子”洗……

不同年级的玩法不一样

在不同年龄做不同的体验，是家长需要学会的一门学问。

一、二年级的孩子，对这个世界多属于直观的认识，红色的花就是红色的花，绿色的树就是绿色的树。思维形式以形象思维为主，家长要让孩子对事物进行充分感知，丰富表象。这个阶段，多加强想象类的体验与游玩，比如动物园、植物园、游乐园等，让孩子多感受这个五光十色的世界。

三、四年级的孩子，正处在从低年级向高年级的过渡期，生理和心理都有明显变化，是培养学习能力、意志品质和学习习惯的最佳时期。同时，他们开始从被动的学习向主动学习转变，虽然开始有了一些自己的想法，但是，辨别是非的能力还极其有限，社会交往经验缺乏，经常会遇到很多自己难以解决的问题，是不安的开始。在旅途游玩的过程中，家长要注意加强孩子的生活体验，针对旅途过程中出现的问题，让孩子自己想怎么去解决，让孩子多参与问题的解决，并不是让孩子做“小王子”“小公主”。

等到了五、六年级，家长带着孩子在旅途中，可以多一些人文历史科学的体验，带着孩子透过自然去看人文，透过现象去看本质。比如旅途中有些不文明的行为，孩子怎么看，怎么做？比如自然风景背后的故事，给了我们哪些启迪与思考？

到了初高中，可以带着孩子走得更远一些，多了解 些中西方文化，感受异域风情的魅力，通过跟不同年龄不同职业的人的交流与沟通，提升表达力及表达自信心，让心灵真正收获一次快乐之旅。

在生活中，家长也可以做些有益的尝试。带孩子看电影，问一问孩子：假如你是主角，你会怎么办？家庭事务中遇到小问题，请孩子帮忙：假如你是家长，你会怎么处理？只有平时注意积累，等到真正去游玩的时候，才会表现出来，才会显得更有意义。

六、带孩子走近李白
——家长怎样给孩子选择研学

3万月薪，撑不起一个暑假？

在报纸上看到这样一则新闻：

> 一位在企业当高管的妈妈，月薪3万出头，女儿在广州某外语学院附属名校读五年级，家里大头支出由老公搞定，最近却连新衣服都快不敢出手了，原因就是孩子放暑假了！这位高管妈妈算了一笔账：
>
> 女儿去一趟美国研学，10天20000元；女儿平时在家需要请阿姨照顾，5000元；7月份钢琴考级，每周要上两节钢琴课，200元一节，一共2000元；游泳班2000元；英语、奥数、作文3科培训班6000元。这么几项加起来就要35000元了。

记者采访这位妈妈的时候，这位妈妈说："痛苦的是你花了，心疼得不踏实；不花吧，对不起孩子更不踏实！"

还有一位妈妈，是这样做的：

“准时到达会合点，把娃交给领队的帅哥，他去大草原，我回魔都继续烧烤。”李慧发了这样一条微信朋友圈，她把10岁的儿子李进昇从上海带到北京，交给研学营组织方，就打道回府了。

这是李进昇今年暑假参加的第四个研学营。在这之前，李进昇去了库布齐行走沙漠，到阳朔玩了把攀岩，还在无锡太湖上学开帆船。4个研学营，活动主题都是户外要吃点苦头的那种，但李慧却甘心花费将近4万元，为儿子找苦头吃。读四年级的李进昇，成绩中等，暑假里似乎更有理由被送进补习班。但李慧不想让儿子的暑假变成“第三个学期”，她认为，“在研学营中广交朋友，开阔视野，锻炼提升自己，意义更大”。

“你的手机弄丢了，想妈妈了怎么办？”李慧隔着车窗，向李进昇喊话。

李进昇安慰妈妈说：“没事的，我晚上想给你打电话，可以借别人的手机啊。”

不在爸妈身边，10岁的孩子独自参加研学营，妈妈心里难免有牵挂，但李慧打心底里还是对儿子比较放心。“你看他登车时迫不及待的样子，是对即将开始的研学营充满了期待。”李慧介绍说。李进昇小学一年级就开始寄宿，二年级就开始离家独自参加研学营。

不得不承认，随着经济的高速发展，家庭条件的逐步改善，家长们都愿意把大量的时间、精力包括物质用在孩子的身上。无论是上面月薪3万的妈妈也好，还是花费4万给孩子“找苦吃”的妈妈也好，其“望子成龙，望女成凤”的良苦用心让我们感叹不已。上面的两个案例中，家长都把大部分开支用在了研学上，这也是目前的一种趋势。

研学的坑有多深？

记得以前，一到开学季，一两个月没有聚到一起的学生，包括同事，都会问上一句“你都去哪里玩了呀”，“去哪里”俨然成了比学习、工作还重要的热门话题。现在，一到假期，只要打开朋友圈，就会感觉，你的朋友在带着你环游世界，世界各地的风景、美食、历史等尽收朋友圈。从一线城市，到二三线城市，再到山区；从国内景点，再到国外研学，都变得火爆起来。

据一份资料显示，目前国内研学市场的主力军是中小学生，他们的父母大多是 40 岁上下的青壮年人群，接受过“应试教育”的洗礼，相比老一辈人群，他们更乐于创造条件让孩子脱离刻板的教育模式，渴望让孩子接受新式教育，从小养成国际化的思维方式。一份全国性调查问卷数据显示，在中小学生中，49% 的被访者表示曾参加过各类研学营，北京、上海、广州占比最多。

问题是，孩子参加了研学，真的是“行万里路”，犹如“读万卷书”吗？很多家长说，孩子出去玩了，回来后没感觉到有什么变化，研学是不是一个“坑”呢？这不得不提一下，目前研学当中的几个“坑”：

一是旅游“坑”。

“罗老师，下周给娃请个假。”

“请这么长？去做什么？”

“学校组织全校同学集体研学旅行。”

“几百人一起去？”

“是啊，唉，没有办法。”

这是我和一位请假的家长之间的对话。从家长的叹息中，可以感受得到，对于这种大团队出行、粗放式的研学旅行，家长是缺乏好感的。真正的研学旅行并不简单，需要精心策划与组织。去某一个地方，没有前期的知识铺垫，孩子们是难以较快地进入研学旅行状态的，最后可能会演变成走马观花式的旅游了，看看风景，听听故事，买买纪念品，就打道回府。

见过很多国外研学的介绍，动辄两个星期，长则一两个月，上面的行程看起来丰富无比，什么口语训练、素质拓展、学子联谊、文化探究，无不包含，可是细看却发现，研学的地点横跨几个国家或者几个城市。这样的研学，其实就是一种变相的旅行，一站接一站地看景点、购物。此外，很多研学营的领队大部分是导游出身，缺乏基础的教师技能，在流程上基本也是照搬旅行社路线和内容，很难保证孩子的“研学”效果，最后一定是让研学变成了旅游。

二是上课“坑”。

“罗老师，我以后再也不去参加研学营了。”

“为什么？”

“我以为是去玩的，结果去了后发现天天上课。”

这是我和一位参加国学文化研学营的学生的对话。家长的本意是好的，给孩子报这个研学营，就是让孩子们走出学校，走进大自然，走进传统的历史和文化里，去接触更多课堂上学习不到的知识、文化，还有素养，提高实践动手能力、独立自主能力、创新能力等，却不承想，传统的文化没有继承，倒是让孩子对研学产生了抗拒心理。

国内很多研学营都喜欢这样策划：打着安全第一的幌子，把本来应该带着孩子们去体验与感受的户外行程，改成室内的课堂，这样避免了大规模的团队流动性，也节约了一笔门票、车费等开支，安全与利润轻轻松松就兼顾到了。殊不知，这样的安排却打破了孩子们对研

学的期望与向往。研学的目的在于，把课堂搬出学校，通过游览、交际，认识自然和社会，在阅览风土人情中提升认知，游中有学，行中有思，最终让孩子成为研学中最大的收获者。而本末倒置的策划，把研学变成上课，既违背了研学的本意，又不符合孩子的成长需求，是一个巨大的“坑”。

三是团队“坑”。

教育产品和其他产品有着不同的属性与特点，教育产品以孩子的成长、快乐、成绩为主要目的，所以大部分研学营都具备这样的属性，很多家长尤其喜欢研学营中对于孩子成长提升的效果。一位学生家长曾这样说：

“为什么给孩子报研学营呢，其实比较简单，就是希望孩子出去多锻炼一下。我们家孩子吃苦、耐挫的能力差，在研学中多让他吃苦受挫，让他知道生活不是一帆风顺的。多让他参加些训练，增强独立意识，开阔视野，丰富知识，培养吃苦耐劳、敢于面对困难、挑战困难的意志品质。”

不可否认，很多研学营带着孩子开阔了视野，增长了见识，提升了能力，使孩子获得了很多成长。但是，也有部分研学营搬用大量成长的概念，比如“在团队中成长”“集体生活增加责任感”等，却无法将这些概念落实到研学的日程安排中去，最后桥归桥路归路，孩子的成长无法得到保障。

研学选择三原则

虽然研学存在着很大的“坑”，可是很多家长还是愿意往里面跳。一是因为研学已经成为一种流行的“刚需”，大家都去了，自己家孩子不去可不行。二是家长无法拒绝学校及孩子，老师热情地推荐，孩子兴致勃勃地期待，不去吧，下次碰到老师会尴尬，孩子也会伤心。试想，班上一半孩子都去了，自己家孩子不去，下学期可能都无法参与班级的话题讨论了。

既然无法避免“研学潮”，那么，作为家长，在给孩子选择研学活动的时候，该怎么选择呢？

一是选择孩子感兴趣的研学活动。

“罗老师，你猜猜我暑假去了哪里？”

“你是不是去做小科学家了呀？”

“罗老师，你怎么知道的呢？”

“我猜的呀！”

其实，我不是猜的，我是推测的。这个孩子平时就喜欢给我讲些科学方面的事情，每次实验课他的表现也是最突出的。当他激动地问我暑假的去向时，我就能想到，一定是家长满足了他小小的愿望。

“是的，我做了小科学家。我参加了这次的自然科学之旅研学营，在科学家的带领下徒步穿越山里的热带雨林。”

“是不是收获多多呀？”

“当然收获满满了。我不仅学会了照顾自己，还完成了沿途标记、关注危险、照顾身边的小伙伴等任务，在合作中体验团队的力量，我感受到了自然的伟大与神奇。”

看，兴趣永远是最好的老师。孩子不感兴趣，就会事倍功半。作为家长，我们的目光不应该放在这个研学营值不值或者是不是货真价实上，而是应该思考这个研学营与孩子的年龄特征是不是一致的，我们不要忘记了，孩子才是研学营的主体。在选择研学营的时候，应该多考虑孩子的接受力，理智决

定与选择研学营。一般来说，12岁之前处于依恋期的儿童，适宜参加一些亲子类或自然体验类项目，拉近孩子与家长之间的关系。而12岁至17岁的孩子，由于处在青春期，可在其具有艺术类、科学类等明确目标时再参与知识类、大学类的研学项目，以有效激发孩子自主学习的内在动力。

二是选择主题单一的研学活动。

“蜀道之难，难于上青天……”三年级的果果和一群彝族孩子在教室里吟诵着李白的诗歌。

果果妈带着果果来到四川大凉山生活学习。不同于单纯的旅行，果果上午在家学习文化课，下午去彝族寨子的小学学习，天气好的时候和彝族小伙伴们去玩耍，偶尔也向当地的彝族老人学习动听的山歌。“这里民风淳朴，有很理想的教育环境，让果果自由快乐地成长，用她自己的节奏去学习。”果果妈说。

“我感觉太棒了，这里的人都非常好。”果果兴奋地说道。

研学旅行不是旅游，而是一种教育方式，有明确的目的性、完整的课程设计。作为家长，最好选择单一主题的研学活动，毕竟研学的时间周期并不长，要想在短暂的时间里有最大的收获，在研学营的选择上，千万不要“贪大求全”，而是应该选择一个较小的切入点，深入探究。就像上面案例中的果果妈一样，这样的选择，让果果对少数民族的文化、历史与民俗有了更深的了解。

我们来看一个案例：

第1天：旅行的意义

关键词——“看山不是山”“钱学森之问”

让学生明白我们为什么要旅行，结合古人游学的例子，让学生明白此行的意义所在，并让学生去体会什么是“钱学森之问”的内涵，并要求学生在行程中去思考，并找寻答案。

第2天：我看到了……我想到了……

关键词——“风景名胜”“差别”

在游览的过程中，提醒学生去观察身边的事物，找寻它们的特点，并进一步去思考与国内的差别，从而去提升学生思考的能力，并将自己的感受写下来。

第3天：责任与自由

关键词——“白宫”“林肯像”“提升境界”

参观白宫，思考“最后的责任”究竟是什么责任。参观林肯像，讨论林肯在想什么。由责任与自由的话题探讨，结合美国独立与发展的历史，来提升学生的主题与人生境界。

第4天：我选择买这些

关键词——“购物”“交流”“纪念品”

学生自己购买纪念品就是一次融入美国生活的机会，通过挑选（选什么？）、对比（为什么买？）、购买（如何买？）来感受中美差异，从小细节上去提升自己的选择力与判断力。

第5天：我眼中的哈佛

关键词——“哈佛精神”“教育”

游览哈佛校园，与哈佛师生畅谈教育与文化，找寻什么是“哈佛精神”，并与国内教育进行对比，体会到这所古老而又知名的大学的魅力所在。从了解、认识哈佛的过程，来寻找学习的乐趣所在。

第6天：美国文化

关键词——“NBA”“迪士尼”

体验NBA的火爆激情和迪士尼的欢乐可爱，感受美国文化的特点，并思考与中国娱乐文化的差别。感受文化的创新带来的乐趣，体验娱乐化产业的魅力与发展规律。

第7天：电影与生活

关键词——“好莱坞”“电影的魅力”

参观游览好莱坞及星光大道，感受美国电影产业的魅力，思考电

影的精髓——生活的逼真并不代表生活的真实，情节的复杂并不代表人性的深奥。

第8天：收集与整理

关键词——“收获”“答案”

每位同学都可以分享自己的收获，可以是看到的、听到的、感受到的。并由这些收获去提升自己的感悟，写下自己对“钱学森之问”的回答，收集整理习作、游记、随笔，为发表做准备，给这次行程留下一个最美好、最有意义的回忆。

这是一个以中西方文化比较为主题的研学营的策划，8天的安排，不是先有行程，而是先有主题，再去选择能够表现主题的地点与风景。这样的研学单一高效、主题集中，特别适合高中的孩子出国研学选择。

家长选择研学营时，一定要鉴别该研学营是否拥有一个鲜明的主题，例如民俗营、决赛营、游学营、励志营等。当然，主题不仅仅是一个名称、一个代号，而要看它具体的活动是否在围绕这个主题一系列地展开，是否在学习、活动过程中嵌入了主题思想。一个主题明确的研学营是从宣传、组织到开结营活动，到专题讲座，到互动交流、参观体验，到后期服务，都始终贯穿活动主题，并在主题活动基础上，使营内活动多色彩、多元化，使整个营内学习、活动安排臻于完美。

三是选择专业性的研学营。

安全第一。在选择研学营时一定要选择有多年组织、操作学生活动经验的机构，不要随便选择当地的旅行社。选择前，要询问清楚，在整个活动的组织过程中是否有专职辅导老师，是否有总负责人，是否有队医，是否有健全与完善的安全保障制度与流程。

经验至上。一个完善的研学营，从操作层面上必定是组织顺畅、行云流水，从孩了层面上必定是学有所得、玩有所获方可称为成熟。大多诸如此类的营一定是经历多次操作、实践、改进而逐步积累形成的。由于学生活动的组织难度，一般情况下很难在刚一推出就举办得尽善尽美，而是一个通过不断汲取教训和积累经验来逐步完善的过程。建议家长，选择至少有 3 年以上类似主题操作经验的研学营。

花开的过程是漫长的。作为家长，我们需要静静等待。一次研学，并不一定能够带给孩子质的变化与飞跃，“拔苗助长”的故事不应该发生在我们的身边。让孩子的成长如花开，我们和孩子一起种下梦想的种子，等着发芽，等着散枝，等着缀蕾，等着绽放灿烂的微笑！

读者来信

罗老师：

我是湖北荆州的一名初中生，老师说，多读书，作文就会写好的。我对此比较困惑，想向您请教一下，读书与写作有什么关系呢？还有，我喜欢读书，但是对写作似乎帮助不大，我该怎么办呢？

刘梦影

梦影同学：

你好。

很高兴收到你的来信。

你们老师说的没错，读书有益于写作。杜甫诗云，“读书破万卷，下笔如有神”，直接而明了地道出了读书与写作关系的真谛。意思是说，好的文章是在阅读大量书籍、积累大量材料的基础上，经过踏踏实实的努力写出来的。写文章就像盖房子，不准备充足的砖木沙石等建筑材料，怎么能盖成房子呢？

读书，也是一种写作的过程。写本书不难，难点在于你的知识积累不够丰富。写作也不难，写一篇好文章也是一件容易的事情，难点在于你没有坚持。这个世界上人人都可以当作家，为何别人的东西写得出色，而看自己写的东西时总觉得缺少内涵呢？

原因很简单，别人是在用心灵与平时积累、逻辑思考进行写作，而我们仅仅是在记录生活。选择自己喜欢的书籍，选择自己热爱的写作方式，只有这样，我们的天空才是真实而夺目的，我们的思维与眼界才是开阔的，我们的生活才是充满新鲜与惊奇的。平凡之中的浪漫是自己制造出来的，而不是别人给予的。读书与写作原本就是一种生活方式。如果你热爱它们你就会发觉其中有很多乐趣，足够让你受益一生，精彩一生，丰富一生，感悟一生。

至于你说的读书怎么更好地为写作服务这个问题，我就用著名作家、学者郭沫若的观点来回答你：“譬如我要写剧本，我是先要把莎士比亚或莫里哀的剧本读它一两种。要写小说，我便先把托尔斯泰或福楼拜的小说读它一两篇。读时也不必全部读完，有时仅仅读得几页或几行，便可以得到一些暗示，而不可遏止地促进写作的兴趣。”只要细细品味这段话，就不难发现：他所得到的“暗示”，其实就是受到了启迪；而这“暗示”竟能“不可遏止地促进写作的兴趣”，乃是因为它触发了郭沫若的创作灵感。

阳光阅读，快乐写作。愿你的文字可以如生命般绽放。

罗老师

第四章 给孩子装一部『思维发动机』

一、孩子游玩了一整天，也没啥可写的——教孩子运用形象思维写作

游玩：乘兴而出，扫兴而归

“春有百花秋有月，夏有凉风冬有雪”，中华大地，一年四季，游人如织。游玩的人们总是乘兴而出，满载而归。但是，也有些人，乘兴而出，扫兴而归。

有个家长就是这个情况。她皱着“川”字眉头，对我说：

“罗老师，孩子作文没东西写，我就带她出去玩了整整一天，心想她总该写个千儿八百字吧。结果呢，还是几句话，一小段儿，说什么‘我今天去一个农庄游玩了一天，农庄的景色很美，人们很淳朴，我还吃了我亲手摘的橘子，黄澄澄的，很甜很甜。看到了电视里才能看到的黑色的水牛和白色的大鹅。今天过得真开心啊！’，反正就是不多的一段文字，浪费我的时间！浪费我的感情！”

我听了之后，首先对家长的心情表示了理解，告诉她这是一个普遍现象，待家长脸色和缓下来后，再详细地告诉了她几个方法，让她不妨回家试试。她试了一下，下次碰到我的时候，说还真管用。孩子可以写到 800

字左右了，写起来也不那么费劲了。

大人的思维需要整理，孩子更是如此

碰到这种情况，我们家长一定很是恼火：玩得挺乐，怎么你就写不出？其实这有两种情况：一是只顾玩，没观察；二是头绪多，无条理。

游玩时，孩子只是在游在玩，没有留意去观察，即使“小荷才露尖尖角，早有蜻蜓立上头”，如此走马观花的一遭，也难以留下什么心灵的影像，坐下来回忆的时候，可叹大脑一片空白。这是孩子的一个通病。但是有时候，孩子用心观察了，回来坐下，还是茶壶里煮饺子——有货倒不出来。原因在哪里呢？是孩子的思维需要整理。

我们成年人，也经常需要点整理的功夫。办公桌一片凌乱，家里东西乱放，名片夹里的名片想不起谁是谁了，事情多了，东一榔头西一棒子……摆脱这种局面的方法，是整理空间，整理时间表，整理自己的思维。有本书叫《整理是一切的开始》，讲的就是这个道理。

整理思维，大人需要，我们的孩子更是少不了。试想，从日出到日落，他用心观察了，认真记忆了，各种影像的碎片在大脑中，卡成一团，挤成一堆，找不到一个出口。这就需要我们帮助孩子做做整理工作。让他脑袋中的影像从沉睡到苏醒，从苍白到丰满，从无序到有序。

整理思维，就是让孩子的形象思维条理化、系统化，在孩子的头脑中筑起一条渠道，让形象的湖水顺着渠道流淌成河。

时序推移法——一时一时地想

许多家长肚子里装着好的方法，倒给孩子的时候，却没有好的效果，多数原因是没有蹲下来和孩子交朋友，而是有点居高临下或者盛气凌人。

辅导孩子的前提是做好氛围的铺垫，在和谐积极的氛围中展开辅导，家长多一点耐心，孩子自然也会多一点专心。

游玩过程中的万千景象，在孩子头脑里搅成一团糊糊，我们可以给他装上龙头，让糊糊顺着龙头慢慢流出来。最常见的龙头就是时间顺序，我们叫“时序推移法”。

时序推移法，就是按照游玩时间的先后顺序去想去写。时间，有大时间，有小时间。大的时间可以是前天—昨天—今天，小的时间可以是上午—中午—下午—晚上。当然还有更大和更小的时间。这样做了时间切割后，再对每一个时间段发生的事情进行回忆，各个击破，比较省力，容易深入。

一个叫洋洋的孩子去广州亲戚家游玩了一天，回来我辅导他写游记，我用时序推移法来打开他的思路。

罗老师：你在广州游玩了一天，一定很开心。那么，最让你感到开心的事情是什么？

洋洋：是爬到“小蛮腰”107层，看到白云就在身旁，看到轿车像甲虫，人变得像蚂蚁一样……

罗老师：的确很有意思，还有什么事情让你开心？

洋洋：我们在“小蛮腰”上拍照片，我拍了五张，爸爸胆小，不敢拍。我在船上还给“小蛮腰”拍了照，突然下起雨来了，广州的雨夜也很有趣。

罗老师：雨中也会有美丽的景物，让你开心，你是一个很乐观的孩子，乐观是一种很珍贵的品质，你还看到什么好玩的事情？

洋洋：珠江很美丽。我在广州还遇见孙中山了。就是我们到中山大学去转了一圈，大学校园里很安静，道路的两旁长满了榕树……

罗老师：大学校园是人才的摇篮，也是你将来深造的地方。你看你有那么多开心的事情，对罗老师说个没完，罗老师没听清这些事情哪一个在先，哪一个在后，你帮我排列一下，咱们再谈细节。3分钟，写在纸上。

洋洋：上午：游“小蛮腰”；下午：游中山大学；晚上：游珠江。

罗老师：这样就一目了然了。然后我们先聊上午的“小蛮腰”，再聊下午的中山大学，最后聊晚上的珠江。先聊上午的“小蛮腰”，你在上面看到了什么？

洋洋：“小蛮腰”是一幢很高的楼，有110多层呢！这幢楼叫“小蛮腰”是因为它上下较粗，中间较细，像一个少女的身段。我们去了107层。从上面看下面的景色：哇，平时看到的大船大桥变得小小的；而大卡车变成了一只只小甲虫；人更不用说了，变成了像蚂蚁一样的小点点。再看远在天边的白云现在近在眼前，时不时可以看见几只鸟从白云身旁轻轻擦肩而过，一眨眼就不见了。

…………

接下去，我们就一个时间段一个时间段地谈游玩的细节，谈上午的事情就放下下午和晚上的事情，谈下午的事情就不谈上午和晚上的事情，谈晚上也一样，不让白天的事情来“捣乱”，思路很有条理，那在洋洋脑子中搅成一团的糊糊，就顺着“时间顺序”的龙头缓缓畅快地流了出来。

这是一种方法，时序推移法——一时时地想。还有一种方法，就是空间转换法——一处一处地想。

空间转换法——一处一处地想

“好鸟枝头亦朋友，落花水面皆文章。”这句诗，很有意思。树上有朋友，水面有文章。细细品去，这句诗，有明笔，有暗笔。明笔写鸟儿落花，暗笔写了诗人的行踪。他的脚在转换空间，一会儿在好鸟鸣啭的树林，一会儿在落花有意的水边。这是写景的又一法——空间转换法。

空间转换法，就是按照游玩地点的转换去想去写。可以是移步换景的空间转换，也可以是先主后次的空间转换。各种游玩的影像和体验，经过

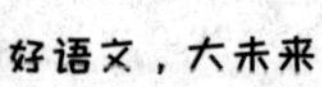

空间切割之后，分装在不同的空间中，一个空间一个空间地描写，层次井然，有条不紊。

每次五一节后上课，孩子们就会写写游记。老师们辅导孩子，有时会用空间转换法。下面是一名老师一对一地辅导亮亮同学的情景。

老师：你在五一节玩了一天，一定很开心。最让你感到开心的事情是什么？

亮亮：五一节那天，我们穿上厚厚的羽绒服，爬雪山，走迷宫，打“愤怒的小鸟”……

老师：五一节还可以爬雪山，真羡慕你。还有什么事情让你开心？

亮亮：还有玩冰上棒球，还有划船，我们坐在船上，踩着踏板，唱着歌，冲过了一道道水流。船是租来的。

老师：哇，亲自划船，还是有踏板的船，老师只乘坐过邮轮，没有亲自划过船，你比老师还幸运。你还有什么好玩的事情分享？

亮亮：我们在船上玩了游戏，我们还背诗歌了。我们在山上背诵了杜甫的诗歌：“会当凌绝顶，一览众山小。”

老师：是啊，登山则情满于山，观海则情溢于海。你一定是登到一座山的山顶了。老师听你说了很多开心事，这些事情发生在哪些地方，我没听明白，你帮我排列一下，咱们再谈细节。3分钟，写在纸上。

亮亮：孝昌县双峰山：数台阶，背唐诗；丰山镇滑石水库：在“白天鹅一号”上游戏，划船冲浪；武汉市“冰雪奇园”：穿羽绒服，玩各种游戏。

老师：你不写老师不知道，你一写，老师才知道你去过的地方真不少，有双峰山，还有滑石水库，还有“冰雪奇园”。又是武汉市，又是孝昌县，还有丰山镇，那我们先聊聊孝昌县双峰山，再聊聊丰山镇滑石水库，最后聊聊武汉市的“冰雪奇园”。先聊聊孝昌县双峰山吧。

亮亮：来到孝昌县双峰山，我们四人坐上了观景车，上到半山腰。我们唱着小曲儿，数着台阶，摸着巨石，拍着照片，终于，我们登上了山顶。由妈妈起头，大家高声朗诵：“会当凌绝顶，一览众山小。”在山顶，我们诗兴满怀，仿佛成了诗人一般。

…………

在辅导前，亮亮的头脑里，各种感觉、体验和影像，煮成一锅粥，你让他说，他会东扯西拉，漫无头绪。为了收拾这些乱纷纷的影像，我们给他装了一个“空间顺序”的龙头，一处一处地想，一处一处地写，此处与彼处分割清楚，彼处与此处互不打架。

思维有条理了，才能谈得具体生动。这是两件事，一上来就要求具体生动，是不科学的，先求过程条理清楚，再求局部具体生动。没有第一层楼，何谈第二层楼呢？辅导孩子的语文，切不可急于求成。

事物动态法——一步一步地想

时间和空间，是作文的基本顺序。可以将孩子所见所闻的“素材群”进行切割，让孩子乐于动笔，易于表达，叙述流畅，言之有物。但是，有时候孩子更想写的是一处风景。有时，一个短时间的或者瞬间的风景，给了孩子强大的心灵触动。这个时候，就要用上事物动态法——一步一步地想。比如，一个孩子去钱塘江观潮，回来就会专写一景——钱塘潮。他自然是要按照潮起潮落的顺序来写，如：潮来前（平静）—潮来时（白浪翻滚，山崩地裂）—潮过后（漫天卷地，风号浪吼）。再如看落日，落日的美景也是短时间的，依循太阳下落的动态进行逐一回想和细腻描写即可。就像王唯唯那样，分三个阶段去写三亚落日的色彩美、形态美和意境美：悬在海面上方，太阳像歪着红扑扑的脸蛋的孩童—快挨到海面，太阳像一只光焰柔和的大红灯笼—没入海面以下，太阳像一个轻快、敏捷的跳水员。

事物动态法——一步一步地想，适于动态景观的描写，不适于静态景物的描写。静态景物的描写可以从多个方面进行，需要一定的逻辑思维，我们在后面会介绍。

每一朵花开，都是有条有理的

你有没有仔细看过一朵花？它的每一片花瓣不仅柔软、芳香、可爱，而且排列得井井有条。一个著名的印度哲人有个演讲，叫《有条理的思维》，他的理念很深邃，让人很受教益。他的演讲，让我思考一朵花的开放。没有谁去训练花朵的条理性，它很自然地开放得有条不紊。也许生命的条理性是生命的一个重要基础。

在思维方面，思维的条理性也是思维品质的一个重要基础。思维品质，实质是人的思维的个性特征。思维品质反映了每个个体智力或思维水平的差异，主要包括深刻性、灵活性、独创性、批判性、敏捷性和系统性六个方面。系统性是指思维活动的有序程度，以及整合各类不同信息的能力。思维活动的有序程度，反映出思维的条理性程度。

每一朵花开，都是有条有理的。我们孩子的每一次形象的摄入，都是一次吸收，每一次形象的提取，都是一次花开。我们在形象思维的条理性上着意训练孩子，不就是帮着孩子完成一次有条不紊的生命绽放吗？

二、虎子同学为何语惊四座
——教孩子运用逻辑思维表达

虎子同学语惊四座的背后

“原始社会，女人为大，先敬阿姨们一杯；奴隶社会，主人为大，再敬主人们一杯；现代社会，男人为重，再敬叔叔们一杯；未来社会，儿童为大，最后敬兄弟姐妹一杯。”

这段敬酒词出自一个名叫虎子的十三岁孩子之口，话音才落，满座皆惊。虎子说这段话，从构思到说完，才短短 3 分钟时间。虎子七岁开始接受阳光喔作文选材训练，曾获得国际“楚才杯”作文竞赛一等奖、全国作文竞赛一等奖。他的日常谈吐往往令人刮目相看。这种真实的案例，在阳光喔的学生中很多。从中我们看到的不仅是知识运用的纵横贯通、形象思维的井然有序，还可看出以分析为基础的逻辑思维的华彩绽放。

虎子同学是我们阳光喔的学生，也是我的侄子，今年才考上了广东医科大学，属于国家一类大学。他从学校打来电话跟他妈妈说，自己很忙，又是当班干部，又是做校报编辑，还要做话剧社的导演。他妈妈很欣慰，总是说多亏了我这个当姑父的。

我对虎子的家庭教育其实也是零零星星的，因为虎子借住在我家的时候才 3 岁，我只是在茶余饭后，抽空对他做一些思维上的训练。其中有形象思维和逻辑思维训练，幼儿嘛，用很简单的问题来训练，比如，爱不爱妈妈？为什么爱妈妈？形象思维是讲故事的能力，建立一个时间轴，顺着时间轴把故事切割成一段一段的描述。逻辑思维是善于从多个方面分析论证一件事情，把一件事分成若干个方面，一个方面一个方面地去论述。两三年后，虎子就到阳光喔培训学校去上课，一路学下来，不断拿省级和国家级作文比赛的一等奖。没想到读到高三的时候，他的思想出现波动，不想学习了，说为什么要考大学，人生一世，填饱肚子就行了，费那么大劲儿考大学，有啥意义呢？他妈妈急得直掉眼泪，恨不得给他下跪。我听到这个情况，知道这是思维上的问题，就在春节期间，带虎子去深圳过了个年。也是茶余饭后，适时点拨，帮他建立正确的思维逻辑。回湖北武汉后，虎子思想上 180 度大转弯，学习上奋起直追，最后考上了自己心仪的名牌大学，一家人皆大欢喜。

看着虎子同学的成长过程，我感触颇深。虎子成长的二十余年，正处于 20 世纪末期和 21 世纪初期。大家知道，这段时间，中国的科技产品呈几何级数增长，通信、交通、网络、思潮、价值观等方面瞬息万变，“无边落木萧萧下，不尽长江滚滚来”，中国人的生活方式、教育方式正经历着史无前例的沧桑巨变。但是，您有没有注意到？在这巨变中，也有永恒不变的，那就是人的思维力的价值。思维强大人强大，思维强大的人，才是时代滚滚大潮的弄潮儿。其中逻辑思维又是思维能力强与弱的一块试金石。

随时随地追问原因

我们建议，家长对孩子平时的逻辑训练可以即兴地随时随地进行。比如给孩子买了一条围巾，就可以问：“喜不喜欢这条围巾？为什么喜欢呢？”

会表达的孩子，首先就是“我为什么喜欢这条围巾呢？”，重复这几个字，同时赶快想，为什么喜欢这条围巾啊，我想从两个方面来说明，从我的围巾的来历、围巾的款式来说，然后往下想，一个方面三个小点……这个逻辑语言的训练，经过 2 ~ 3 个月，您会发现，孩子更可爱了，为什么呢？孩子已经学会了思辨的智慧，而不再是那种卖萌撒娇。

为了让读小学或中学的孩子们能够智慧地表达，我搞过一些卓有成效的训练。下面是我训练孩子的一个镜头。

罗老师：晶晶，我们是在武汉学习，你喜不喜欢武汉？

晶晶：喜欢。

罗老师：好，接下来的一个问题，为什么喜欢武汉？

晶晶：因为我是武汉人。

罗老师：这是第一个，还有呢？接着往下讲。

晶晶：认识了像罗老师这么优秀的老师。

罗老师：晶晶，打断一下，补充一点，一个表达力强的孩子在任何时候，说话要有逻辑，首先要学会重复对方的提问，我为什么喜欢武汉呢？重复对方的提问，来，说一遍，把这句话重复出来。

晶晶：我为什么喜欢武汉呢，因为……

罗老师：对的，接下去是第一、第二、第三，这是表达逻辑的入门功夫，接着再往下思考“是因为，第一、第二、第三……”，要把说“第一、第二、第三……”变成一个习惯。好，再说一下，大家掌声激励一下！

晶晶：我为什么喜欢武汉呢？第一，我是湖北武汉人；第二，我有幸在这儿认识了罗老师以及各位老师，能够一起成长、学习。所以，我很喜欢武汉。

…………

一个逻辑构成有两个重要因素，第一个叫逻辑框架，重复对方的问题，接着思考第一、第二、第三……就在开始建立逻辑框架了。建立逻辑框架，

这是第一个能力。第二个能力，是为第一、第二、第三的每一个点，找到“因”和“果”。我为什么喜欢武汉呢，因为第一，我本人就是一个湖北武汉人，俗话说得好，“金窝银窝，不如自家的狗窝”，何况咱们还不是“狗窝”呢，我们是“千湖之省”，而武汉是省会城市。后面这几句话，就构建了逻辑原理。第一，我是武汉人，那么为什么武汉人就该喜欢武汉，你要把这句话讲清楚，否则你的逻辑只完成了一半。第二，在这里学习，认识了很多好朋友，子曰“有朋自远方来，不亦乐乎”，这里反复讲的是我的逻辑原理。

任何一个人的语言沟通如果没有形成逻辑的天性，你的思想和对方的思想是无法达成共识的。逻辑表达基本功夫第一是逻辑框架，第二是每一个框架当中的点的逻辑原理，能讲出几个原因来，这是我们讲的逻辑思维的入门功夫。

引导孩子将一件事物切分成几个方面

有篇课文《四季的美》讲：春天最美是黎明，夏天最美是夜晚，秋天最美是黄昏，冬天最美是早晨。春美、夏美、秋美、冬美，归纳起来就是四季的美，这就是把一年的美切分成春夏秋冬的美。

在孩子阅读散文时，就要注意引导，让他逐渐养成一种习惯，习惯思考一件事物的几个方面。有了这个本事，就能把几个方面归纳成为一个事物的整体，也能够从一个事物的整体演绎出事物的几个方面。

2017 年，我参加了一个论坛，会上开展辩论活动，我抽的观点是“和平是可以实现的”。我是即兴演讲，我用演绎思维，将“和平是可以实现的”这一个观点进行细分，细分为两个大的方面、六个小的方面。我告诉所有观众，我从两方面来说明我方观点。第一个方面，从事实方面来看，而事实方面有三点：第一点，从历史的长河去阐明；第二点，从社会现状去说；第三点，从家庭的角度去思考。第二方面，从价值层面来阐明本方观点，不管和平存不存在，它都应该存在于我们每个人心里，为什么呢？第一，相信和平是可以实现的梦想，那是对美好精神价值的追求，我们叫精神价值；第二，文化价值，中国儒家学说；第三，方法价值，家里夫妻两个吵架，企业里大家要竞争，我们可以选择和平方式和非和平方式，和平的方法价值就显露无遗。

这是辩论和演说中语言的逻辑，其实，能说清楚，离写出来就不远了。我在自己的孩子以及亲戚孩子身上做过实验，像刚才说的逻辑思维能力，是二年级的看图说话写话当中要实现的目标，一个二年级的学生都能够实现，高年级孩子就更不在话下了。

玩一玩“关联词造句”游戏

逻辑思维能力是指按照一定的思维程序进行正确、合理思考的能力。它要求对事物进行观察、比较、分析、综合、抽象、概括、判断、推理……它是采用科学的逻辑方法，准确而有条理地表达自己思维过程的能力。这个思维的过程，常常通过语言中的关联词来组织，在长期的语文辅导中，我发现关联词造句的方法也很有效果。

我们的语言习惯潜移默化地影响着孩子，我们重逻辑，孩子也会重逻辑。亲子沟通上，我们不妨在口头交流中多用些关联词，方便的时候，也可以玩一玩“关联词造句”游戏。

例如：“如果……就……”这组关联词，属于假设关系，“假如小红生病了，她就不会来上课”。这个句子如果改用“因为……所以……”这组关联词，属于因果关系，就变了逻辑，“因为小红病了，所以今天不能来上学”。再改用“虽然……但是……”这组关联词，属于转折关系，逻辑也变了，“小红虽然生病了，但是她还坚持来上课”。

这种关联词游戏，变来变去，很好玩，也很练脑子。因为关联词之间是以逻辑为纽带的，关联词弄熟了，逻辑关系也就扎下了根。等到开口说话，落笔成文，无论是积句成段，还是布局谋篇，就会显现出胜人一筹的思路。

做个表达力强的孩子，不是要去背很多东西，最好让孩子具备一种基本习惯，就是表达要有逻辑，沟通要有逻辑，规划要有逻辑，尤其是说话写作要有逻辑，有逻辑的孩子就是一个有头脑有智慧的人。

有感于美国小学生的长篇论文

大家都知道美国孩子的逻辑思维能力很好，这跟美国教育有关系，美国虽然对儿童爱护有加，但是他们孩子的作业负担并不比中国孩子轻，只是这种负担是有效的负担。有不少美国小学给孩子们布置的作文，比较偏重“研究性”的成果汇报，这种“研究报告”的内容和篇幅，有的已经相当于国内大学生的论文，内容之深入、篇幅之长令人惊叹。

举个例子，美国纽约第十二公立小学五年级学生黄彦清，他用两个月时间完成了英语阅读与写作课的作业：一篇题为《水》的论文。论文有厚厚 34 页，从他感兴趣的水的历史、水的技术、和水有关的极端天气以及水上娱乐四个方面来介绍“水”。论文各方面又包括很多小标题，比如“水的历史”部分，介绍了水的概况、水的特性、宇宙中的水、有关水的数据、水污染、水的名字、水的用途等；“和水有关的极端天气”部分，介绍了洪水、海啸、干旱、暴风雪和飓风等天气的特点。

看到了吗？人家的论文实际训练的是什么？不就是我们说的逻辑思维吗？所以，这些都是我们要反思的。有人说，这是中西文化差异造成的，中国相比于西方，逻辑思维训练本来就没被重视。这只说对了一半。中国过去的教育属于通才教育，对人的要求是很全面的。

大家翻看《红楼梦》，会发现王熙凤这个人物很特别，给人的印象是精明干练。其实是逻辑思维很发达，高出众人几个层级。可喜的是，曹雪芹用细腻的笔法描绘了这一点。《红楼梦》第十三回（秦可卿死封龙禁尉，王熙凤协理宁国府）中讲道：

> 贾珍虽然此时（对丧事安排）心意满足，但里面尤氏又犯了旧疾，不能料理事务，惟恐各诰命来往，亏了礼数，怕人笑话；因此心中不自在。当下正忧虑时，因宝玉在侧问道：“事事都算妥帖了，大哥哥还愁什么？”贾珍见问，便将里面无人的话说了出来。宝玉听说，笑道：“这有何难。我荐一个人与你，权理这一个月的事，管必妥当。”

贾宝玉推荐谁呢？思维能力超群的王熙凤。经不住贾珍的百般央求，王夫人只好让王熙凤出面帮贾珍协理宁国府的丧事。王熙凤当即开始思考，理出一个头绪来了：

> 这里凤姐儿来至三间一所抱厦内坐了，因想：头一件是人口混杂，遗失东西；第二件，事无专执，临期推委；第三件，需用过费，滥支冒领；第四件，任无大小，苦乐不均；第五件，家人豪纵，有脸者不服钤束，无脸者不能上进。——此五件实是宁国府中风俗。

凤姐儿一上来就理出了宁国府管理弊端的五大方面，然后每个方面又细分为两个小点。每次看到这里，我总不免窃想，凤姐儿自幼受到什么高人的点拨，居然年纪轻轻就有如此高超的逻辑思维能力呢？这是做总经理的料子啊！

三、会变魔术的“手”
——教孩子运用发散思维写作

“罗老师有一双会变魔术的手”

孩子最喜欢好玩的语文辅导和语文课堂。为了好玩，我常常给他们炫一下才艺：随手画一幅花鸟虫鱼粉笔画，信口来一段唐诗宋词朗诵，穿插一段汉字书写速度比赛，有时还掏出一副埃及买来的扑克变个小魔术什么的。但是，我的“魔术师”的头衔，却跟扑克魔术无关，是另有其事。

那是二十几年前的事，那天，我到一个朋友家谈事情，这位朋友知道我是辅导语文的，不肯放过机会，拿出他孩子轩轩刚写的一篇作文给我看。轩轩读五年级，作文题目是《手》，开头是这样的：

> 妈妈的手是一双温暖的手。在一个天寒地冻的冬天……妈妈把她的毛衣披在我身上，把手套给我戴上。妈妈的手掌裂开了一道道口子，像道道深陷的峡谷，手背粗糙得像松树皮一样。我感慨万千……

轩轩写“手”，还是跳不出老套路。我先表扬轩轩善于观察，懂得感恩，然后问轩轩，你还可以写谁的手呢？他想了几分钟，憋出 5 个构思来：妈妈的手、爸爸的手、爷爷的手、奶奶的手、外婆的手。

轩轩爸爸见状连忙说，罗老师来了，好好跟罗老师学几招啊。我被逼上梁山了，不答应还不行呢。可是，轩轩一听又要讲作文，马上霜打的茄子一般。不过，我和轩轩在书房里坐下来，辅导了不到半个小时，轩轩就神气活现起来，跑到客厅，拉着爸爸骄傲地汇报自己的战果，他说，他可以找到二十多个材料来写了。比如：

妈妈深夜在灯下为我补衣服的手
爸爸粗大有力的陪我打球的手
爷爷像被锉打磨过的粗糙的手
老师在我气馁时抚摸我头发的手
保洁阿姨一点点撕去墙上广告纸的手
军人英勇向前抗洪抢险的手
球王贝利跳起灌篮的手
贝多芬扼住命运的咽喉的手
居里夫人从几吨沥青中提取镭的手
诸葛亮指挥千军万马的手
长江黄河爱抚炎黄子孙的手
孙悟空降妖除魔的手
卖火柴的小女孩点亮人们同情心的手
女娲冶炼五色石补好苍天的手
…………

轩轩爸爸听得目瞪口呆：“这么多？像变魔术一样！才半个小时吧，哦，我明白了，罗老师有一双会变魔术的手！” 大家哄堂大笑起来。

我好奇孩子们脑袋里的那片“海”

其实，我虽然对魔术很有兴趣，但是一直没有时间去深入研习它。如果说，在开发孩子大脑的思维潜能上有些小小的心得与成绩，也算是“魔术师”的话，那叫我“魔术师”，我也就恭敬不如从命了。

记得在读大学期间，我曾读到美国知名学者奥图博士的一句话：“人脑好像一个沉睡的巨人，我们平均只用了不到1%的脑力。”学者们说，一个正常的大脑记忆容量有大约6亿本书的知识总量，相当于一部大型电脑储存量的120万倍。大脑储存知识的能力使我们目瞪口呆——如果人类发挥出其一小半潜能，就可以轻易学会40种语言、学会数十所大学的课程、记忆整套百科全书、获得12个博士学位。

这些脑科学的研究结论深深地震撼了我，点燃了我那探索人脑潜能的好奇心。在辅导孩子语文时，这些结论促使我用另一种眼光看待孩子。中国的文字很有意思，比方说“脑海”这个词，似乎在揭示着某种脑科学的规律。我好奇，想知道孩子“脑海”里的海量信息储存，都上哪里去了。看电视片我们知道：海底世界有难以计数的生物和矿藏，有无比辽阔的海底疆土，有瞬息万变的奇幻故事，如果孩子的“脑海”也是一片“海”，那么孩子的大脑里的信息存量，绝不可小觑！关键问题是，这海量的信息存储都上哪去了？为什么提取出来那么难？

就是带着这一份持续不断的好奇心，我几十年如一日地走在思维潜能开发的探秘之路上。只不过，我的事业是语文教育。而幸好，我的事业是语文教育。语文教育，在探索大脑潜能或思维潜能上，为我们准备了更加天然的土壤，为我们提供了更加丰富的契机。一路走来，有风沙漫漫，有阳光灿烂，有曲径通幽，有峰回路转。我行走着，我享受着。真可谓：“莫听穿林打叶声，何妨吟啸且徐行。竹杖芒鞋轻胜马，谁怕？一蓑烟雨任平生。”

生活，原本非常宽广

在吸收外界信息上，孩子和大人一样，都遵循着这样的规律：外界的任何信息，会先经由我们的视觉、听觉、嗅觉、味觉和触觉这五种感官接收，传送至意识，然后再经过整理、分类，储存于潜意识中，之后当我们需要时，这些信息就会如同档案般被一一从潜意识内唤醒或取出。

然而，从蕴藏无限的“潜意识内唤醒或取出”作文的素材，是需要一定的技巧的。要辅导好孩子的语文，仅靠爱是不行的。如果一个手术医生走到手术台边，对你说：“我深深爱着您，但是我的技术很差，请多多包涵！”你是不是会觉得滑稽呢？同样的道理，我们先得掌握一些技巧，才能辅导好我们的孩子。

首先，用孩子的眼光去看待生活。辅导孩子，家长要学会用孩子的眼光，带着一颗童心或少年心去看待生活中的人、事、物，这一点我们往往心里明白，嘴上不明白。

其次，了解孩子生活的全部内容。孩子的生活内容，好像方方面面都有，不好囊括一切，我们不妨按空间由小到大做一个划分，最小也是最熟悉的生活空间“家庭”，其次是“学校”，再次是“社会”。阳光喔的孩子，一节课下来，一提到生活空间就知道有家庭、学校和社会这三大块。

再次，按空间顺序拓展谈话话题。作文的素材就潜藏或沉睡在生活空间里面，家长可以在日常谈话中，按照“家庭—学校—社会”的顺序，来展开谈话，进行诱导，训练孩子的发散思维。如果功课做足一点，还可以参考下图，把谈话要点细化一下。比方说写“一个特别的人”，就可以按下面图表从左到右的顺序，发散思维，帮孩子唤醒生活中的“海量储存”。如图所示，第一部分为常见的部分，后两个部分为孩子的盲区，家长应引导孩子尽量扫除盲区。

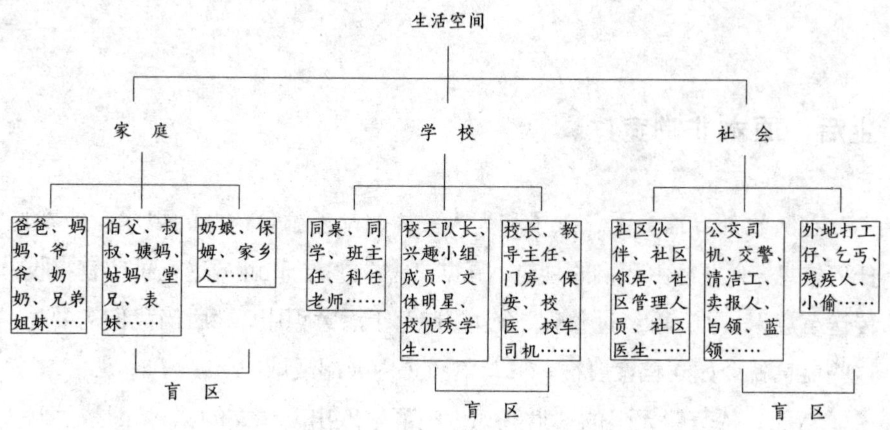

有一年，我在北京校区的一个班级里，以作文题目“灯”为话题，训练孩子发散思维。孩子思维很快被激活，先是家里的灯：台灯、吊灯、节能灯、书房里书香四溢的灯、厨房里照着妈妈眼角皱纹的灯……再到学校里的灯：白炽灯、酒精灯、太阳能灯、教室里播撒知识的灯、办公室里呕心沥血的灯……最后到社会上的灯：探照灯、水晶灯、霓虹灯、街头将行人影子拉得长长的路灯、煤矿工地上彻夜不眠的探照灯、一年一度元宵节里遍布华夏大地的花灯……一盏盏灯，由少到多，次第绽放，这是视野的延展；一盏盏灯，由近及远，争奇斗艳，这是思维的翱翔；一双双眼睛，足不出户，遍游天下，这是心灵在旅游；一张张笑脸，时而悄然自笑，时而会心一笑，这是生命在欢歌。

这样的课堂，孩子享受，教师也享受，这是本色的语文课堂，这是发现生命、塑造生命的课堂，这样的语文课堂，将语文的尊严还给了语文！

知识，学而不用岂不白学

我曾经观摩过一位特级教师的教学，感到很悲哀。作文题目是“说给

___ 的话”，教师精心设计了一个“心”形道具，引导孩子介绍自己希望拥有一颗什么样的心。然后，要求孩子把这颗心中要说的话说给爸爸妈妈听，感谢爸爸妈妈的养育之恩。课堂结尾，同学们在《感恩的心》音乐中走出教室。

整节课类似于一节思想品德课，教师用自己的情感毫不客气地掠走了孩子自主思想的权利。全班 57 个孩子，面对这样一个宽泛的命题，表达的主题竟然全部是同一个主题——“感恩”，倾诉的对象也自然只有爸爸妈妈、爷爷奶奶，文章自然千篇一律，毫无个性可言。将孩子无限的潜能，就此抹杀了。

“说给 _____ 的话”，孩子的倾诉对象往往被局限在妈妈、爸爸、表妹、班主任、老师、同学等这些身边的人物上。其实，我们还可以把孩子的思维往知识空间拓展。

知识空间中的新闻、历史、艺术、体育、科技、军事、政治、经济、民俗和哲学等领域，是孩子感兴趣的，这方面孩子往往在有意无意中积累了一定数量的素材。遗憾的是，孩子在这些领域里的材料一般处于沉睡状态，如何激活呢？

首先，一个知识领域举一个例子。如家长可以举例：我还可以对诸葛亮说说心里话，你愿意对什么历史人物说说心里话？孩子可能说出很多历史人物。诸葛亮这个“点”就带出了“历史领域”的一个“信息面”。孩子的思维是归纳式的思维，需要具体的实例引导。我们通过一“点”爆破，带动的是百花齐放的热闹局“面”。

其次，从熟悉到陌生去突破领域。新闻、历史、艺术、体育、科技等领域的知识，孩子比较熟悉，放在亲子交谈辅导的前面，军事、政治、经济、民俗和哲学等领域，孩子比较陌生，可以放在亲子交谈辅导的后面。由熟悉到陌生，由易到难，慢慢地，特别是形成习惯后，孩子也能将脑海里的信息越来越多地提取出来。

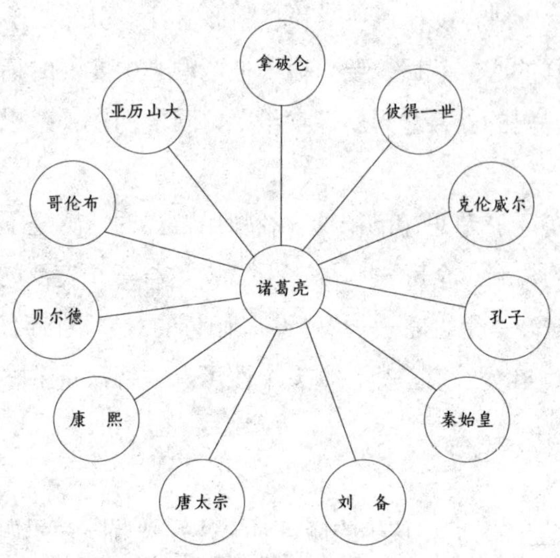

我的朋友很多，到他们家里去，往往就被抓了壮丁——替他们孩子辅导语文。不过，只要时间允许，我会马上进入角色，乐在其中。下面一段对话是辅导朋友孩子鑫鑫的一个镜头，作文题目就是“说给＿＿＿的话”。鑫鑫叫我伯伯。

伯伯：伯伯看电视，最爱看《中国新歌声》，我最喜欢刘欢，有很多话对他说。

鑫鑫：我也喜欢看电视，最爱看《快乐大本营》，我最喜欢何炅，我有很多话对他说。

伯伯：那好，今天，我们检测一下，你头脑里面到底有多少人物。第一类，影视明星，你想到的有哪些？时间 3 分钟，有多少写多少，写快点，那些给我带来美的享受的人物……时间到，停笔。来说说你写的影视明星有哪些？

鑫鑫：哈林、刘涛、胡歌、郭德纲、宋丹丹、黄晓明、那英、周杰伦、吉克隽逸、鹿晗……

伯伯：好样的，你是个有心人，记忆力很棒！再来3分钟，写写体育明星。我比较喜欢乔丹，乔丹有句名言：命运让我跌倒100次，我一定要在第101次站起来。是这种信念成就了乔丹。预备，开始！

鑫鑫：姚明、李宁、科比、梅西、贝克汉姆、李娜、马拉多纳、郎平……

伯伯：再来3分钟，写写文学人物。如卖火柴的小女孩、马小跳，时间3分钟，预备，开始！

鑫鑫：皮皮鲁、玛蒂娜、关羽、林黛玉、武松、唐僧、巴黎圣母院中的敲钟人、爱心树……

伯伯：伯伯很佩服你，你读过的书，有的我都没有读过。伯伯最爱看的历史书是《三国志》，我最喜欢里面的历史人物诸葛亮，我有很多话对他说。你最爱看的历史书是什么？你最喜欢书中的哪一个角色？

鑫鑫：我最喜欢《图说中国历史》，我最喜欢项羽，我有很多话对他说。

伯伯：那好，时间3分钟，有多少写多少，历史中的好人坏人都可以，写快点……时间到，停笔。来说说你写的历史人物有哪些？

鑫鑫：项羽、司马迁、秦始皇、包青天、岳飞、苏武、李广……

伯伯：说得真好！为什么笔下有人物？因为看的书多，从小我们读了很多书，但是书中的内容是不断地装，不断地丢，现在我们就是将过去的知识碎片捡起来，在捡的过程中，你会发现，人就是在这样的过程中不断成长的。

…………

伯伯：“说给____的话”是我们的作文题目，现在你数数，你有多少个材料可以写了？

鑫鑫：哇，少说也有三四十个了。刚才，我只能想到三四个！伯

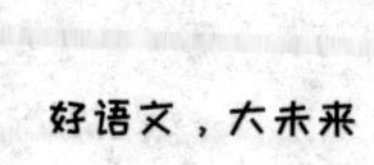

伯真厉害！

伯伯：十倍的增长率也不算什么，原因是你的潜意识里的信息储存被激活了，这可就厉害了。厉害的不是伯伯。

想象，让孩子像欧美大片那样写作

我们每每疑惑《阿凡达》的想象力为何如此瑰丽神奇，我们常常感叹国人为何拍不出《功夫熊猫》。我想，除掉科技因素的考量之外，想象力的水平恐怕是最为重要的一个衡量指标吧。

“想象力概括着世界的一切，并且是知识进化的源泉。严格地说，想象力是科学研究中的实在因素。”这句出自爱因斯坦的名言，被人们千百遍地引用。但是“引用”绝对不是“应用”。这个道理一经阳光喔“应用”到作文的选材训练中，就显现出了强大的“实在”效果。

“奉献”是多么老旧的话题，但有了想象，便可以推陈出新。孩子写道：

> 我是一个奉献精灵。
>
> 我将音乐才华吹给了周杰伦，周杰伦就奉献出一支支美妙的歌曲；
>
> 我将运动智能撒向姚明，姚明向世界奉献出一个个精彩的三分球；
>
> 我将诗才抛向李白，李白便斗酒诗百篇；
>
> 我将智慧输入爱因斯坦的大脑，爱因斯坦突然获得了“相对论”的灵感。
>
> …………

童话、神话、科幻、虚拟，构成了阳光喔的想象空间。以特定的话题或主题为原点，孩子开启想象，翱翔在童话、神话、科幻、虚拟的世界之中。那不仅是白雪公主和夸父的复活，更是孩子饱受压抑的心灵的复活；那不仅是哈利·波特和“诚信”的闪亮登场，更是孩子创新思维

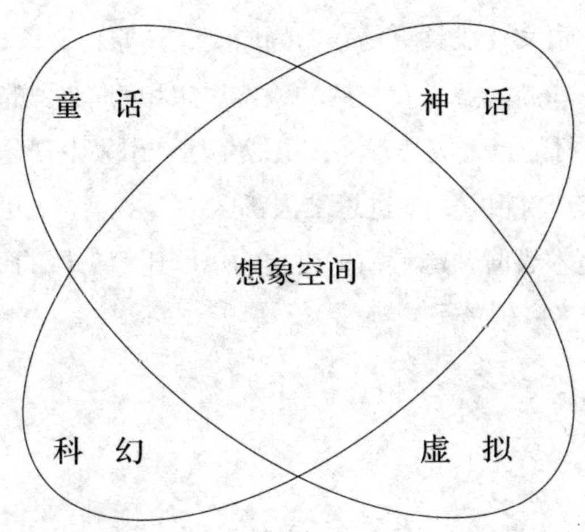

的华焰绽放。

面对作文题目“心愿”，孩子只能想到我的心愿、妈妈的心愿、老师的心愿，这是创造力被扼杀的表征，如果孩子信手拈来的是地球的心愿、七个小矮人的心愿、人鱼公主的心愿、嫦娥的心愿、眼睛的心愿、故乡的心愿、分数的心愿，那才是屈原、李白、苏东坡才情的再现。而这种才情，连欧美大片的编剧都不敢小觑。

把多彩的世界还给多彩的孩子

材料是文章的骨肉。可以说，作文素材就是一个世界，一个包罗万象的世界。因此，作文选材的过程，实质就是引导孩子阅读世界、整合世界、创造世界的过程，所谓“搜尽奇峰打草稿”“胸中丘壑，笔下繁花”，讲的就是这个道理。这个“阅读世界、整合世界、创造世界”的过程，对于孩子来讲，是一次淋漓酣畅的发现自我之旅，是一次弥足珍贵的思维创新之舞。然而，在“重知识，轻人文”的现代教育机制的误导下，“选材跑题”“选材单薄”“选材老旧”“选材不典型”等毛病，至今成为孩子作文的通病，给无数家长和孩子带来深深的困惑。

我们本着“语文让成长更精彩”的原则，还原作文选材活动的精神内涵，还原语文本真的底色，结合杜威的人本思想和德·波罗的创新思维学说，赋予孩子作文选材的三大成长意义：摄取生活，引领发现创新；整合知识，推动认知创新；开启想象，促进思维创新。

这绝不是魔术表演，这是在把语文的尊严还给尊严的语文，这是在把多彩的世界还给多彩的孩子。

四、胸中有丘壑，文思如泉涌
——教孩子运用发散思维积累素材

罗老师的脑子里有个仓库

我经常提到“卡腿事件”对我的触动，让我想办法如何使孩子把作文写具体。一个孩子的腿卡住了，大家把他救了出来，第二天写作文，他却只写了寥寥的几十个字。这让我感触很深，但也明白了辅导孩子的方向——首先要解决写具体的问题。后来在开辅导班的过程中，也是碰到棘手的问题，就迎难而上，直到把问题解决为止。我的语文辅导成绩也是这样逐步提升的。有人惊讶说罗老师都是董事长了，怎么还会下课堂上示范课，其实，他有所不知，我下课堂就是在找问题或在找解决问题的办法。

有一次上完课，我让孩子们写作，题目是“发现”。我在课堂巡视时，特意走到一个叫桐桐的孩子身边去看看，认为她写起来会很快。因为上节课，她写过一篇作文《水仙花》，大意是她家客厅里放着一盆新买的水仙花，她每天放学回家，就去看看水仙花开了没有，却总是很失望，连苞都没有一个。个把月后，她突然在客厅里闻到了一股淡淡的清香，从哪里传来的

呢？啊，终于找到了，原来水仙花开放了。真美啊！桐桐爸爸微笑着说：“美好的事物往往需要耐心地等待！”这篇作文是桐桐的亲身经历，本可以信手拈来，一挥而就，可是桐桐却作出绞尽脑汁状，让我不禁大吃一惊。难道我的脑子和孩子们有如此天壤之别吗？现成的熟悉的写作素材怎么不懂得用呢？于是我提醒桐桐，上次写的作文不就是很好的材料吗？她恍然大悟，一挥而就。

这个“水仙花事件”，也让我去思考一个问题：如何在孩子们的脑子里建立一个素材的仓库。把直接的和间接的经验储存起来，到用时，又能方便自如地取出来。

写作离不开写作素材的积累，缺乏写作素材，犹如无源之水、无本之木。因此，在作文辅导中，家长们要重视写作素材的积累，引导孩子去观察、去体验，多读多听，勤动笔，从而为写作注入新鲜的源头活水，提高孩子的写作能力。“胸中有丘壑，文思如泉涌”，讲的其实就是文思和积累的关系。

生活积累——生活素材存折

作文是语文教学的重点，更是难点。多数孩子写作总是兴趣索然，“佳作”难觅。每到写作课上，许多孩子便是“横眉冷对”，虽绞尽脑汁，搜肠刮肚，但佳词妙句很难流于笔端，即便完成一篇，也是言之无物，枯燥无味。其原因何在？

有人认为是孩子缺少对生活的观察和对生活的体验。

这个说法无疑是有道理的。叶圣陶说：“生活如泉源，文章如溪水，泉源丰富而不枯竭，溪水自然活泼泼地流个不歇。”那么，如何进行生活积累呢？

1. 观察生活。观察绝不仅仅是“用眼看”，还要听一听、闻一闻、摸一摸、尝一尝等。孩子们每天都和许多人打交道，有熟悉的，也有陌生的，对于这些人，能否用几句话就说出他们的特征呢？孩子们都经历过春夏秋冬，能否用生动形象的语言写出四季之景呢？要做到这一点，就需要细致的观察。

2. 体验生活。“生活是海洋，凡是有生活的地方就有快乐和宝藏。”（艾青语）所以，主动参与生活、体验生活，也是积累素材的重要途径。为此，孩子们应积极参加各种活动，如参观、游览、调查、访问、宣传、劳动、比赛等，从中体验真伪虚实、优劣美丑，观察各种人物的言谈举止、神态变化。活动中所积累的材料往往由于富有情趣而使人印象深刻，使用起来容易抒发情感，达到文情并茂。

3. 品味生活。生活中总有些事件、场景以及印象会给人以鲜明的感受，或触动我们的心灵，或牵引我们的情思，或引发我们的思考，引导孩子挖掘出身边的感人细节和对事件最深刻的感受，使之成为自己写作的源头活水，下笔如涌泉，触发写作灵感。

但只有以上三点还是不够的。

根据多年的了解，我发现一个有趣的现象，许多孩子观察体验和感悟容易，但把生活经验转化成写作素材难。我亲耳听到一位家长抱怨说，她每次过马路总是把孩子放在安全的位置，每逢孩子的作文有好词佳句，她就故意在客厅里高声朗诵。孩子也知道这是母爱的表现，甚至为之感动过，但是却没有一次写进作文！

这就暴露出问题的关键，关键是孩子对生活经验缺乏积累意识和积累方法。“巧妇难为无米之炊”，首先要有米，但是米都没有归仓，撒得到处都是，等要做饭时，再去搜集归堆，不也为时已晚了吗？为什么有的孩子往往考完了作文，回来一拍大腿：“我怎么就没有想到那个材料呢？”就是因为没有建立一个方便存取的生活的素材仓库，或者生活的素材存折。

那么一个生活的素材存折，包括哪些内容呢？或者说有哪些目录呢？让孩子运用发散思维，先将生活素材分为家庭生活素材、学校生活素材和社会生活素材。然后分别对家庭生活素材、学校生活素材和社会生活素材进行发散思维分解。家庭生活素材可以分为：1）我和爸妈；2）其他亲人；

3）家中事件；4）窗外风景；5）家中物品等。学校生活素材可以分为：6）我的同学；7）教师职工；8）学校事件；9）学校风景；10）学校物品等。社会生活素材可以分为：11）我的邻居；12）社会人物；13）社会事件；14）社会风景；15）社会物品等。

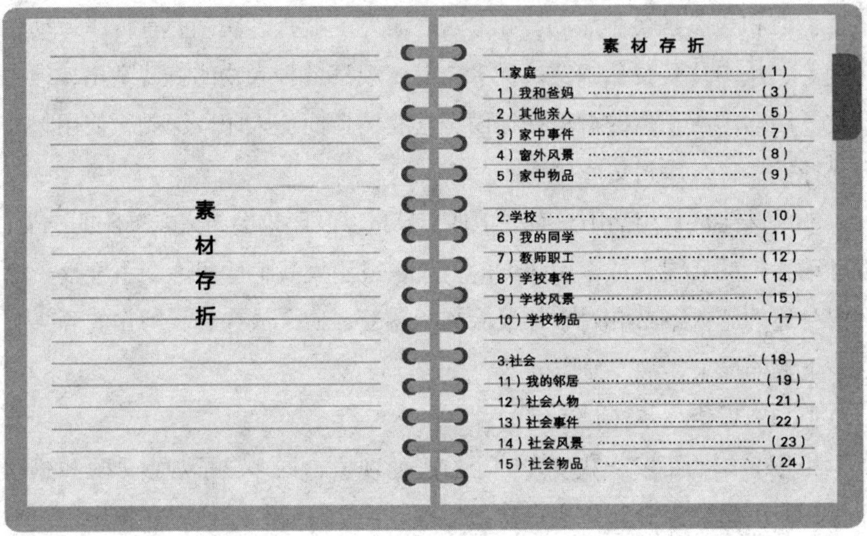

素材存折

素材存折

1.家庭 ……（1）
1）我和爸妈 ……（3）
2）其他亲人 ……（5）
3）家中事件 ……（7）
4）窗外风景 ……（8）
5）家中物品 ……（9）

2.学校 ……（10）
6）我的同学 ……（11）
7）教师职工 ……（12）
8）学校事件 ……（14）
9）学校风景 ……（15）
10）学校物品 ……（17）

3.社会 ……（18）
11）我的邻居 ……（19）
12）社会人物 ……（21）
13）社会事件 ……（22）
14）社会风景 ……（23）
15）社会物品 ……（24）

孩子拥有了这个素材存折后，每周在本子上相应的页面记录下一些素材，一个月后，就有几十个素材了，然后，每周拿着存折温习几遍，有些素材就会刻进脑海里去。开始的时候，家长和孩子一起来做存折，做周记，做温习。还有一点，就是做放电影的游戏，把存折按照从 1 到 15 的顺序，每周在眼前放一放电影。这样，在提取的时候，就轻松自如，信手拈来了。

桐桐爸爸在试用这个方法两个月后，就感觉到了这个办法的神奇。桐桐最近遇到一个题目："那一次，我发现了＿＿＿＿＿＿"。桐桐很快想到了去年元旦去外婆家的一件事，于是信心满满地补充了题目："那一次，我发现了最美的风景"。作文大致内容是外婆家冬日乡村自然风光的图画虽然优美，但更美的是妈妈精心呵护痴呆外婆的温馨画面。这篇作文后来轻轻松松获得了高分。可以想见，当时考场上，桐桐拿起题目来，在生活素材存折里从 1 号想到 15 号时，是多么从容不迫！又可以想见，当时，她在家庭生活素材的 1 号素材中搜到“妈妈精心呵护痴呆外婆”的素材时，又是何其欣喜若狂！还可以想见，“妈妈精心呵护痴呆外婆”这个素材在桐桐心田播下后，必然会成为一粒终生受用的“金种子”。在中考高考中，这粒种子是一个富有真情实感的素材；在演讲中，这粒种子是一个催人泪下的好故事；在交流中，这粒种子是一个特别走心的好话题。

知识积累——知识素材“柜子”

古人云：“读书破万卷，下笔如有神”“胸藏文墨虚若谷，腹有诗书气自华”。在我们语文教育界流行着一种说法：阅读是孩子获取知识、学会技巧、陶冶情操、拓宽视野、积累素材的主要途径。积累多了，写作时自然就有“源头活水”，做到信手拈来、运用自如。这种流行意见告诉我们该如何引导孩子：

1. 立足课本，吟咏积累

课文是写作教学的最佳范例，语文课本中收录的文章不仅选材立意、谋篇布局具有典范性、代表性，而且语言精彩、文质兼美、立意深远、韵味悠长。因此，我们家长要引导孩子立足课本，对课文中的妙词佳句、精彩文段动笔圈点勾画，巧摘妙撷，反复吟咏体味，背诵积累。

2. 拓展阅读，感悟积累

课外阅读能为孩子的写作提供书本上学不到、身边看不到的知识，因为我们的阅历毕竟有限，而通过博览群书则可弥补不足。我们辅导孩子时要引导孩子从课内阅读拓展到课外阅读，多读书，以丰富孩子知识面，开阔孩子视野。同时要加强课外阅读指导，帮助孩子掌握阅读方法，积累宝

贵的写作素材，如摘录法、片思法、批注法等。语文大师吕叔湘说过：“课外阅读抓得好，对孩子写作帮助很大。”著名作家曹雪芹的《红楼梦》里对琴棋书画、医卜星象、天文地理、花鸟虫鱼无不涉及，试想如果他不注意读书，不借“米”下锅，他纵有三头六臂也难以写成千古名著。前辈的写作经验告诉我们，从阅读中借“米”下锅也是充实自己的“仓库”、丰富写作素材的一条捷径。

但只有以上两点还是不够的。

我辅导过数以万计的孩子，一个情景剧经常在我眼前上演。有的孩子是个“读书迷”，但是作文在选材方面成绩依然并不稳定，时好时坏。跟一些孩子谈起古今中外的历史名人，孩子们如数家珍，但到用的时候，还是不能从容自如，甚至还有惊慌失措的状况。我把自己的大脑与孩子的大脑进行对比，结论是我的脑子里有个“柜子”，孩子的脑子里没有“柜子”——知识素材的“柜子”。有了这个“柜子”，平时，知识的素材有地方存储，用时，知识素材有地方提取。思维有序，忙而不乱，效率倍增。

这个知识素材“柜子”也有目录，或者说有标题，运用发散思维，对知识进行细分，可以包括：1）影视素材；2）新闻素材；3）文学素材；4）艺术素材；5）体育素材；6）科学技术素材；7）生物地理素材；8）历史军事素材；9）政治法律素材；10）哲学其他素材。

我们和孩子一起来做这个“柜子”，这个“柜子”只是个说法而已，实质可以是笔记本、电子文件夹或PPT等，看如何方便操作就如何操作。建立了这个“柜子”后，每周在“柜子”相应的“抽屉”里记录下一些素材，一个月后，就有几十个素材了。然后，每周搬出“柜子”拉开“抽屉”温习几遍，或者睡前“放放电影”。重复的过程是加深印象的过程，也是温故而知新的过程，这样，死的知识素材就在脑子里活起来了。开始的时候，家长和孩子一起来做“柜子”，做周记，做温习，逐渐放手，养成习惯。仅仅两个月后，效果就不一样了。我自己有体会，许多家长也有体会。

我们阳光喔一位陈老师，她的孩子蓉蓉在选材上时常犯难，咬破笔头，但是今年却峰回路转，柳暗花明。特别值得说明的是，蓉蓉已经进入了初中，作文素材方面要求有更广阔的视野，选材难度系数加大了，但她反而更轻松了。举例来说，蓉蓉上周写的作文题目是：“你是我心中的一颗星”。她拿着这个题目，再也不是那种思维跑野马不知所措的状态，而是顺着知识素材“抽屉”的1号到10号，一步一步搜寻考量，从容不迫，优中选优。蓉蓉5分钟就可以找到十几个素材。我心中的一颗星是什么呢？可以是：1）周杰伦（拼搏）；2）袁隆平（奉献）；3）莫言（执着）；4）莫扎特（聪颖）；5）郎平（坚持）；6）乔布斯（创新）；7）徐霞客（博学）；8）诸葛亮（智慧）；9）包公（正直）；10）孔子（深刻）等。然后，再从中选取一个人物或一组人物，选材这个障碍就被清除了，为快速行文奠定了良好的基础。

知识空间

其他哲学	体育素材
政治法律	艺术素材
历史军事	文学素材
生物地理	新闻素材
科学技术	影视素材

主题积累——主题素材仓库

我们孩子的材料仓库分类，除了常见的以上两种，还有一种，就是运用发散思维，按人文主题来分类，如：亲情、友情、师生情、社会问题、自然与环保、理想与追求、爱国、民族情、读书与感悟、爱心、哲理等。生活素材和知识素材归到这些主题之下，坚持积累，温习成诵，与考场赛场的作文对接，更加方便。我们孩子的语文教材一般是按主题单元分类的，精美的课文不可虚掷浪费，选其中精要的存储起来，学以致用。孩子怀揣这种主题素材仓库，遇到一些陌生的题目，只要将主题确定后，主题之下的材料就会源源不断。如以下一些题目："提篮春光看妈妈""人之常情""与你为邻" "春江花月夜" "生活在自然中" " 就'浅阅读'与'深阅读'问题写一篇文章" "忧与爱" "见证" 等，这些考场作文题目，乍一看，毫无头绪，但是只要有一个充实熟练的主题素材仓库，将题目的主题倾向分析出来，一切就好办了。这个方法的操作原理和上面两种仓库的建立相同，就不再赘述了。

自己的素材是无法用金钱买到的

古人云："其水积之不高，则其舟也不深。"可见要想写出好文章，素材不积累和少积累，都不行。正所谓"积土成山，积水成渊"。

在写作素材的积累方面，文学前辈们早已为我们做出了表率：唐代大诗人李贺惯用诗囊搜集诗材，写出了许多石破天惊的诗作；唐代大诗人白居易为了积累诗作素材，准备了许多陶罐，陶罐上分门别类贴着标签，整齐地放在一个七层的架子上；宋代文豪苏东坡为了积累知识素材，用功颇深，仅仅《汉书》就抄录三遍，熟习成诵；著名小说家蒲松龄深入民间，广采博闻，终于以《聊斋志异》闻名天下。

有一天，几个青年问俄国作家契诃夫：“怎样才能获得创作题材？”契诃夫顺手拿出一本厚厚的日记说：“这里有 100 个题材。”这几个文学青年看着这珍贵的日记本入了迷，日记中所记的每一个材料都生动、感人。有个青年说：“真想买几个回去，这些材料太好了。”契诃夫笑着说：“题材是无法用金钱买到的，每个题材都是作者本人深入生活积累的结果。”

我们孩子的素材积累也是无法用金钱买到的，那是孩子的时光，孩子的生命，真是无法用金钱买到啊！与孩子一起建立素材仓库，不经意间，留下的是一家人的无价的岁月印记。你说用多少钱能买得到？

五、看孩子回答“钱学森世纪之问”
——教孩子运用批判思维写作

“钱学森世纪之问”的答案

2011年春季，我在湖北武汉青山学校里辅导孩子的作文，我想启发一下孩子的批判思维，一堂课下来，收获出乎我的想象。

我做了课前激趣之后，在快乐的气氛中，首先和孩子聊一个熟悉的话题——老师的评语。孩子们不禁嘘声一片，很不满意老师的评语；接着，我和孩子们发散思维，构思让现在的老师给古今中外的大名人写评语，名人有爱因斯坦、牛顿、李白、贝多芬等，评语出来，令人啼笑皆非；最后，让学生得出结论。许多结论让人惊讶：有的说，这样的教育，难怪中国与诺贝尔奖无缘（莫言和屠呦呦获诺奖是2011年以后的事）；有的说，我们什么时候才能成为学习的主人呢？最让我震惊的是作文《“钱学森世纪之问”的答案》，作文结尾这样写道：

难怪钱学森老爷爷临终前遗憾地问道：“为什么我们的学校培养

不出杰出的人才？”中国的学生整天受这种死板的教育，能有杰出的人才出现才怪呢！

这是一节难忘的课，如果家长们亲临这样的课堂，也会被孩子们热烈的劲头、敏锐的头脑和批判的力度所震撼。

美国名校并不看重中国学生的勤奋

我们这一代人，很少有“批判式思维”。小时候，父母老师是不容许质疑的权威，敢跳出来说“不”的小朋友经常被打击，慢慢就养成了不敢质疑、懒得质疑的毛病。现在的小朋友不一样了，我感觉，他们已经具有了一些“批判性思维”的基础。

比如，一个妈妈给孩子们讲了愚公移山的故事，讲完后她说：“希望你们都能有自己的梦想，并且像愚公一样，持之以恒去完成……”话音未落，孩子们就七嘴八舌抢着说：

“像愚公那样挖了几辈子山，山还是庞大无比。为什么要做这种没有成果的傻事呢？”

“对啊，故事里的智叟也不一定就没有意志呀，也许智叟有很轻松就解决愚公问题的好办法呢。”

“难道除了不停地搬，就没有别的办法吗？我们可以用挖掘机啊。”

…………

孩子们的说法也许不见得正确，但他们的勇气和质疑精神还是让我们很感慨。我们小时候，肯定也听过这故事，应该也有过不同看法，最后要么是没敢说出来，要么就是说出来被“镇压”了。

所以，现代的家长就多出一项责任，把孩子那压在山底的批判思维解救出来。一直以来，我们似乎对孩子了解太多，又似乎了解太少；我们似乎在引领孩子向前，又似乎在拖拽孩子向后。

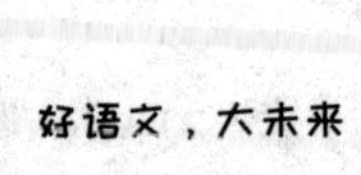

我们注意到，尽管留美学子数量近年呈大幅度上升的状态，但从 2016 年 4 月公布的各种美国名校录取数据中，不难发现，这些名校对来自中国大陆的学生的录取数量却是在下降的。《哈佛杂志》披露哈佛大学 2020 届本科生亚裔录取率创下了新高，达到 22.1%。然而，录取的中国学生越来越多地来自美国本土高中，在中国大陆地区提前录取仅两人，且均为外籍。《纽约时报》教育观察专栏有文章总结道，美国教育强调的是“高端思维能力”，如问题的解决和决策、创新、批判性思维、分析、评估等能力。对美国名校来说，勤奋并不是中国学生专有的特点，而中国学生也并没有展示出他们所要求的“高端思维能力”。

句式游戏：A 不是 A，是 B

我们陪孩子的时候，可以在潜移默化中培养孩子的批判思维。这里介绍一种句式游戏。句式是语言，语言是思维之衣，训练句式的实质就是训练思维。这个句式，就是“A 不是 A，是 B ”。比方说，看到孩子乱扔果皮，就可以问他：

> “乱扔果皮，扔掉的不是果皮，是什么？”
>
> “是文明。” 他想一想，也许会说。
>
> “那么，在旅游景点乱刻文字，刻上的不是文字，是什么？”
>
> “是耻辱！”
>
> “大雨滂沱的日子，我家的汽车被水淹了，淹的不是车，是什么？”
>
> “是完善城市排水系统的责任。”
>
> …………

拿上文提到的难忘的一堂课来说，也可以用这种句式游戏来做引导：

“机械的评语不是评语，是什么？”

“是瞎话。”

“乱写评语的老师不是老师，是什么？”

“是糊涂人。”

“不负责任的学校不是学校，是什么？”

“是猪圈！”

“没有效果的教育不是教育，是什么？”

“是误人子弟！”

孩子的批判思维在句式训练中被激活，为写下一篇带点“辣味”的创新作文铺下了基石。这种“辣味”并不可怕，善加引导，反而别开生面。比如下面的这篇作文。

“钱学森世纪之问”的答案

湖北武汉青山　万嘉铭

某年某月某日。在朱圈十三点小学，发生了滑稽的一幕。

“李——白！”胡老师勃然大怒，“你又喝酒了！”教室里弥漫着的酒香已经把同学们熏得摇摇晃晃，可经胡老师一吓，同学们立马清醒了。

李白一惊：“老师，我在写诗。”他举起了手中的一张纸。

胡老师更生气了：“上课就是上课！写什么诗？还喝酒！完全不像个小学生！”

“哎，比尔·盖茨，你又在干什么？”

比尔·盖茨小心翼翼地站起来：“没……没干什么呀！”可慌张中，一本《计算机大全》从抽屉中掉了下来。

“不仅上课看书，还不承认！你看你，像什么样子，整天沉迷电脑！叫家长来！”胡老师已气得满脸通红，“今天的晚自习，加一小时！”

全班叹息起来，胡老师眼睛一瞪："干什么？干什么？再加一小时！"全班立刻静了下来。

不一会儿，就见涂校长走了进来，同学们连忙起立，只有乔布斯一人坐在原地，一动不动地在发呆。涂校长刚好看见了他，生气地问："乔——布——斯！你在干什么？"乔布斯连忙起立："我在设计平板电脑路线图。"胡老师两眼一瞪："校长来了也不打招呼！你像什么学生？啊？！"乔布斯吓坏了，连忙收起了所谓的"胡思乱想"。

涂校长说："小胡，把学生评语给我看看。"胡老师递上一沓学生评价表。

牛顿

该生上课经常盯着校外的苹果树发呆，注意力十分不集中。有一次，一个苹果掉了下来，把他的头砸了，他不但不捡苹果，还在想一个十分"二"的问题：为什么苹果要向下掉，不向上掉呢？我怀疑他智商为0，建议家长带他去医院检查。

李白

该生十分爱喝酒，喝完酒后就胡言乱语，曾多次打断老师上课。该生还有严重近视，在诗中他把月光当成霜，他去过庐山后，近视更加严重，把瀑布看成了银河，还说有三千尺。建议家长给他配一副眼镜。

爱迪生

该生行为怪异，做的事经常让人摸不着头脑。有一次，他看见母鸡在孵蛋，他也要学着母鸡的样子孵蛋，想把小鸡孵出来，家长最好带他去做个心理检查。

…………

钱学森老爷爷临终前遗憾地问道："为什么我们的学校培养不出杰出的人才？"唉，中国的学生整天受这种死板的教育，能有杰出的人才出现才怪呢！

“旧瓶装新酒，老树发新枝”

打开网络，富有创意的作品往往拥有更高的点击率，比如同样是讽刺当今时弊，新闻式的报道和程式化的议论万言，都比不上《今日白骨精与孙悟空》妙文一篇。该文借孙悟空写给白骨精的情书和白骨精给孙悟空的回绝信，将当今社会中的诸多“怪现状”，一一给以妙趣横生、酣畅淋漓的讥诮和鞭挞。而翻开历年的作文杯赛作文集和中高考满分作文集，因批判思维而获得满分的作品也占据了较大的比例。如 2001 年江苏高考满分作文《赤兔之死》，通过马口批诚信；2009 年厦门中考满分作文《流水的故事》，巧借鱼眼说历史；2009 年河北高考满分作文《千里驴》，听取驴语论教育；2011 年第 27 届武汉国际中小学生“楚才杯”作文竞赛一等奖作文《门》，则让门做证说话，透过门缝窥见官场的腐败现象。凡此种种，都是借助批判思维，展现孩子们的智慧，不啻为孩子赢得了一张闪亮的魅力名片。

故事新编的方法，在孩子阅读和写作时，家长都应该寻找时机引导与点拨。故事新编是培养批判思维有趣的利器。以近几年中高考优秀作文为例，故事新编不外乎以下几种方法：

1. 移时法：名著故事的现代版。例如安徽一考生写的《西游后记》，另如湖北考生写的《孙悟空下岗记》。2. 虚实法： 虚实相生，真幻莫辨，给人一种扑朔迷离的审美感受。如江苏蒋昕捷考场上写的《赤兔之死》。3. 扩展法：合理的扩展式“新编”。例如江苏一位考生写的《〈武松打虎〉中被漏掉的细节》。4. 续尾法。如福建一考生写的《薛宝钗魂断大观园》，再如辽宁考生写的《〈项链〉续写》。5. 整合法。如江苏一位考生以《水边的女人》，巧妙整合《红楼梦》中林黛玉的诸多故事来诠释话题。6. 翻案法。如福建考生写的《治世之能臣，乱世之奸雄》为曹操翻案。等等。

全国大赛一等奖作文背后的秘诀

我从事语文教育三十余年，岁月如歌，硕果如画。有一次走在澳大利亚的街道上，居然听到背后有个留学生朝我喊了一声“罗老师”，这是对我最大的鼓舞，让我很是感动。有些阳光喔的教师，还用阳光喔的教学方法在家里辅导孩子，告诉我说真管用，我也很欣慰。下面是阳光喔的沈老师女儿的一篇作文，在 2016 ~ 2017 年全国中小学生“崇文杯”作文大赛中获得一等奖，非常独特，比较犀利，值得一读。

反腐败的点钞机

湖北省武汉市鲁巷小学 6 年级　沈子月

我是一个点钞机，我住在一家银行里，今天是我的五岁生日，我的主人 C 小姐一大早来上班，她轻轻地拍拍我的肩膀，甜甜地说：“伙计，生日快乐！”我听了心里美滋滋的。

这时，一位大婶披头散发地走进来，表情痴呆地对我的主人说：“取钱，600 块。”主人将六张红票子塞进我的嘴里，我飞快地点完后，吐了出来。大婶接过钱，依然表情痴呆地走了。我望见她渐行渐远的身影，身影黑黑的，弯弯的，像一个沉重的大问号！

这时，保安过来与主人攀谈。原来那位大婶的家庭，本来是一个幸福美满的三口之家，万万没有想到，十年前，一罐毒奶粉把她可爱的儿子变成了大头娃娃。为了给儿子治病，大婶倾家荡产，不想老公又跟她离了婚，在重重打击之下，于是大婶神志失常了……

正说着，突然，电话铃响了，主人接了电话后，说了声：“好。”然后抱起我就往外冲，一个小时后，我们乘车终于抵达目的地——一栋大别墅。这别墅可真气派啊！满眼富丽堂皇，到处珠光宝气。

我们正在诧异，一位黑衣警察大步走了过来，带领我们穿过了一个豪华的大厅，下了一道镶金的楼梯，进入一间地下室，我们抬头一看，不禁目瞪口呆——房间里堆着两座小山，每座长一米多，宽一米多，高一米多。这山不是土石堆成的，而是一摞摞百元大钞堆成的。

警察指着屋角一个瑟瑟发抖的啤酒肚中年男子，说道：“这些钱，都是他贪污受贿得来的。他呀，还是‘食品安监局’局长呢！只知道要钱！不知道打击假冒伪劣食品！这些钱，请你们帮着点出数目来，我们好惩治这个大贪官！”

我一听，立刻想起那个家破人亡的大婶，不禁气得浑身发抖。主人开始把钱塞进我的嘴里，我立刻“呼呼”点了起来。一摞，两摞，三摞……十分钟，半小时，一小时……刚开始，我还劲头十足，可是渐渐地我脚酸手软，浑身发烫，100万，300万，500万……我突然感觉天旋地转，我预感到自己即将彻底崩溃了，于是挣扎出最后一丝力气，向着警察高声呐喊道——

“消——灭——腐——败——呀——”

沈老师在谈到如何辅导孩子的时候，说道：“这篇作文是‘看新闻，编童话’辅导法的结晶，两段微视频——‘大头娃娃事件真相’和‘贪污几个亿累坏点钞机’——播放之后，点燃了孩子的批判热情和作文兴趣，她展开想象的翅膀，在生活和知识的空间里飞翔，编织出一个精巧的有情有理的童话故事。通过一个点钞机的视角，暴露了贪官的腐败行径，揭露了腐败造成的恶果。本文因选择现实材料而富有时代气息，因视角巧妙而新颖独特，最重要的是因批判思维而发人深省。”

沈老师实际上运用了我们的一个培养批判思维的秘诀：“看新闻，编童话”辅导法。

“看新闻，编童话”辅导法，有三个步骤：1. 精选反思型新闻：反思型的新闻往往是对不良社会现象的聚焦，容易引起孩子的批判意识，但是毕竟是孩子，我们介绍一些孩子感兴趣的，对孩子世界观没有误导的新闻比较恰当。如：中俄少年足球赛中方惨败引热议，等等。2. 选取独特的视角：从孩子的心理特点出发，帮他找一个有趣的新颖的视角来观察新闻事件的

一个侧面，回避新闻事件叙述中的复杂要素。如：用足球的视角来观察“中俄少年足球赛中方惨败”中的一个或一组镜头。3. 编写批判式童话：孩子的观点在读新闻时会初步形成，如何表达呢？可借童话人物之口，表达自己的观点。例如，可以借足球之口，批判应试教育对孩子体质发展的忽视。

批判思维，孩子创新能力的底色

批判性思维，是创新的重要元素，它从质疑开始，而且是一系列的质疑性思维技巧。批判性思维，是在各种各样的质疑、假设下，进行充分论证和客观的检验。批判性思维是一种日常的思维方式，是对问题“评头论足”地分析判别和评论好坏，然后否定错误，确定什么该相信、什么不该相信的清晰敏锐的观点。批判性思维，是一种基本思维的观点、方法和技巧。

在生存竞争越来越激烈的今天，创新是一切竞争的核心问题，也是能否领先世界的根本问题。所以，创新被定义为一个民族的灵魂。为了培育大批创新人才，我们需要重新认识批判性思维，并且让它成为一种社会风气和人们的日常性思维。

从 20 世纪 80 年代以来，美国、英国、加拿大、澳大利亚等发达国家，都把培养学生的批判性思维作为创新教育的首要目标之一。在美国大学里，“批判性思维”是让思维走出误区的一门独立的课程。美国英才教育有两个基本的童子功训练，就是“批判性阅读”和“批判性聆听”训练，很值得借鉴。

批判思维，是思维中的高端领域，是孩子创新能力的底色。中国想要培育更多的创新人才，首先必须让孩子们从小形成批判性思维。批判性思维不仅可以学，而且可以教，它是家庭和学校创新教育的切入点。在家庭中，父母发掘和呵护孩子的批判性思维，对孩子来讲意义深远，是一项奠基性的智力投资。

六、6 万字的《从前有座山》
——教孩子运用四大思维写本小书

孩子们说写 6 万字的作文并不难

2017 年上半年，我应邀到北京朝阳二小一个四年级班上，上了一堂作文辅导课。上课之前，我与一些家长交流，许多家长抱怨孩子的作文像挤牙膏一样，写不长，真头疼。对孩子能写几万字的作文，一百二十个不相信。

我那天花了 45 分钟辅导一个班上的孩子，开课前，学生都有点害怕作文，辅导过程中，孩子们笑脸灿烂，小手如林，快乐参与，积极思考，把课堂当成了乐园。45 分钟过去了，我问孩子们喜不喜欢这堂课，回答喜欢的声音震耳欲聋，我问写 6 万字有没有问题，回答没问题的声音令人鼓舞。

我这次辅导，亮点不是作文前玩了个什么游戏，也不是孩子作文后进行了讲评。而是，在作文构思上进行了“四大思维”的综合引导与训练。

中国中小学的作文辅导中，有所谓“前作文”的说法，主张通过组织一定的情境活动，让学生做在写前，观察在前，用眼耳鼻舌去全方位感受生活，认为学生有经历、有体验，才会言之有物，写出有声有色的习作。

我觉得“前作文”还是很有力量的。但就像某些专家所说的，写作前的情境活动，像游戏、表演、音乐、活动之类，这些细究起来，很多不是生活本身，而是人造的“伪生活”。这种训练，使得孩子无意识中的“生活敏感度”不是提高了，而是降低了。

还有一种辅导方法，与“前作文”相反，叫“后作文”。注重作文后的教学，重视几个内容：第一个，孩子作文后的发表；第二个，孩子作文后的讲评；第三个，孩子作文后的评判。这种辅导法，的确不可缺少，就像练书法一样，写完了，马上有老师来评点一下，从优点中获得自信，从缺点中获得教益。但是，一般来讲，作文写完，再怎么点评，作文提升的空间也是有限的。这还没有考虑孩子在修改作文时的厌倦情绪。

前作文，后作文，都有一些亮点可取。据我几十年的辅导经验，悟到一个小小的道理，就是孩子的文学思维的潜能是一座真正的富矿，这座富矿开发好了，会展现出意想不到的文思的飞翔和心灵的绽放。

《荷马史诗》中有这样一句话：“树上的知了，倾泻下百合花瓣似的声音。”《荷马史诗》何其庄严伟大，但是却出自一个盲人荷马之笔，荷马“吟咏之间，吐纳珠玉之声；眉睫之前，卷舒风云之色”。荷马一无所见，而思维却带来万千气象。

同样，海伦·凯勒一岁半时突患急性脑充血病，连日的高烧使她昏迷不醒。当她苏醒过来，眼睛烧瞎了，耳朵烧聋了。可是她“寂然凝虑，思接千载；悄然动容，视通万里”，创作出了不朽的名著《假如给我三天光明》，为思维这“地球上最美的花朵”献上了一曲赞歌。

发散思维定目录

我们来看看在北京朝阳二小的辅导，那次题目叫“从前有座山”，看看孩子们是如何通过思维达到 6 万字的构思的。

众所周知，一篇作品的字数是从作品的内容中产生，作品内容在“从前有座山”中就是描写内容，描写内容必然是从一个个“写点”中产生，“写点”必然是从一个个富有逻辑的“事件”段中产生，富有逻辑的“事件”段必然是从“三大空间”中产生，“三大空间”的事件必然是从一个写作中心产生。为此，我们只要将《从前有座山》的小和尚要听故事的“要”字锁定为写作中心，就可以顺理成章地按照既定的流程，步步为营地实现把作文写长、写具体、写成作品的目的。这个流程简而言之就是：一个“要”字定作品中心—作品中心分解到三大空间—每一空间分解为 10 ~ 20 个部分成为作品目录—每一目录下逻辑地分解出文章段落—每一段落形象地分解出“写点”—每一写点按描写方法写出文字。具体而言就是在确定写作中心是小和尚要听故事的“要”后，就可以通过发散思维去理清作品目录。

我们的思维是在三大空间中发散，三大空间我们介绍过了，就是生活空间、知识空间和想象空间。没有三大空间，发散就很难办，有点漫无头绪。顺着三大空间的顺序，一个个空间地走下来，就会发现，各种材料直往外跳。

1. 激活生活空间：在生活中有哪些“要”东西的办法？如哀求法、赞美法、死缠烂打法等。想出 10 个办法，就是 10 个目录。

2. 激活知识空间：小和尚可以和老和尚开展哪些比赛？如音乐类、体育类、智力类、趣味类等。想出 20 个办法，也没什么问题，孩子们在课堂上想出的办法简直五花八门，什么书法、美术、跳绳、猜谜、脑筋急转弯、跑步等，远远超过了 20 个。

3. 激活想象空间：小和尚请来哪些想象的人物？如童话类、神话类、科幻类等。想出 10 个办法，也没什么问题，孩子们在课堂上想出的办法有孙悟空、蜘蛛侠、上帝、夸父、后羿等。

逻辑思维定段落

思维发散的结果是 40 集目录，那么每一集目录的内容该如何确定呢？只要抓住了一集的主题，围绕主题思考它的几个方面，也就是展开逻辑思

维进行分析，分析得出主题的几个方面，每一个方面就构成了一个段落，有时一个自然段是一个段落，有时几个自然段是一个段落。

如小和尚要听故事，发散思维选取了赞美法，围绕赞美法这个目录，可以分解为夸武功、夸颜值、夸资历等 5 个方面，每一个方面就是一个段落。每段因为是对话描写又可以细分为 2 个自然段，共计 10 个自然段。一个目录下就是 10 个段落了。这是生活空间里，知识空间和想象空间是一样的道理。知识空间每集分解段落，小和尚要听故事，发散思维选取了体育比赛，围绕体育比赛这个目录，可以分解跳远、跑步、乒乓球、游泳比赛等 5 个方面，形成这一集的 5 个段落，每段因为是对话描写又可以细分为 2 个自然段，共计 10 个自然段。想象空间每集分解段落，方法和生活空间、知识空间的道理是一样的。

中国有四大名著，不同的人可以读出不同的味道来，从不同的角度可以读出不同的味道来。大家有没有注意到《西游记》的结构？《西游记》的结构安排适合中小学生模仿学习。

《西游记》第 27 回到第 31 回，小说花 5 回的篇幅将“尸魔三戏唐三藏”“黑松林三藏逢魔”“猪八戒智激美猴王”等几个故事串联在一起：因为白骨精三骗唐三藏，致使孙悟空被驱逐；而由于没有孙悟空的保护，造成唐僧在黑松林被妖怪掳走；为救唐僧，自然便引出猪八戒智激美猴王。情节之间环环相扣，互为因果。在第 53 回到第 55 回，这三回事实上叙述了三个故事，一是唐僧师徒误饮子母河水而怀孕，二是西梁国女王要招唐僧为夫，三是毒敌山的蝎子精强逼唐僧成亲。三个故事独立成章，构成取经路上的三难，但情节上互为因果，结构上可视为一个整体。

这种情节结构的安排实际是逻辑思维起作用，就是围绕一个主题来分析叙述事情的几个方面，几个方面是用因果的纽带连接起来的，富有生活的逻辑性。

形象思维定写点

上面所述的发散思维和逻辑思维，为一部作品建构了一个框架，往框架里填写内容时，就要用形象思维。我们已经介绍了，形象思维主要是将一件事件的过程切割成几个画面或几个写点。

《西游记》中，西天取经的数十个历险故事，我们细想想，会很惊异地发现，这些故事的叙事结构竟然是如此相似。如同《西游记》所固有的模式一样，历险故事往往被安排成遇险—排难—再遇险—再排难的结构。前一险与后一险之间，往往有一段相似的关于季节变化更替的语句，如第64回开首：“却说师徒四众，走上大路，却才收回毫毛，一直西去。正是时序易迁，又早冬残春至，不暖不寒，正好逍遥行路。忽见一条长岭，岭顶上是路。” 遇险—排难—再遇险—再排难的结构，将整个取经过程切分为许多“写点”。条理分明，有条不紊，这是形象思维的精心安排。吴承恩沉醉在一幅幅取经图画中时，也把美妙和幸福传达给了后世的中外读者。

我们的孩子可以不那么复杂，展开叙事其实有个万能公式，就是“往前想—想现在—往后想”，不管是写作还是演讲，这个公式都很管用。比方说，小和尚要听故事，发散思维选择了生活空间的赞美法，从赞美法中又逻辑地想到几个方面，现在锁定赞美颜值，再往下就涉及写点了，不妨就让孩子“往前想—想现在—往后想”试试。1. 每一段落“往前想”成写点：如夸颜值，写点是夸老和尚从前颜值就不错。2. 每一段落“想此刻”成写点：如夸颜值，写点是夸老和尚现在颜值更好。3. 每一段落“往后想”成写点：如夸颜值，写点是夸老和尚将来颜值可以上吉尼斯纪录。

批判思维定取舍

发散思维解决的是材料有哪些，但是落笔行文的时候，就涉及一个问题：所有材料，不问精粗，不分好歹，尽入囊中吗？显然还需要选择材料，

这个选择就具有倾向性，包含着作者的一些观点，根据此种观点，区分好恶，判别美丑，这属于批判思维。小和尚要老和尚讲故事的方法有 40 种，那是构思之中的，落实在笔下，会做一番遴选，比如选取 20 个自己喜欢的，或者选取 15 个有文化底蕴的，那些不入选的实际上就被过滤了，被批判思维的扫把扫下去了。

再举一个例子，范祎，1993 年出生于北京，7 岁时随父母移居到美国。两年后，10 岁的她就开始用英语写作《剑鸟》。《剑鸟》一书由全球第二大出版社哈珀·柯林斯出版集团在美国出版，上市的当周就冲上了《纽约时报》畅销儿童小说的排行榜。

《剑鸟》一书为寓言体小说，描写了蓝鸟和红鸟受老鹰特耐特挑拨发生战争，认识到错误后遭受到特耐特的突袭，最终借助神鸟——剑鸟的力量取得了胜利。小说强调：宣扬战争与恐怖袭击是非常错误的，要把和平的信息传达给其他人。

范祎告诉记者："正式写《剑鸟》之前，我觉得对鸟儿的了解不算少，其实我错了。我只好借来一大堆有关鸟的画册，了解鸟的习性、栖息地、解剖学等知识。我才知道鸟不出汗，没有眉毛和睫毛。我需要经常修改措辞，查阅辞典。"

一个 10 岁的孩子，有机会写出一本蜚声海内外的小说来，不啻是经历了一场思维训练的洗礼。面对庞杂繁多的资料和材料，少不了一番裁剪的功夫，权衡利弊，斟酌损益，批判思维自然得到了一番磨砺。

爱孩子，就是给孩子完全的自由

记者在采访范祎时，还采访到了这次陪女儿回故土的范祎妈妈。范祎妈妈对于培养天才儿童有着独特的见解："每个孩子都是天才，只是会表现在不同的方面而已。而家长的工作就是发掘，看孩子真正掌握了什么，不要操之过急。家长在孩子学习成长的过程中，只能做一个旁观者，而不是引领者，应该鼓励多、批评少。我觉得最主要的是要给孩子健康快乐的自由。”

说得多好，孩子是父母最伟大的作品。家长要珍惜与孩子一起思考、表达的时间，等到孩子 14 岁以后，家长就很难有机会亲近孩子了。所以建议家长参与孩子的语文学习，陪伴孩子的思维发展，认真对待孩子的作品，哪怕文字很稚嫩。让孩子知道思考的价值是被人尊重的。

读者来信

罗老师：

您好！我孩子学习了您的思维训练，无论文采、结构还是主题，老师说都有新进步，谢谢罗老师。最近我和孩子建立了一个作文素材仓库，帮助孩子积累了一些生活素材和阅读素材，她在写作文时也想起来运用这些素材，但为什么还是显得不够具体生动呢？

小霞妈妈

小霞妈妈：

您好！您反映的问题很好，也有普遍性。问题一般出在温习素材仓库时，没有做一件工作，就是选择重点素材，做好二级仓库。二级仓库，就是围绕着重点素材搜集相关的细节材料或延伸材料。以人物素材为例，因为作文中的人物形象通常是由外貌、动作、语言等要素构成的，因此，建立人物的二级素材仓库时，细节素材也应从这几个方面着手。（1）外貌库。人有胖有瘦，有白有黑，有稚嫩有苍老，有慈祥有凶悍……即使同样是老年妇女也大不一样，不同的人物我们可以把他们的外貌特点简单记录一下。日久必有妙用。（2）动作库。动作包括人行动的方式、力度，如：手势、走势、坐势、习惯性动作等。建立动作库主要是记录人物的习惯性动作和特定情况下的动作，即使对同一件事，不同的人也会有不同的动作，如同样是在思考疑难问题，有人惯于挠头，有人惯于托腮，有人惯于锁眉，有人惯于凝望。动作集腋成裘，何愁不具体呢？(3)语言库。由于人的年龄、职务、性格、情绪的不同，直接关系到语言的内容、腔调、音量和速度。在记录人物素材时，注意记录这种区别。用好了，让人如闻其声。

我们介绍过桐桐的生活素材存折，值得一提的是，她很注意重点素材的二级素材仓库的建立。桐桐在生活素材中搜集到了“妈妈精心呵护痴呆外婆”的素材后，如果要把这个素材写得具体生动，还需要一些细节素材或延伸素材来做支撑。桐桐了解到这一点后，她又把“妈妈精心呵护痴呆外婆”的细节进行了记录，如：给外婆买了根拐杖、亲自给外婆烧水洗澡、亲自拉着外婆的手给她涂上护肤霜等。又对延伸材料进行了记录，如：外婆还健壮的时候，妈妈总是惹外婆生气，妈妈含愧在心——这是个纵向对比的材料；在新闻上看到，我国老年痴呆症患者数量占世界四分之一，重庆一位70岁老人被4名子女遗弃，因患老年痴呆——这是个横向对比的材料；妈妈故乡是湖北孝感，董永卖身葬父，以孝感天——这个材料属于传说材料，可以起到烘托的作用；妈妈精心呵护痴呆外婆时，周围的乡村景物很美——这个材料属于自然环境材料，也可以起到烘托的作用。这样细致工作的回报就是作文成绩至少平均提高了5分。

我们搜集素材是“普遍撒网，重点摸鱼”。摸到的重点素材，我们还可以再下一番功夫，形成一个二级小仓库，家长们会发现所谓不具体不生动的问题会迎刃而解。

罗老师

第五章

让孩子学会表达的『六大武器』

一、演了一回暴脾气的老师
——描写基本功打牢写作根基

无论怎么写，都是“罗老师生气了”

2002年春季，武汉武昌区实验小学。

我给三年级的孩子上一堂作文基本功训练课，全校语文老师参与听课。

站在讲台前，我对孩子们说，今天我要表演一个不一样的罗老师。他们瞪大眼睛看着我，我便佯装很生气，拍了一下前排学生的课桌：“认真听讲！”要求学生把观察到的写下来。

两分钟后，检查学生写的片段，基本上写得大同小异：“罗老师生气了。”

孩子们都只是叙述了罗老师生气的状态，这是描写基本功的零起点。由于他们缺乏描写基本功的训练，这样的结果也在预料之中。

有胆大的孩子站起来说：“罗老师，您能再表演一遍吗？而且是慢动作的表演。”他这一番话把听课的学生和老师都逗笑了。

我说：“我当然可以放慢动作来表演，不过我有要求，你们能在一分钟内写出20个字，两分钟内写出40个字吗？”

孩子们一听罗老师有慢动作要表演，个个兴致盎然，都打包票说能达到。

两分钟过去后，无人达到四十字的要求。当然比刚才强了那么一点点：“罗老师生气地拍了一下桌子。”读出来时，底下的不少听课老师在捂着嘴笑。

孩子此时能把动作进行简单描写，但还是不具体。绝大多数孩子在此遇到一个重要的坎，教师的教学也戛然而止。

“练拳不练功，到老一场空”，讲的是武术基本功的重要性。而作文的基本功就是扎实的描写功底了。遗憾的是，孩子们从三年级就开始上作文课，很多孩子到初中、高中了，其“描写”都难以达到“具体”，更无法做到“生动”。没有描写的支撑就谈不上文采的绽放。他们的作文一直背负着老师判定的描写“不具体”这副枷锁，但是如何解开这副枷锁，老师、家长们都显得束手无策。这样，不仅高考无法拿到高分，孩子的生活也少了几分品位。

其实，解开“不具体”这副枷锁不是一件难事，关键是从一开始的描写训练，就要有方法、有步骤、有目标。我从1988年至1992年，历时四年时间，研发出了“文笔课程”，就是打开这副枷锁的钥匙。通过对人物的语言、动作、神态、心理的细节刻画，从不具体到具体再到生动、细腻，分阶段、有步骤地提升孩子的描写能力。孩子能很清晰地知道自己描写的现状等级以及突破的目标。

“暴脾气的罗老师”立起来了！

孩子们都观察得很认真、细致，可为何还是写不长呢？此时，教师需要对孩子进行思维训练，把“罗老师很生气”的状态通过思维导引，指向能承载生气的相关部位：手臂、手掌、手指、肩膀、腿部、头部……这类部位，为写具体、写生动预置巨大的写作空间。

我接着把刚才的动作分解一遍，并提醒孩子观察老师拍桌子时有哪些部位在动，有怎样一连串的动作，还启发他们：老师抬头时速度怎样？拍桌子的力度怎样？ 接着让他们完整地写下拍桌子的动作及速度、力度。这下，他们再也没有犯难的情绪，拿笔“唰唰”写起来。两分钟后，我抽查了几个孩子写的片段，个个字数都超过六十字，多的达到八十字以上，都能把教师的动作写得很细致。

我接着又问：“还是刚才罗老师发脾气这件事，你们三分钟能写到150字吗？”教室里鸦雀无声。他们露出犯难的表情。我启发道：“老师不是只有动作的机器人啊，刚才发脾气时，我的眉毛、眼睛、鼻子、嘴、脸这些五官不也在变化吗？”

这次让孩子们重点观察老师脸部的表情，并指导他们先从眉毛再到眼睛、鼻子、嘴巴、脸色按一定顺序来描写。运用准确的动词和形容词，对指向的部位进行刻画。在这个教学环节，教师可以为孩子做一些辅助性的词语储备。如：“眉毛”，紧紧地皱在一起……；“眼睛”，瞪得大大的，瞪得溜圆……；“鼻子”，呼哧呼哧喘着粗气……；“嘴巴”，牙齿咬得咯咯直响……

他们交上来的片段，个个都达到了150字的要求，基本能表现出“具体”等级。一个暴脾气的“罗老师”形象，被孩子们描写得活灵活现。

我接着告诉老师和同学们，如果再上一级台阶，要把“罗老师很生气”由写具体到写生动细腻，还必须做到对动词和形容词进行细致生动地动态联想与空间联想，并运用修辞手法去表现联想的内容。

这里有两个难点：一是用联想的手法给孩子设置修饰的空间。如写目光，能不能把目光的温度进行联想？能不能把目光的力度进行联想？二是训练学生用排比、比喻、拟人、夸张等修辞手法来描写。如罗老师生气的目光描写：“老师的眼里满是愤怒，目光是那么灼热，像迸射出的火焰，像无数的钢针扎来……”

孩子们如梦初醒。其实描写并不难！在我们投入的表演中，在我们的欢声笑语中，在有方法、有步骤、有目标的训练中，写作妙法也被孩子们收入囊中!

“OK！现在我要演一个开心的罗老师，要求写300字！”我大声宣布。这次，学生没有一个愁眉苦脸的了。

一个孩子要在描写上有突破，我们将其分为五级：一级，简述状态；二级，类别描述；三级，细腻的、具象的部位指向；四级，准确的动词和形容词；五级，修辞的运用。这五级为孩子写具体、写生动搭建了五个台阶。

通过描写基本功的训练，具化了知识阶梯，建立了核心参数，学生明白了自己掌握知识到了什么程度，达到了哪个知识阶梯，明确了向什么阶梯努力，重点需要突破哪个知识层面，由基础等级向高级等级发展，如何突破瓶颈，取得跨越式的提高。

描写训练让孩子品味真实的生活

文字是一种智慧，描写绝不是简单的方法与技巧，孩子们要什么？他们要的并不是描写所呈现的文字，而是描写过程中情感与体验的满足。在现阶段的语文教学中，我们仅仅继承了文字的躯壳，如何让一次次描写变成一次次对真实生活的品味？

常规作文教学中，我们让孩子写父爱、母爱，也基本停留在几件典型材料的借用上，例如生病送医院、下雨天送伞、考试失利对我进行教育、冬天掖被子等。老师往往忽视了借描写训练进行一次真实生活的品味，体验回忆的美妙，经历一次成长的修行。

例如，如何借助描写去真实体验父爱？我们可以按照如下步骤进行：

第一步：发给学生一张图画纸，要求学生回忆爸爸爱自己的故事，作一幅表现“父爱”的图画。学生要把画面画出来，必须要有很强的画面感，画面感来自哪里？来自孩子对父亲的动作、神情、话语以及一些能表现爱的物件、细节的深刻体察。

由于孩子平时的积累是无意识的，加上快节奏的生活，他们很少会去回味、品味生活的美好。无论是写父爱、母爱、同学情、师生情，孩子们脑中的画面往往空空如也。孩子们的图画纸上，如同孩子空洞的回忆，往往只有孤零零的两个人物：爸爸、我。呈现在他们脑海的可能就是一张父子（女）合影的人物照。

第二步：给人物照添加背景及细节。老师引导孩子，能否把“爱”具体化到一个场景？上学路上、厨房、医院、校门口、生日宴会、床前……

通过场景的拓展，引导学生回忆爸爸的爱表现在哪些地方，逐步感悟父爱无处不在。这一步既为描写拓展了景物的空间，又为孩子对爱的回忆设置了心灵的驿站，孩子可以驻足其间，留下了细细品味的慢镜头。

这时候，孩子的图画纸上则是画的我和爸爸在一起的风景照。这些风景当然有它们特别的意义。如冬天下雪的傍晚，放学路上，爸爸给我送围巾；秋天的中午，病床前，爸爸为我削苹果……

第三步：挖掘风景照背后的意义。挖掘背景中一些有意义的小物件，并放大细节，使画面有声有色、有动有静。如：春天的早上，厨房里，爸爸给我做早餐。教师可以提问：厨房里会有哪些小物件呢？它们是什么样的呢？有什么样的质感？

这是对回忆中细节的深度挖掘，挖掘越深，“父爱”将在回忆中越来越具化。

这时学生的画面就不仅是一张风景照，而是带着浓浓生活气息的生活照：厨房里，洒满了清晨的暖阳，映照着厨房里锃亮的瓷盘，爸爸的手里端着一杯热气腾腾的牛奶，闪着金属光泽的汤匙在玻璃杯中搅拌着，发出“叮当叮当”清脆的声响。我倚在门框，揉着惺忪的睡眼……

第四步：品味人物有特定意义的细节表现。例如：下着雪的傍晚，爸爸给我送围巾时的动作、神态、语言是怎样的？会有哪些习惯性的表现？粗糙的双手、沙哑的嗓音、凝视着我、轻轻围在脖子上、淡淡的烟草味儿、牵着我的手、雪地上一串深深的脚印……

生活中的细节往往看似平凡，却蕴藏着深切的爱。爸爸的爱，其动人之处也就在“凝视”“围”“牵着”这些人物的动作与神态中。这是培养学生对美的“发现能力”。

每一次细腻的描写，不是再现逼真的生活，而是对生活的一次品味，是生命成长的一次修行。我们有效地运用，才会体会表达的快乐，不仅仅是作文的展现，而且能形成孩子一生的素养。

每一次描写都是一次修行

如何让生活的美化作一种情感去充斥孩子的心灵呢？这需要进入下一个环节。

第五步：通过细节刻画，编织美的世界，加深情感体验。可以选定爸爸送围巾时的目光描写作为细节刻画。

此刻，爸爸的目光是什么样的？我们可以引导孩子进行温度和力度的联想；爸爸的目光有着什么样的含意？引导孩子追寻目光背后的那份爱；爸爸的目光如何从眼眶抵达我的内心？引导孩子通过这种慢动作的回放，去感悟目光所传递的爱和力量。

以下是一个四年级孩子的描写片段：

爸爸伫立在风雪中，伸出粗糙的手，轻轻地把鲜红的围巾为我系上。他凝视着我，用略带沙哑的嗓音对我说：“还冷吗？”我抬起头，看见了爸爸那温暖的目光，仿佛春天的阳光沐浴着我，又仿佛温柔的手抚摸着我。不知道是围巾的作用还是因为爸爸的目光，我感到脸颊一股温热，身体里一股暖流在涌动。“千万不要感冒哦！”我看到爸爸眼里流露出多少关爱！多少牵挂！多少希望啊！我的泪水顺着脸颊流了下来……

通过对爸爸目光的细节描写，通过目光的温度和力度，以及修辞的准

确运用，赋予目光情感含意，把知识的阶梯架设到了描写的发展等级，不仅准确运用了目光的描写方法，更重要的是，这样的细节描写是对亲情的一次回味，是一次生命的修行。

细节刻画为孩子的情感体验提供了一个立体、动态的空间。我们通过这种形式拉动情感，并让情感借助描写倾注于笔端。学生在细细品味人物目光的同时，爱在学生心中定格。熟悉的生活如果缺少品味的能力，将会少了几分幸福，又何来文字的精彩？品味生活引领学生去寻找语言的本色，从文笔到文采，从形式到内涵，夯实学生的描写基本功，赋予每个文字以生命的价值，是一次次对生命意义的找寻！

二、堆沙堡比赛
——布局课篇构筑作文大厦

作文为什么都成了“流水账”？

2006 年 6 月，在广州天河区一所小学，我刚上完一堂五年级的作文公开课，一位母亲急匆匆地拿着一篇作文给我看，说每次孩子亲身经历的事都写成了“流水账”，家长也不知道如何教孩子修改，到五年级了，还写不出一篇成形的文章，家长心急如焚。

难忘的事

一个阳光明媚的星期天，别的小朋友都在外面玩，可我还在家做着作业！

不一会儿就天黑了，我肚子也咕咕叫了，可妈妈还没下班，爸爸坐在沙发上看电视。爸爸是个足球迷，他把电视声音开得很大，一会儿大声喝彩，一会儿跺脚，吵得我都没法写作业。

突然，爸爸走过来对我说：“孩子，帮老爸买包烟？”我说：“我

还有好多作业啊，你自己去吧！”爸爸脸色马上变了，生气地说：“你去不去？”我站起来对爸爸说：“你自己在玩，我才不去呢！”还没等我说完，爸爸的手举了起来……我只得委屈地下楼了。

晚上7点，妈妈终于回家了，我哭着把事情的经过告诉了她，后来妈妈也批评了爸爸一顿。

父子之间因“买烟”产生矛盾的故事，在孩子平时的生活中，类似的素材不胜枚举，也是作文中比较常见的材料。一个对文章没有建构功底的孩子，写成“流水账”不足为奇。基本功好点的，虽在描写上细致些，但文章还是会很平淡，因其全然没有布局谋篇的运筹能力。

“流水账”作文在中小学生中十分普遍。常规教学中，孩子的作文、周记、日记，只是单纯地把生活中的事情还原，教师的教学也往往只要求运用“开头、中间、结尾”三段式的方法写作。从2004年年底至今，我对武汉、广州、北京等地约万余名学生进行了调查，结果没有几个人能准确回答何为作文的结构，更不用说能运用什么构篇方法。孩子们写作文无结构意识，缺乏构篇方法。在他们的头脑中，毫无文章之“形”。

近年来，我有机会聆听各地一些学校的作文课。无一例外的是，课堂上，教师组织学生对某一话题展开讨论后，接着放手让学生不拘形式地写，他们认为：小学阶段的学生作文，首要的不是表达技巧的训练，而是表达兴趣的培养，要为学生写作提供有利条件和广阔空间。这种想法当然很好。然而，很多孩子面对作文还是无所适从，一些孩子写起作文来盲目性很大，事先没有通盘考虑，写一段想一段，写到哪算到哪，不尊重事物固有的逻辑，导致言之无序，思路缺乏条理性。由于结构散乱，对主题的表达带来直接的影响：中心不突出。

朱光潜先生曾说：“像其他人类活动一样，文艺离不开模仿，不模仿而能创造，那是无中生有，不可想象。”很多作家起初的模仿，不仅是模仿语言，更是模仿文章的“形”。如鲁迅写的中国第一篇白话小说《狂人日记》，就是模仿俄国一位作家写的《狂人日记》，两者搭建的框架非常相似。再如冰心模仿泰戈尔的散文诗，《繁星》中很多篇章的结构之形，得益于泰戈尔创立的散文诗体。

大作家们的写作都是从模仿开始的，而这并没有束缚他们后来的创新，更何况我们面对的是毫无写作基础，甚至是惧怕作文、厌恶作文的孩子。让他们感受文章的有“形”，帮他们学会搭建不同类型文章的写作框架，在作文的起始阶段是多么重要。文虽无定法，却有规律可循，只有领悟了写作的门道，才能豁然开朗。

堆沙堡与构架作文是相通的

一幢房屋也好，万丈高楼也罢，都少不了房屋结构的设计。不同风格的建筑运用不同的建构方法：悉尼歌剧院如盛开的莲花，散发缕缕清香；法国埃菲尔铁塔则依靠冷峻的钢铁演绎出建筑的浪漫；北京鸟巢气势非凡，网络状构架呈现孕育生命的摇篮，寄托着人类对未来的希望……

作文如同建筑，不同的构建风格会产生不同的艺术效果。

2010 年夏天，阳光喔在北戴河举办了一次体验式作文夏令营。老师带领孩子们来到了海边的沙滩，望着那一片金灿灿的沙滩和一望无际的大海，孩子们兴奋极了。他们脱掉鞋子，赤着双脚往沙滩上奔跑；有的蹲下来抓起一把沙，沙子从指缝中流下来，太阳一照，立刻变得金光闪闪……我也漫步在柔软的海滩上，看着掀起的层层浪花，望着阔海长空，心中所有的烦恼都被荡涤一空，在那样的境界里最容易产生思想的灵动。

按计划，学生将分成五组进行堆沙堡比赛。对于生活在内陆难见大海的孩子来说，这也是为他们今后写作积累丰富的素材。他们最感兴趣的当然是堆沙堡比赛了。比赛还没开始，他们就在沙滩上划定了自己小组的地盘范围，纷纷在围定的区域插上捡来的干树枝。

裁判老师一声令下，这里已经成为他们的快乐天地。他们七手八脚开始堆了，到底要堆成什么样的，心中其实并没底，小组也没有形成统一的

意见。因此，每个小组都陷入七嘴八舌的争论中。10多分钟过去了，没有一个小组堆成一座像样的沙堡，他们陷入一筹莫展的境地。

其实，有近半的学生学过我的建筑作文课程。建筑作文就是告诉学生，文章是有形的，不同风格的文章都有不同的建构方法。艺术之间是相通的，学生们可能年龄小想不到这点。于是，我决定趁热打铁，运用建筑作文的技法来启发他们。

我让学生暂停下来，我说："同学们，我们在建筑作文中不是学了四大构篇课程吗？其实，堆沙堡也可以借鉴作文中的结构方法啊！"学生们一个个瞪大眼睛望着我。

我继续说道："文章的构篇形态各不相同，比如我们学了散文构篇中不是有'一线串珠'的结构形态吗？是否能用'一线串珠'法把堆成的几座沙堡用一条小路串起来呢？学了点面结构，能否将大型宫殿与小城堡组合起来？学了明暗结构，能否将城堡设计成既有明堡还有暗藏的城堡呢？……"

一石激起千层浪，经过这一启发，学生仿佛忽然来了灵感，重新有了劲头。我再次给他们鼓劲："下面看看哪一组堆的沙堡漂亮、形式奇特。"

每组都在商议搭建什么样式的城堡，每组都发挥着自己的想象力。特别是学过建筑作文的同学，他们会领悟更深，在他们的带动下，第一小组将"一线串珠"与苏州园林的建筑风格结合在一起，做出了移步换景、曲径通幽的中式建筑风格的沙堡。第二小组精琢细雕，做出了雄伟壮观的古城堡，还有散落四周的卫星城堡，还有护城河呢，这明显受了点面构篇的启发。第三小组为白雪公主建了一座气势雄伟、尖尖的哥特式的沙堡，还在下面开渠挖道，做了一个初具规模的暗堡，这真是"明修栈道，暗度陈仓"啊！

这一组组城堡渐渐地连成一片，很是壮观，吸引了众多游客驻足观赏，他们不停地为孩子们的想象力而喝彩！看着这些各具形态、各具特色的沙堆建筑，我和孩子们的笑声在海边久久回荡。

通过堆沙堡比赛活动，学习过建筑作文的同学加深了对文章结构的认识；没学过建筑作文的同学通过堆沙堡，也将会对他们今后写作文如何搭建文章结构产生深深的影响。

堆沙堡比赛让孩子深深感受到，作文也像建筑一样有不同的结构形态，呈现不同的艺术魅力。如何让孩子在写作的初始阶段，就感受到作文是“有形”的，为他们架设一座通往作文道路的桥梁，我从 1998 年开始研究作文的结构，到 2002 年建立起完善的建筑作文课程体系。引导孩子突破传统构篇的束缚，根据学生的年龄特点、思维特点，从众多不同类型、不同风格的文章中归纳出了几大类型的文章结构样式，如冲突构篇、点面构篇、散文构篇、明暗构篇等。每一类型又分出无数变化的结构形态，让学生全方位地学会利用零散材料来搭建文章框架：学会勾勒人物活动的轨迹图，学会布局情感流动的网络图，学会规划景物组合的格局图……以学生的个性为主体，协助学生形成适合自己的个性构篇风格。为幽默的孩子研发了戏剧性的点面构篇，为不服输的孩子研发了情节跌宕的冲突构篇，为爱美的孩子研发了优美的散文构篇，为爱思考的孩子研发了充满哲理的明暗构篇。

学生掌握了这种“形”，作文的难度会大大降低。在积累了不同类型的大量“有形”作文的方法后，他们才能描画创造自己的“有形”作文，不然，作文创新只能是一句空话。

构架篇章结构的“点金之术”

怎样运用建筑作文的构篇方法，使文章结构形式独特，内容生动、具体，主题鲜明而富有文学韵味呢？我就以那位五年级孩子《难忘的事》中“买烟”的材料，以“冲突构篇”为例，来说说如何教孩子驾轻就熟地构架文章结构。

文学并不等于生活，之所以高于生活，是因为在借助文字表现生活时，对生活中原有的情节、原有的经历和体验，都会用现在的心境去重新感悟。在这个过程中，有的教师往往生硬地以为，真情实感就是不能对生活进行

过多地编排，这是对写文章的亵渎。复杂的情节设计，跌宕起伏的冲突安排，不仅不是胡编乱造，更是对真情实感的心灵提炼。

《难忘的事》中，常规教学时，由于没有在情节的设置上下功夫，往往对于冲突从起始到落幕难以展开，要么情节发展过于突兀，要么情节平淡无奇，矛盾到高潮时莫名其妙地就和解了，绝大多数的孩子会写出一篇流水账的文章，更谈不上在冲突构篇的过程中来提升学生的人格。因此构篇成了生命历程中毫无意义的一个过程。

如何安排冲突？如何刻画冲突？如何借助冲突去反思、去表现人世间的美好？对于冲突构篇，也必须按照阶梯式的发展规律，由易到难组织教学。

首先我会教孩子们如何安排冲突的情节升级。爸爸和我是冲突的双方，可以这样安排两人的矛盾逐步升级：

零冲突：我写作业、爸爸看球赛，无矛盾。

冲突发生：爸爸要我买烟，我不愿意。

冲突升级：爸爸板脸，我不耐烦。

冲突激化：爸爸发火，我生气。

冲突高潮：爸爸举起手，我愤怒。

冲突化解：我或者爸爸选择妥协，或第三方人物（妈妈）出场来解决矛盾，揭示主题。

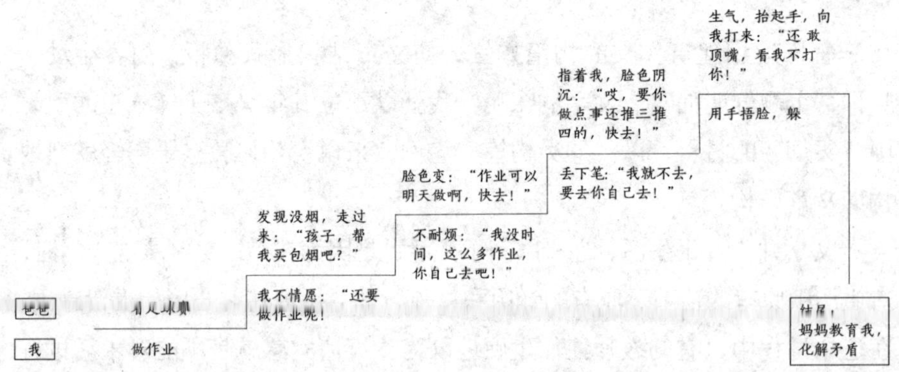

我
做作业
发现没烟，走过来："孩子，帮我买包烟吧？"
我不情愿："还要做作业呢！
脸色变："作业可以明天做啊，快去！"
不耐烦："我没时间，这么多作业，你自己去吧！"
指着我，脸色阴沉："哎，要你做点事还推三推四的，快去！"
丢下笔："我就不去，要去你自己去！"
生气，抬起手，向我打来："还敢顶嘴，看我不打你！"
用手捂脸，躲
妈妈教育我，
化解矛盾

学生学会安排情节逐步升级之后，接着教学生设计冲突双方的语言、动作、神态、心理以及景物的升级，有了人物的细节描写，文章就会生动、具体，不会只是一个空架子了。

同时，我还会让学生阅读一些冲突升级的典型范文，如《小狮子宗宗》是冲突的六步升级，《小抄写员》中人物心理的冲突多达十一步。让孩子们懂得，根据矛盾冲突的不同内容，我们可以设计五步、六步……甚至十几步的升级。

文章最后如何化解矛盾，化冲突为和谐，化秋雨为春风，让孩子们得到反思或展示人性的美好，也是很重要的一环。如爸爸举起手，真会打“我”吗？此刻，剑拔弩张，如何化解矛盾？学生可以写出：爸爸高高举起的手，轻轻地落在我的肩头，俏皮地说了一句：“刚买的新衣服，怎么弄这么脏？都是灰。”还可以通过“我”或第三方人物（妈妈）出场来化解此时的矛盾。

生活中的矛盾无时不在、无处不在。我们不难看出，冲突构篇使文章内容的广度和深度延伸了。当情节达到高潮的时候，作为读者可能更多的是关注冲突后的结果，于是文章就有了吸引力。但对于教师而言，我们更在意引导孩子刻画冲突时，学会搭建人与人之间仁爱与尊重的桥梁。

同样，《难忘的事》还可运用“点面构篇”中次要人物烘托主要人物的方法，“明暗构篇”中明线和暗线穿插的方法，“散文构篇”中一线串珠的方法，教孩子写出结构新颖、内容生动、有一定思想深度的文章来。

化有“形”为无“形”，从模式到率性

学习的目的是真正会用。通过冲突结构的训练后，孩子们依照此方法，能写出一批贴近生活的作文，如反映家庭生活的《饭桌前的故事》《不许看电视》……反映校园生活的《信任》《同桌冤家》……反映社会生活的《公交车上》《病房里的故事》等，还能写出童话类、科幻类的冲突故事《天鹅泪》《宇宙战警》……

假如没有这种实实在在的“形”的训练，孩子们写矛盾冲突必定是一步到位，不会合理展开冲突的情节，不会细腻地刻画人物。孩子头脑中没有这种实实在在的“形”，他们也就不会触类旁通。哪怕生活中切身经历过的事情，由于没有一定的“形”做铺垫，他们也写不好此类文章。

建筑作文中布局谋篇的方法并不是死板的模式。冲突构篇、点面构篇、散文构篇、明暗构篇等四大构篇方式，又可以细化到多达四十余种结构样式。当学生掌握后，还可以根据内容需要，把不同结构样式进行巧妙嫁接，形成N种新的构篇样式，这样真正达到融会贯通，化有“形”为无“形”。

作文的结构无疑就是文章的“骨骼”——失去了健壮坚实、功能齐全的骨骼，血肉无所依附，灵魂无处寄托。结构不仅是写作的需要，更是培养孩子缜密与创意思维的有效方式。创意传递了“聪明”的特质，创意的构篇会成就创意的人生，创意的人生就是一篇有创意的构篇文章。

总之，建筑作文告诉孩子，作文是“有形”的。孩子把各种不同结构样式的“有形”文章了然于心，学会了搭建文章框架的方法，再加上后面学习的文章角度、主题、风格等课程，他们就能逐步步入率性写作中。到那时，你也许看不出某种特定的结构样式，但这些“有形”的结构训练已深深融入他们的脑海之中。

建筑作文中布局谋篇的方法，让孩子全局在胸，纵笔自如，驾轻就熟地建构华章！

三、“奶奶、苹果、狗”
——角度助推创新思维

“你不是人，你就是个鬼”

在我的作文课堂，前面必有一个小环节，叫“文学思维训练营”。

有一次，我问孩子们：“知道我是谁吗？”

孩子们一愣：“你是罗老师啊！”

“我不是罗老师，那我是谁？”我煞有介事地继续问。

“你是一个人。”

“你是来教我们作文的人。”

我反问一句：“我今天不是‘人’，那我是谁？”

孩子们以为我跟他们开玩笑，胆子大了起来：

“你不是人，你就是个鬼。”

“你是个妖怪。”

“你是个神仙。”

…………

我郑重地对他们说："对。有人就把自己写成了一个鬼。而且还是高考满分作文呢！"孩子们好奇地瞪大了眼睛。

于是，我介绍了2002年高考作文《心灵的选择》，有位聪明的考生转变角度，通过一个水鬼的视角，写了它内心善与恶的较量后，终于做出了选择：宁可牺牲自己，也要保护落水孩子的生命。

"横看成岭侧成峰，远近高低各不同。"同一个事物，观察的角度一变，它往往会呈现出一种新的面貌。写作文也是这个道理，当确定了写作材料、主题之后，选择好叙述角度就显得十分重要。

叙述角度，在传统的文学作品中，许多作家都采用全知全能的视角，由一个无所不知的讲述者从头至尾进行讲述。到了近代，中国作家才有意识地使用了叙事角度的技巧，在叙事的形式上产生了重大变革。遗憾的是，变革的丰硕成果并没有运用于孩子们的写作实践。

在常规作文教学中，角度训练得不到应有的重视。孩子们使用最多的叙述角度是第一、三人称叙述，第二人称使用较少，第一、三人称叙述也缺乏新意。"角度单一""角度老旧""角度混乱"等问题至今困扰着孩子们。角度单一，就会缺乏创新，丧失个性，人格也终将得不到修行。

我自20世纪90年代初期进行叙述角度的探索，积累了一套行之有效的方法，让学生不仅从写作角度写出创意作文，更开启人生智慧。

我研发的角度教材是基于叙述人称或叙述角度，即作者叙述的观察点、立足点，也就是故事是由谁讲的，故事里发生的事是谁亲眼看到的、想到的。根据作者与所叙述对象的关系，叙述的人称主要有第一人称、第二人称、第三人称以及其他个性化角度。

《奶奶、苹果、狗》，你相信是12分钟完成的吗?

我以2002年在武汉的一堂"读材料，写亲情"的作文指导课为例，来解说“角度训练”如何让孩子写出创新的文章，又如何促进孩子成长的。

那天，我拿来一个干瘪的苹果放在讲台上，让孩子们上来摸，上来掰。然后告诉他们，这个苹果是生活中的素材。

接着，我给他们读了一则《楚天都市报》上的短新闻，新闻内容是：

在武汉江夏区纸坊镇，有一位78岁的老奶奶，虽然有4个儿子、2个女儿，然而子女们都不赡养她，将她赶到一间小破屋里生活了两年。报纸上配有黑白图片。记者采访时发现，老奶奶常年居住的小破屋，竟然是在一个腥臭味弥漫的猪圈旁，破屋里还住着一条狗。

给孩子们提供完材料，学生根据材料，提炼主题并不难，难的是表现角度的创新。一般孩子所选的角度不外乎两种：要么是用第一人称中的“我是主角，我是人”的角度，叙述我听说了一则新闻，由新闻引发了关于亲情方面的感触和议论；要么用的是第三人称中“她是主角，我当评论员”的角度，叙述老奶奶经历了怎样的悲惨遭遇，然后在文章的开头、中间或结尾进行有关亲情主题的评论。

这样惯常的角度，写出的文章内容、情节、主题都很雷同，基本上是大同小异。这样的角度在我的教材体系中，我称它为“初级角度”。它对孩子把握故事基本的立足点和观察点，理清故事的脉络、人物形象很有帮助，可以为下一步的“中级角度”打好基础。

我问孩子们：“在刚才的材料中，你还能关注到什么事物？”有的说“狗”，有的说“猪”，有的说“小破屋”，还有的说“苹果”……我说：是啊，你的关注点不同，你同样可以用你关注的事物作为主人公来讲故事啊！比如，以猪圈里的猪的视角，来叙述老婆婆的悲惨遭遇；以古代孝子董永的视角，来叙述他与老婆婆的故事……

于是，我给孩子们展示了几种“中级角度”的方法，如“我是主角，我不是人”“我是主角，我是他人”“他是主角，他是巧借人物”“你是主角，我对你说”……

经过这样一启发，学生大开眼界：原来还可以用这样新颖的角度来讲故事啊！他们眼睛里闪着光彩，个个跃跃欲试。当我喊出“开始写”时，

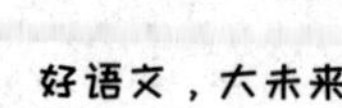

他们个个笔走龙蛇，仿佛文思泉涌。这次很多同学只用20分钟左右的时间，就用新的角度完成了一篇作文。五年级女生王婧如是最快完成的，用时仅12分钟。

奶奶·苹果·狗

武汉阳光喔司门口教学部　王婧如

我，一个曾经美丽过的苹果。

可现在，我被放在一个沾满了污渍的破盘里。

破盘在一张破桌上。

破桌在一间破房子里。

而这间破房子的主人是个年迈的奶奶，奶奶唯一的伴侣便是那只老狗。

老狗浑身的黄毛稀稀拉拉，已无往日的光泽，一条长尾巴无力地耷拉在身后，奶奶不在的时候，老狗便同我聊天。

从老狗口中，我大概知道了，奶奶的儿女抛弃了她。

我渐渐对奶奶有些好感了，奶奶已年近八旬，慈祥的面庞，满头的银丝随着步子一上一下颤悠，拄着一根用树枝劈成的木棍，歪歪扭扭，根本算不上拐杖。

我，在破盘里度过了一个个无聊的日子。渐渐地，变得干瘪，毫无水分。

终于有一天，奶奶记起了我。也许是家中实在没有别的粮食，也许是因为奶奶饿了，老狗也饿了，奶奶用那双枯瘦的手把我从破盘上小心翼翼地捧起，刚欲送到嘴边，却似乎又想起了什么，犹豫了片刻，手臂颤抖着，把我放到地上，滚到了那只老狗的脚旁。

老狗一惊，抬起头，用一种充满惊讶与感激的目光注视着奶奶，半晌，它用鼻子把我拱到了奶奶脚边。

奶奶一愣，又俯身把我滚过去。

老狗又把我拱过来。

滚过去。

拱过来。

…………

几个回合后，还是奶奶动了心，用手轻轻一掰……

在我的身体被一分为二的那一刻，

在我的生命将要结束的那一刹那，

我感受到了哪怕是动物也能产生的一种感情，

那种感情叫……

叫亲情。

由于角度的引领，孩子们思维的火花在闪烁，灵感在迸发，出现类似《奶奶、苹果与狗》这样角度新颖、情感浓郁、主题深刻的文章，就不足为奇了。后来王婧如多次在“楚才杯”国际作文比赛中获奖，高考时被保送到武汉大学国际贸易专业，现在在斯坦福大学任教。

角度，助推创新思维

这种角度训练的写作活动，其意义早已超过了写作文本身，对芸芸众生、万事万物的体察理解，对创新思维的助推，对个性人格的塑造，都融汇其中。

转换角度，在中高考作文及作文大赛中也能让评委耳目一新。

翻开历年的中高考满分作文集，因角度创意而获得满分的作品也占据了较大的比例。如 2001 年江苏高考满分作文《赤兔之死》，通过“马”之口说诚信；2009 年厦门中考满分作文《流水的故事》，巧借“鱼”之眼看历史；2009 年河北高考满分作文《千里驴》，听取驴语论教育；2011 年第 27 届武汉国际“楚才杯”作文竞赛一等奖作文《门》，则让门做证说话，

透过门缝窥见官场的腐败现象……这都是借助角度的创新，展现了孩子们的智慧，不啻为孩子赢得了一张闪亮的名片。

角度决定人生的高度。选择和转换写作角度的过程，就是向孩子的成长高度攀升的过程。你、我、他，构成了人群，选择你、我、他，体味你、我、他，便形成了文章的叙述角度。这个过程让孩子在换位思考的心理活动中，触摸到自我之外的“他人”，乃至人之外的“物”，形成一种恢宏博大或物我交融的境界；让孩子在逆向思维活动中迸发出创新的火花，展现出标新立异、推陈出新的创意思维。

“与良友结伴，不觉路远。”我的角度训练课程，就像良师益友一样，带领孩子快捷地沿着角度的引领，来提升孩子的写作创意。将孩子沉睡的语言智慧唤醒，将孩子尘封的个性火把点燃，效果显著地展现了孩子们的个性魅力。

21 世纪虽然充满各种挑战，但由于角度训练对于创新的激发如此直接和显性，我可以断定，接受过角度训练的孩子更能搭上 21 世纪成功的快车！

角度，搭建心灵之桥

沟通与理解是成功的基石。

在这个世界上，没有谁能将自己孤立起来，社会是一个利益共同体。一个善于理解他人的孩子，能学会换位思考，因善解人意而优化人际关系，在通往成功的道路上，会相对少一些障碍。

角度系列课程中的叙述角度的训练，包括第一人称、第二人称、第三人称以及其他个性化角度的选择与转换，搭建了一个沟通人与人心灵的“理解之桥”， 在这座桥上，孩子会通过换位思考、将心比心、设身处地等心理机制，将自己的内心世界，如情感体验、思维方式等，与对方对接起来，站在对方的立场上体验和思考问题，从而与对方在情感和思维上进行沟通。

下面来欣赏一篇四年级孩子的文章：

寄给远方的微笑

武汉阳光喔中北路教学部 武思宇

吴悠篇

我是一个性格有些内向的孩子，从小就失去了父爱。爸爸妈妈的离异让我平时很少露出笑容。

从 4 岁开始，爸爸每年过年时都会来看望我，带我在公园玩耍，带我到商城购物。印象中，他一次比一次待的时间少，一次比一次接的电话多。但只要爸爸能陪我一次，我都觉得很幸福。

可是，自从 6 岁生日后，爸爸再没来看过我。四年来，我没见过爸爸的面容，也不知道他会变苍老不？没有接到过他的电话，他的电话号码已经更改，我也听不见他的声音了。

每到中秋，我望着圆月，泪水禁不住往下流。泪水冰冰凉凉的，心好痛好痛……

小熊篇

我，是吴悠家的一个棕色的小玩具熊。在吴悠六岁的生日会上，她爸爸送给她的。生日会上，她是那样天真、可爱，眼里充满了幸福，脸上挂着一丝丝微笑。

可是，爸爸走后，我就再也没有看到她的笑了。每天早晨，她都要抱着我在小区晨跑。每次，她都边跑边哭，泪水滴落在我的脸上，冰冰凉凉的……我真想去为她擦干脸上的泪水，但是我做不到啊。

她爸爸知道吗？她爸爸知道了，能为她擦去脸上的泪水吗？

吴悠篇

我最喜欢那只棕色的玩具熊了，那是爸爸送给我的最后一个礼物。我一直好好保留着它。看见它，仿佛爸爸就在我身边；牵着它的手，

仿佛牵着爸爸的手。那一刻，好像又找回了幸福的感觉。

今天，是我的10岁生日。在这个阳光灿烂的日子里，我突然接到了爸爸的电话，他说他要来看我。我好激动，挂上电话，抱着玩具熊就飞奔到楼下。爸爸比以前苍老了些。他的微笑依然是那么亲切！

他微笑着对我说："孩子，爸爸因为工作忙，不能有更多的时间来看你，请你原谅哦。"说完他亲吻着我的额头，我感到好温暖、好温暖……

小熊篇

今天是吴悠10岁生日，没有生日会，没有爸爸的出现。

她病了，躺在床上，发着烧，嘴里还不停地呢喃："爸爸……爸爸……"

天下起了小雨。

吃了些药烧退下去后，她坐起来，擦干泪水，在桌边写了一封信，我知道她是给爸爸写的。

接着，她在信纸上含了一个微笑的口型印，把信叠好，放进了信封并贴上了邮票。信封上没有地址，只有"爸爸"两个字。

她抱着我拿着信，打着一把小伞，走在细雨中。

她把信投进了信箱。寄完信之后，她微笑着对我说："爸爸看到了会很高兴的。"

我的心隐隐有些痛。

远方的爸爸，你看到她脸上的微笑了吗？

…………

这篇作文，成功地运用了高级角度中的"复合角度"法，就是用多主体视角来讲述故事。塑造了一位心灵受到创伤的女孩成长的故事，家庭的解体并没有让她沉溺于忧郁和痛苦中，而是勇敢地向这个世界发出动人的微笑。读后让人掩卷沉思。一位四年级的孩子能写出如此动人心弦的作品，全在于角度对她创新思维的引领。

作者让同一事件的不同当事人出面，以第一人称的叙述方式完成对整个事件的叙述。作者在行文中充当了两种不同的角色，为此她首先要熟悉两种不同角色的心理特点，再思考他们面对某件事时的具体反应，最后沉浸到两种不同角色中，意到笔随地形成文字。这种角度训练，使孩子能如此深入地理解他人，对孩子将来踏入社会后，无论是立身处世，还是成家立业，都会产生深远的影响。

同时，由于采用了个性化的角度，文章具有了非凡的创意和交响乐般的美感，很能感染和打动读者的心灵。

角度，助推创新思维；角度，搭建心灵之桥；角度，让孩子的成长更精彩。

四、猜猜我是谁？——风格塑造个性真我

为什么这样的作文不是出自我的笔下呢？

“作文真令我头疼，我很想把作文写好，每次看到那些个性飞扬、思想深刻、文采斐然、幽默风趣的作文，心里都羡慕不已。为什么这样的作文不是出自我的笔下呢？我平时和朋友聊天，常常滔滔不绝，可为什么写起作文来总是言不由衷呢？为什么我每次立志要写一篇好作文，到最后总是惨淡收场呢？”

看到上面这段文字，是不是觉得像您孩子的内心独白？这是我在北京朝阳中学给师生们做讲座时，收到的一名初一孩子写的字条。这难道是一个孩子的苦恼吗？不，这是写着千篇一律的作文、变成千篇一律思想的孩子们的苦恼。

孩子们的作文缺乏个性，已经成为较为普遍的现象。我曾对北京、上海、广州、武汉、深圳等城市的100所中小学的十万名学生进行调查，调查数据显示，了解写作风格类型的学生不到 0.01%，而对数百名教师进行调查发现，将文章风格列入教学的接近于零。

由于缺乏个性的思想、个性的表达方式，慢慢地，孩子们那些写作的热情、倾诉的热情、绚烂的个性也消失得无影无踪了。“缺个性”主要表现为题材雷同、主题思想相似、表达方式趋同化，缺少自己独特的真实的情感体验，也就谈不上个性和创造性了。

因为个性缺失，孩子们的创新思维遭到束缚；因为个性缺失，创意得不到呈现；因为个性缺失，个性风格得不到彰显，人格得不到修行。

针对以上问题，我自 1995 年开始，历时 10 年，研发出了“风格与人格”系列作文课程。我根据孩子们的年龄特点、思维特点，从众多不同文章风格中，归纳出四大文章风格：喜剧、悲剧、惊险、优美。每一类风格又分化出若干风格的细目，通过系列写作风格的训练，使孩子们在写作过程中提高对生活、对人生的理解与认识，丰富心灵、熏陶美感、滋养精神，从而达到塑造人格的目的。

“猜猜我是谁？”

在“风格与人格”的一堂公开课上，我讲授的内容为：个性表达——项羽乌江自刎。下面以这堂“风格训练”课的指导为例，来说明如何在临摹风格中创作出风格独特的作品。

首先我给孩子们展示了一段文字：

> 秦朝末年，楚汉之争，项羽在垓下惨败，带领残部溃退乌江边，无颜见江东父老，拔剑自刎。

这是没有经过风格训练的孩子的通病，他们大体会写得大同小异。

为使孩子懂得如何写出有风格的文章，还要把高深的问题简单化，我

设计了一个“猜猜我是谁”的游戏活动，引导孩子经由“选—析—仿”三步跨越，可以令写作呈现出独特的风格：

首先选出心中有人格魅力的名人偶像。凡伟人或偶像必有极强的人格魅力，凡有人格魅力的人，其语言必有某种风格。临摹伟人或偶像风格的时候就能够领略他们的人格魅力。

我问学生：“你喜欢的哪位名人是你的偶像？”经过教师的点拨，学生选择了自己感兴趣的偶像，如：周星驰、黄健翔、赵忠祥、李清照、乔布斯……

孩子寻找“自我”的途径是在心中不断地寻找偶像，这些偶像之所以在孩子心目中被树立，是因为他们有极强的社会认同和人格魅力。选取偶像，就是选取与孩子最接近的人格力量，开发孩子的人格矿藏。

接着分析偶像的风格表现和人格内涵。为了个性化地叙写“项羽乌江自刎”，引导孩子们在大脑里搜索自己心目中的偶像，这些偶像是有表达风格的，也是具有人格魅力的。

接着，我会问孩子们：“这些偶像在表达上有怎样的风格特点？”引导孩子分析偶像的风格表现与人格内涵，其实就是引导孩子理解风格背后的人格力量，省视孩子自己的价值取向。如：

周星驰，20世纪80年代跑龙套，现在成为大众偶像，他无厘头的喜剧风格成就了一代喜剧之星。

赵忠祥，半个世纪的播音主持历程，形成的播音主持风格为“沉稳厚重而又亲切细腻，儒雅大气而又自然洒脱”，这种风格铸就了一个个性鲜明的名字——赵忠祥。

乔布斯，演讲风格是精心准备、娓娓道来，具备极强的说服力，成就了一个“活着就是改变世界”的巨人。

…………

个性化风格源于个性化人格。分析外在风格的过程就是窥探偶像、名人、伟人们内在人格的过程。

再来仿写风格。仿写风格，是从“知道”到“做到”的跃进，孩子在模仿中，不再是窥探，而是触摸偶像的人格，触摸偶像人格的过程就是感知偶像的人格力量。

此时，孩子们选定偶像的特定风格加以临摹，形诸笔端，“项羽乌江自刎”终于不再是千人一面，而是别开生面了。10分钟后，每人都完成了一页文稿纸。第一个上来的是班上顽皮幽默的男孩，他是这样演绎的：

项羽带领残部一路rubber，来到乌江边，把宝剑抽出来往肩头一放，摆了一个poss，问部下：“本霸王帅不帅？”

士兵群情激奋：“帅呆了！帅呆了！”

项羽用坚定的目光看着金色的夕阳、奔流的江水，内心激荡着。突然，他蹲下身体，用拳头支撑着额头，向部下来了一段真情告白：曾经有一个成功的机会摆在我的面前，我没有珍惜，直到失去才后悔莫及，人生最大的悲哀莫过于此……

哈哈哈，这不是“周星驰”版的“乌江自刎”吗，同学们一下猜了出来。第二个孩子是班长，比较稳重内敛的男孩，他是这样演绎的：

这是一个弱肉强食的世界，残阳如血，他——一代霸王项羽，伫立在乌江边的岩石上，夕阳在他脸上镀上了一层金光，他的目光坚定地注视着远方。为了国家不再生灵涂炭，为了百姓不再家破人亡，霸王项羽毅然拔出长剑，潇洒地在脖子上一抹，霎时，鲜血在晚霞中起舞，化作一道美丽的彩虹，彩虹里成就的是汉家王朝。一个人的失败往往预示着一个伟大时代的到来……

听着班长用浑厚声音的演绎，同学们脱口而出：“这是‘赵忠祥’啊！”第三位上来的是个女孩，还带着动作表演：

项王掩面而泣，继而吟道：急急切切，莽莽撞撞，凄凄惨惨戚戚。

垓下惨败时候，终难逃离。三军两阵之前，怎敌他，汉军来袭？鼓息也，最伤心，却是旧时败敌……

声音柔美纤细，这不是活脱脱的“李清照”吗？

第四个孩子是个喜欢发明创造的男孩，他是这样演绎的：

项羽站在乌江边，决定做人生最后一次演讲：将士们，这是我第一次没有准备 PPT 的演讲，也可能是人生最后一次演讲。下面我们来分析一下战况：

垓下之时，楚军 10 万，汉军 30 万。我军惨败。

后 800 精骑伴我突围，汉军 5000 骑兵追杀。

目前我部仅剩 28 骑。

通过以上形势、军力分析，我军必败无疑。

我一生信奉“活着就是为了改变世界”。死是生的一种延续，我将在另外一个世界开启创新之门……

他的演绎博得满堂喝彩，谁不知道大名鼎鼎的“乔布斯”呢？

孩子们热情高涨，一个接一个地要求来演绎。语言风格都是如此突出，没有孩子会猜不出模仿演绎的“他”是谁。教室里活跃欢快的气氛达到了高潮。

通过这样的游戏活动，我将一个难题简单化了。孩子们一旦开窍，随即都能展现不凡的创意。

“猜猜我是谁”游戏活动，让孩子们感受到写文章和做人一样，要有自己的风格。此时，孩子们在交流中获得了许多偶像，熟悉了许多偶像的风格特点。但毕竟偶像的风格还不是自己的风格，一堂课不可能让孩子找到属于自己的风格，成就自己的人格，还需要后续的风格课程来提升。

让孩子的每个文字，都绽放出生命的味道

如何让孩子的写作找到自己的风格，进一步成就自己的人格呢？

前面属于临摹风格阶段，是了解、模仿偶像风格的阶段，此阶段周星驰、赵忠祥、李清照、乔布斯等人是“船筏”，不可偏离。而风格训练的高级阶段却要“到岸舍筏”，舍弃偶像之“筏”，抵达“自我”之岸。

接下来，我会让孩子们把确定“风格导师”作为突破口。引导他们根据自己的喜好，选择对胃口的“风格导师”，并加以学习。老师也可以结合自己的成长来现身说法，表达出对某个名人偶像的热爱，并说明热爱的原因。学生仿照老师的思维方法，很快会找到并确定自己的“风格导师”。

确定了自己的“风格导师”后，我会让孩子们专注于临摹“风格导师”，并逐渐找到自己的风格倾向，为自我风格的形成奠基。

最后，帮助孩子判定自己的风格，找到唯一的自我，是最重要的一个环节了。教师会引导孩子思考下列问题：

1. 自己的性格特质是怎样的？（如胆小、沉稳、亲和……）

2. 自己文章的风格倾向是怎样的？（如喜剧、惊险、优美……）

3. 自己文章的风格是否可以匹配自己的性格特质？

“风格导师”的性格特质是自己性格特质的镜子，从这面镜子可以反思自己的性格特质。学生对照“风格导师”来判断自己的性格特质，自己的风格是否匹配自己的性格特质。如果匹配，那么文章的风格就是“我的风格”，如果不匹配，就要回到确定“风格导师”的环节，直到成功匹配为止。

性格与风格匹配好了，一个唯一的自我就找到了，“我的风格”就诞生了。

曾就读于武汉市一元路小学，从 2008 年就跟我学习作文的柯馨茹，就选定了李清照作为自己的“风格导师”，学习她的风格特点。她对照李清照判定自己的性格是优雅、婉约、细腻的，优美风格对于她来说，就是“我的风格”。多家报刊专门介绍其文，认为她的文章具有自己的个性风采。

先看她写的一个片段：

静静地站立在月下，抬头仰望，月光如水，它像瀑布般，一泻千里。所到之处，屋顶上，花坛里，能见到的地方都仿佛变身为一湾湖水，闪动着银色的涟漪；月光如影，它悄然映照在大树上，又顽皮地透过那繁茂的树叶，一丝丝地落了下来，在地上留下点点的银色，如天上的繁星；月光如纱，皎洁的明月一会儿在空中懒散而自由地漫步，一会儿又偷偷钻进云朵里，只透出朦胧的光亮，隐隐地照在草地上，似给花草们披上了一层薄薄的轻纱。

——《月夜》（发表于《小学生快乐作文》）

就连校园矛盾冲突故事、探案故事等，都被她处理得那么优美生动，这种优美风格已经融入她的骨髓中了。再来欣赏她的另一个片段吧！

教室里黑压压地坐满了学生。哇！这么多的人啊！明亮宽敞的教室，让没见过世面的小蚊眼睛一亮。只见它瞪圆了杏眼，像刘姥姥进了大观园——左顾右盼地，感觉一切都那么新奇。当小蚊看到离它最近的穿黄色外套的同学时，心里开始欢呼：今天的午餐有着落了！等等，再往那边瞧瞧，哎呀呀！这是哪位同学长得白嫩嫩、肉嘟嘟的，还长着一双藕节似的手臂呀！小蚊也顾不得什么淑女形象了，张牙舞爪地扑了上去。

——《校园血案》（发表于《中国校园文学》）

从这两个片段可以看出，她的文章偏向优美风格。这种风格折射出她优雅、亲和的个性特点。而这种风格的呈现绝不是一步到位的，它是建立在对周星驰、赵忠祥、李清照、金庸、曹文轩等名家的认真临摹与选择的基础之上的。

柯馨茹在《快乐阅读与写作》《小学生》等全国近百家报刊发表作品

200 多篇，个人作品专辑《会飞的稻草人》已经正式出版发行，这一切都得益于她的真实“自我”的展现；2011 年经作家们推荐，她加入了湖北省及武汉市作家协会，激励着无数孩子找到属于自己的风格，彰显自己的写作个性。

我通过“风格与人格”系列课程，带领孩子们经历“从临摹风格到确定风格，从追随偶像到找到唯一的自我”的蜕变，让孩子的每个文字，都绽放出了生命的味道。

风格即人格

“临摹风格”不是目的，“确定风格，找到唯一的自我”才是真正的目的。孩子在临摹各种风格的时候，逐渐会表现出对某种风格的迷恋，这一风格的特点就折射出孩子的“唯一的自我”，认识与坚守这个“唯一的自我”，是孩子将来做一个真实的人和一个成功的人的重要基础。要让孩子形成自己的风格是很难的，也不是一朝一夕的。但是在孩子心中播下众多大家风格的种子，尽早帮助孩子反思自己的个性倾向和风格倾向，对孩子未来的自我定位将功莫大焉。

在我的“风格与人格”系列课程中，“喜剧风格”酿造幽默与乐观。喜剧风格的教学打造趣味快乐的课堂，喜剧的写作酿造幽默乐观的品格；“悲剧风格”培养同情与崇高。人生苦难叩击孩子们的心灵，激起他们的同情心。坚韧的主人公震撼孩子心灵，在他们心中树立崇高的丰碑；“优美风格”使人优雅与亲和。优美风格的文章饶有诗情画意，孩子对这类文章心摹手追，自然别具一种优雅亲和的风度；“惊险风格”催人探究与拼搏。通过闻所未闻的未知领域来刺激孩子的宝贵的探究欲，还能从冒险的情节中学习顽强拼搏的精神……

总之，风格即人格。文章的风格，是作者人格的外衣，是作文教学不可忽视的一个方面。风格的不同，源于性格的迥异，不同性格的孩子

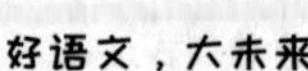

在语言感觉、遣词造句、修辞设色、描写抒情、布局谋篇等方面会表现出很大差异。风格训练就是尊重这些差异，使孩子开始自觉发展自己的语言特点，进而使这种特点凝聚成特长，最终使这种特长凝聚为个性化的表达方式。

有人格魅力的人，他的文章一定是有风格的。我通过作文这种训练方式，一方面让孩子在考试中得到好的分数，另一方面借助个性表达，训练孩子的独特观点、独特表达方式，塑造孩子的个性魅力，让你的孩子成为这个世界的唯一。当作文不是目的的时候，它就是孩子的个性人格形成的助推器！

五、一瓶纯净水的故事
——主题提升人生境界

主题之痛

武汉国际“楚才杯”作文大赛已经举办了33届，这是一项在国内较有影响的作文赛事。我一直受邀担任评委工作。作为评委，选稿的视角是全方位的，语言、情节、结构、材料、角度……其中文章表现什么主题，是评委尤其看重的。

虽然楚才比赛每年都能选拔出一批优秀的获奖作文，但相对于全部参赛选手来说，这个比例还是很低的，还是有不少参赛选手由于作文时毫无主题意识，造成无主题、主题陈旧的文章比比皆是。很多同学故事不错，文笔也很好，但最后还是惨遭淘汰。

如2015年的一道题目“教爷爷奶奶上网”，孩子们由于没有对文章主题的思考，结果很多孩子的文章千篇一律，就是记叙“我”是如何教爷爷或者奶奶上网的过程。

2016年的一道题目“认错”，不少故事雷同，写“我”打碎花瓶要不

要认错，还有不少孩子用的也是这样类似的材料，最终使文章表现的主题相当肤浅。

再如2017年的一道题目“雨还在下”，不少文章陷入亲情的主题中，不是爸爸、妈妈送伞就是爷爷、奶奶送伞；甚至匪夷所思的是，竟然在一天的阅卷中，看到三篇写“我”在雨中，为老人推板车的事。时代飞速发展，现在孩子们很难在大街上看到什么拉板车的了，就是在20世纪八九十年代，写这样的所谓的“好人好事”，也是遭诟病和痛批的，真难相信这是出自高规格的赛场作文，因为能参加大赛的孩子，都是经过层层选拔的作文优秀生，“主题之痛”不得不引起我们的深思。

“主题之痛”表现在文章了无新意，主题陈旧，人云亦云，老生常谈。或者主题不够深刻，看问题只停留在表面，不能由表及里、由浅入深地分析事物，不能透过现象深入本质，透过表象看到真相。“肤浅主题”“虚假主题”“滥俗主题”“老套主题”，不一而足。

“千古文章意为先。”主题是文章的核心、灵魂和统帅，新颖独到的主题直接影响和决定着文章的成败。成千上万的考生面对同一道题目，考生人生阅历相同，阅读积累相似，语言运用水平相当，要想让文章从众多的作文中脱颖而出，就要追求主题的独出心裁、新颖别致。当在千篇一律的主题中看到一篇新颖别致的文章，阅卷老师会顿觉春风拂面，给高分、满分自然在情理之中了。主题提炼的过程，就是“自我”境界升华的过程。

一瓶矿泉水，你能想到哪些主题？

2016年10月初，受某全国作文大赛竞赛委员会邀请，我为经过选拔即将参赛的孩子们，做了一场关于文章主题的讲座。我讲完文章主题的重要性后，接着谈到主题涉及一个人的视野、一个人的胸襟。我们是“会当凌绝顶，一览众山小”，还是做一只井底之蛙，只看到眼皮子底下的一点小事情呢？

要想让主题出新、主题厚重，那么你的视野就得更远、更广阔。首先，我们可以从自身出发，由关注自我到关注父母的喜怒哀乐，到关注身边人的情感、他人的生存状况。我提醒孩子们思考：你平时是否留意城市打工者、失学儿童、留守儿童、清洁工、警察……？是否有对社会弱势群体的同情、理解与宽容？你是否关注我们身边的环境、关注动植物的生存状况？你是否有悲悯的情怀？你是否关注科技进步对我们生活方式的变化、对亲情的影响？甚至是否关注到一些传统文化的逐渐消失？……只有培养孩子们的这种意识，他们的心智才会日趋成熟，才能写出能引起读者心灵共鸣的好文章来。

这时，我顺势拿起桌上一瓶矿泉水，对孩子们说道：“面对这普普通通、无色无味的一瓶水，你能够思考出哪些主题？对于‘矿泉水’，你能想到用什么故事来表达你的主题？”

刚开始，孩子们面面相觑，不知道如何下手。我启发道：“我们首先可以从自己的生活入手，来讲故事。”这时，一个孩子举起手，说道：“运动会上，我跑完 800 米，口渴了，怎么没人给我一瓶矿泉水呢？”另一个孩子说道：“和家人出去旅游，爬山，要爸爸妈妈给我买矿泉水。”

我评价道：“刚才两位的发言都是‘关注自我’类的主题。我们再扩展一下，可以关注亲人，关注身边的人。”这样，举手的孩子更多了。有的说：“我给劳累了一天的爸爸递上了一瓶矿泉水。”有的说：“烈日炎炎，我给依然指挥着车辆的警察叔叔递上了一瓶水。”还有的说：“我班的同学在 400 米比赛中获得第一名，我给他递上了一瓶矿泉水。”很明显，孩子们已经上升到“关注他人”这个层级。

孩子对万事万物的理解，脱离不了自己的小圈子，因事物而联想，大多是对自我、他人的关注，孩子们提炼的主题大多离不开个人的喜怒哀乐，以及对亲朋好友或者身边人的关注，这其实可以归纳为“小我之境”。

但我们不能固守在这个狭窄视野的“小我之境”。接着我让孩子们以“矿泉水”为抓手，引导他们的思维再向前发展，思考如何关注群体、关注社会、关注民族、关注历史。这便让孩子从“小我之境”跨越到“大我之境”。

孩子们仿佛一下开窍了，不少同学举起手来。

有的说：“汶川大地震后，一家企业给抗震救灾的战士们和人民群众送来了五千箱矿泉水。”（关注群体）有的说：“农夫山泉取自未被污染的水源地，而有的企业灌装城市自来水冒充矿泉水。”（关注社会）有的说：“对比可口可乐等国际大企业，由中国生产的矿泉水联想到民族企业的振兴。”（关注民族）还有的说：“矿泉水随处可见被随意浪费，可上甘岭战役，一滴水都关乎战士们宝贵的生命。”（关注历史）

关注群体、关注民族、关注社会、关注历史，让孩子们视野更加广阔，显得更加大气。叙述事件、评论人物、善作对比，往往小中见大，抚今忆昔。长期训练，使得孩子们关注群体、民族、社会、历史成为一种习惯，便有一种“大我之境”。这样，也能激活孩子们平时的所见所闻，激活他们的阅读储备。素以聪颖著称的中国孩子同样可以展现出非凡的“大我之境”。

最后，我趁热打铁，引导孩子们向第三阶梯“真我之境”迈进。如果作文能表达某种哲学观点，比如从矿泉水感悟到“越是朴素的东西，越是人们需要和珍视的”这个观点，境界又进一级，名为“关注哲学”。又如世界上所有的民族都有自己的文化，而这些民族文化的思想根源就在于民族的信仰，如果作文能涉及此，相信作文的主题就能达到更高境界，这个境界叫“关注信仰”。

“装入瓶中，清澈、透亮、恬静；归入大海，一样掀起浪涛，汹涌澎湃。真是‘上善若水任方圆’啊！”（关注哲学）

“矿泉水不会随波逐流，为造福人类不惜流尽最后一滴，从而升华了自己。”（关注信仰）

“关注哲学”和“关注信仰”是对人的本质的关注，属于“真我之境”。俗话说：大道至简，越高深的东西越简单，孩子的纯真心灵天然与哲学相邻、跟信仰相通。泰戈尔的《新月集》、列夫托尔斯泰的《识字课本》，都是以纯真心灵写高深主题的绝佳例证。

从 1998 年到 2003 年，历时五年，我研发出的“主题与境界”课程，沿着“小我之境”到“大我之境”再到“真我之境”的三大阶梯，训练孩子们关注自我、关注他人、关注群体、关注社会、关注民族、关注中外历史、关注哲学、关注信仰的八个思维梯度，不断拓展学生的思维深度。为他们解决作文中的“主题”问题，让作文不再“读之无味，弃之可惜”，变得更有内涵与思想，轻松应对中高考的主题深度的要求。

主题的八个思维梯度

下面以学校经常出的一道作文题“难忘的一件事”为例，看如何运用“八个思维梯度”来确定文章的主题。

常规教学一般会引导学生去收集生活中的某些事件，然后让学生写出事件背后的意义。如：生活中受委屈、父母对孩子的关爱、做好人好事、友情可贵、尊重师长、尊重老人……学生所得不过是一些老套的、常见的、肤浅的主题。仅仅停留在关注自我和关注他人的较低的层次上，思维深度有限，多是“小我之境”，学生思路很容易走向平庸。

但是，只要我们着眼于小我向大我、大我向真我的“八个思维梯度”的演进，调动学生的知识储备，打开学生的视野，他们的主题等级普遍能够大幅提高，部分同学甚至触及哲学和信仰的主题。如下图所示：

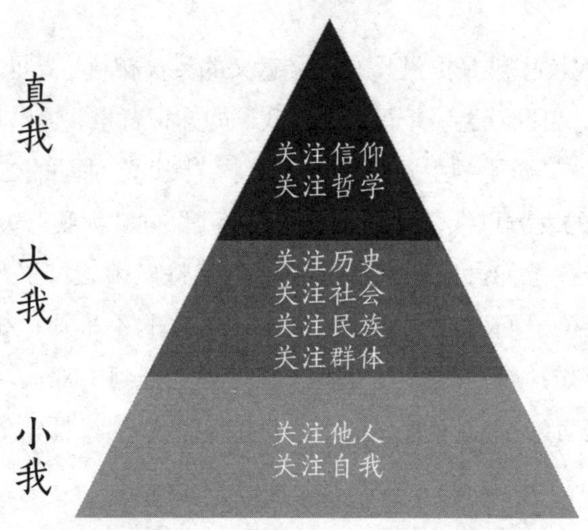

这里有两个难点，一是孩子如何由 “小我”向“大我”突破，一是孩子如何由“小我”向“真我”升华。如果能做好“引领”的功夫，就能化解升华孩子境界这一难题。“引领”可以从哪些方面着手呢？大致有三个方面：人文情境引领、人文阅读引领 、角色转换引领。

人文情境引领，就是提供具有人文意义的情境活动，如设计校徽或班徽、“我爱青山绿水”环保画展、对我影响最大的一本书、成语接龙、发明新型文字等。这个活动不是一般的游戏活动，除了生动有趣之外，还需具有一定的人文意义，如情感色彩、道德含量、历史积淀。

如“我爱青山绿水”环保画展活动，孩子们突破了以往的模仿画，将自己的想象力展示在画纸上。他们用一颗颗童心、一双双稚嫩的小手，画出了自己的心声。

“地球妈妈别哭”“还我绿草地”“蓝天，蓝天，在哪儿？”“一条小鱼儿的泪”……从一幅幅画中，可以感受到孩子们对破坏环境的担忧，他们用心中美好的愿望，画出了对“青山绿水”的向往，每幅画都表现出孩子们爱护地球、保护地球的强烈渴望。

这样的活动，让孩子们开阔视野，让他们从小树立珍爱地球的环保意识，达到了“关注社会”的主题高度，符合人文情境的要求，也适应了孩子的快乐动机，激活了他们的思维，促使他们一步步走向“大我之境”。

人文阅读引领，就是提供具有人文意义的阅读材料（新闻、历史、艺术、哲学等方面），可以营造一个呈现“大我”的知识背景，提供一个启发“真我”的源头活水。孩子的主题集中在了课堂“阅读”活动的这个“点”上，需要引导他们的发散思维，引导他们由“小我”向“大我”突破。

如教师给孩子们讲发明家的故事（如莱特兄弟、贝尔德、爱迪生、瓦特等），让孩子们真正理解发明家这个群体的不平凡。在故事中穿插格言的陈述，如：顽强的毅力可以征服世界上任何一座高峰；创新是领袖人物和跟随者的本质区别；好奇心是改变世界的杠杆；信心是取得成功的前提……

故事和格言深化了孩子的快乐动机，促进了孩子的情理均衡，他们提炼主题的等级和思想境界得以大幅提高，其中不乏关注社会、民族和历史的主题，如：

人的价值在于对人类的奉献。　　　　　　　（关注社会）

文字凝聚了华夏民族的祖先们的智慧。　　　（关注民族）

历史靠文字记录，文字的功劳不可估量。　　（关注历史）

主题引领人生境界的提升

由“小我”向“真我”升华是一个难关，角色转换引领就是让孩子看问题时变换一下角色（童话人物、神话人物、哲学家、信仰家等角色），可以激活孩子的信息储备，为“大我”和“真我”的表达提供一个载体。

这种方式比较适合提炼历史、哲学和信仰主题，通过童话人物、神话人物、哲学家、信仰家等角色的介入，构筑一个新奇的故事，将历史、哲学和信仰的道理深入浅出地阐明出来。这种奇特的引领也带来了奇特的效果。

哲学家孔子总结的成果：知之不如乐之。　　　　（关注哲学）

我是泪水，是攀登者征服山顶的勇敢之泪，是面对困难永不退却的信念。　　（关注信仰）

至此，八级主题的概念已经建构到孩子的大脑中去了，再加入一些文笔的基本功，笔尖流淌的不再是陈腐俗套的文字，而是具有生命的鲜活和高度了。

面对“难忘的一件事”这样的常规题目，学生思路很容易走向平庸，

由于我们很好地落实了“成长、知识、快乐”三位一体的教学原则，使学生不仅陶醉于有趣的课堂游戏中，而且获得了主题提炼能力和人生境界的共同提升，经历了一次思想的飞跃、人格成长的洗礼，仿佛带着他们完成了一次心灵的成长之旅，真正做到让文字如生命般绽放，履行着“好作文驱动好人生”的教育使命。

六、一次演讲比赛的启示
——口才决定一生的命运

好口才拥有好未来

涛涛今年10岁了，上四年级。他是个聪明懂事的男孩，可让父母头痛的是，他不太爱说话。特别是在大庭广众之下，别人家的孩子能在大人面前大大方方、有条有理地说着学校里发生的事，只有涛涛放不开，不是刚说没几句就卡壳了，就是扭扭捏捏不愿开口。听班主任老师反映，在班上涛涛话也不多，有时让他上台发言，他总是颠三倒四，不知所云，眼睛东张西望，脸憋得通红，也挤不出几个字来。父母不知道如何训练孩子的口头表达能力，很是心急。

我经常接到父母关于孩子口头表达能力方面的求助，特别是近年来，越来越多的家长都意识到训练孩子口才的重要性。优秀的表达能力，能使人与人的交际畅达，广交朋友，获得信任；能展示自己的才华，赢得各种机会；能开辟人生之路，助力事业成功。

纵观历史，我们会发现，古今中外的名人志士都是博古通今的演说家，他们敏捷的思维、开阔的视野，洞悉人间百态，最终无一不成就了一番惊天动地的伟大事业。时至今日，出色的表达能力更成为可以驾驭人生的航船，甚至还可能决定孩子一生的命运。

“予我长袖，我必善舞”，当今社会给我们提供了展现自我的舞台，好的口才和精彩的演讲正是展现个人魅力的最佳方式，提升了思维的敏捷性，拓展了个人的视野，积累了各方面的知识，发展了口头表达的能力，增进了与他人的交流。

口才和演讲能力也作为对人才考查的标准之一，在现代社会被广泛运用。同时，演讲是人类交流思想、阐述观点、传播信息的重要手段，是宣传的重要方式；也是演讲者展示自我、推销自我的一种很好的方式。未来的事业对人才有一个共同的要求就是要善于说话。“能言善辩”的口头表达能力是增强竞争力的重要工具。如果将两个知识水平相当的人放在一起，当然是思维敏捷、能言善辩的受青睐；期期艾艾、词不达意的则会被淘汰。

时间回溯到 24 年前，风华正茂的我经历的一次演讲比赛，为我后来用什么方法训练孩子的口才打下了基础。用此种方法来训练，效果特别显著。

一次难忘的演讲比赛

1993 年 9 月，经过校、区层层选拔，我参加了由市政府组织的武汉市首届教师技能大赛。此次大赛规模空前，武汉市 45 岁以下的中小学、大学老师在一起比武。我过五关斩六将，终于进入 88 人的决赛名单。

决赛选手里人才济济，既有曾在电视辩论大赛中获奖的老师，也有教授播音主持专业的大学老师，甚至我读师范时的启蒙老师也成了对手。在最后一个决赛项目——即兴演讲前，我的排名是 88 名中的第 17 位。

即兴演讲之后，我最终总成绩成为三个一等奖的第一名。我的排名之所以能大跨越到第一名，多亏最后的演讲环节为我提了很多分。一切归功于至今令我记忆犹新的那次即兴演讲，也奠定了我后来训练孩子口才的方法。

即兴演讲时间为三分钟，当上一个选手演讲到2分半的时候，才能抽签。抽到签给30秒思考时间，然后上台演讲。我抽到的题目是：积极正面教育原则是教育过程中必须遵循的原则。

30秒钟要准备3分钟的演讲，如何用好这30秒？一向善于思考的我，利用感性思维和理性思维，为自己最终赢得了这次比赛。

在这30秒中，首先感性思维起了作用，“积极正面教育原则”让我脑海中闪现出“小时候，老师的表扬让我有了前进的动力”“当老师后，我的表扬让孩子不断成长”的画面。接着我要做的就是思维的取舍：如果用感性思维去寻找成长中与“积极正面教育原则”契合的画面，两到三个画面，要做到感动自己、感动听众、感动评委，每个画面需要200～300字，接近2分钟。那么，我的演讲将会达到5～6分钟。因为有时间限制，另外，演讲不同于写作，更多的时候是一种现场的情景感染力。因此，我选择用逻辑思维带动感性画面来完成此次演讲。当时我确定的逻辑点有：1. 我们为什么需要赞美？ 2. 赞美是什么？ 3. 作为教师，赞美的重要性。

逻辑点确定以后，如何调动现场的气氛、提升演讲的效果？作为语文老师，需要给这些逻辑穿上华丽的语言“服饰”。大量的排比句、排比段，给评委和听众以排山倒海的感觉。使用排比，在演讲当中往往能起到事半功倍的效果，不需要有过多的过渡，也不需要做深层次的挖掘。另外，反问、设问在演讲当中也可以起到前后照应、强调语气的作用，使演讲的观点更加鲜明。

登上比赛的舞台，我开始了我的演讲：

“我演讲的题目是……”这时我才发现我还没想好题目。犹豫了片刻，只是片刻，在别人看来以为我是有意地停顿，此时“赞美”两字跃入脑海。

“我演讲的题目是‘从赞美开始’。”文章如何开头？我想到了刚才的构思，第一部分是“人们怎么看待赞美”。为了第一部分能有时间酝酿，

我再一次将题目正式而又庄重地重复了一遍："从——赞美——开始。"接下来，是一段流畅的演讲：

从赞美开始。

人人都喜欢接受赞美，人人都知道赞美别人很容易，人人都觉得生活中容易做的事情往往最容易被忽略，而人人容易忽略的东西在生活中又常常是最珍贵的。

是吗?

其实，一个人活着，不是为了避免惩罚，就是为了得到奖赏。在这个世界上，真正应该受惩罚的人很少。那么，我们为什么就不能慷慨地把赞美奉献给这个世界呢?

赞美是一种公平，是对付出的一份补偿；赞美是一根蜡烛，总在有意无意间照亮了别人；赞美是一个罗盘，总在颠颠簸簸中显示着方向。

是的。（回答前段设问）

演讲到此时，如果没有形象的话，内容则容易乏味。于是，我头脑中，感性思维又启动了。迅速搜寻出因"赞美"获得成功的事例：

如果没有一篇故事的刊出而得到了承认及称赞，就绝不会有后来的文学巨匠狄更斯；如果没有妈妈的鼓励与支持，也绝不会有后来闻名遐迩的歌唱家卡露莎。

所以说，赞美的力量是巨大的。有时，哪怕一个赞美的眼神也足以改变人的一生。

那么，赞美的反面呢？是不是伤害、指责也能成为一种摧毁人的一生的力量？这我们想过没有?

我赞美你，那就是说，我注意你。我注意你，那一定会使你首先注意你自己；

我赞美你，那就是说，我喜欢你。我喜欢你，那一定会使你更加喜欢你自己；

我赞美你，那就是说，我接受你。我接受你，那一定会使你首先接受你自己；

我赞美你，那就是说，我尊重你。我尊重你，那一定会使你更加尊重你自己。

多一点注意，这世界就多一分美丽；多一点喜欢，这世界就多一分鼓舞；多一点接受，这世界就多一分友爱；多一分尊重，这世界就多一分理解。

作为一名教师，当你用眼睛去发现，用心灵去感受的时候，你会看到，有那么多的学生值得你去赞美。

我赞美他们。赞美，使他们开始感受到世界的温馨与可爱；赞美，让他们学会了尊重自己，尊重别人。那么，还犹豫什么呢？

来，朋友们，敞开你的胸怀，展现你的笑容，用心去体现，用情去交融，让我们慷慨地把赞美奉献给这个多彩的世界，用真诚去拥抱每一个灿烂的明天！

演讲的话音刚落，五位评委给予了我热烈的掌声！

训练孩子口才的关键

一个人 70% 的语言都是靠思维支撑的，语言是思维的外壳，而思维才是语言的基础，表达能力的高低取决于思维能力的强弱，但凡成功的演讲都离不开思维、语言和知识，而思维是首要关键因素。那么我们如何来训练孩子的口才呢？

首先，可以训练孩子的感性思维。譬如，怎样让孩子感悟一堂课，将时间限定在一堂课里，让学生抽象出一种感受，用一个词语概括。学生概

括的词可能是充实、快乐，也可能是无趣。40分钟的时间很短暂，所以学生发自真实的内心，有针对性地抽取感受相对容易，这样最能激发他们对生活的感悟力，并激活他们的感性思维。

感受是抽象的、模糊的，如何在表述这种感受的时候激起听众的共鸣呢？音乐家会把这种感受具化成一个个悦动的音符，然后用演奏来表现；画家会把这种感受具化成一种种炫目的色彩，然后用绘画来表现。孩子要学会把这种感受具化成一幅幅生动的画面，用语言来表现，实际上就是围绕着孩子的感受所概括出的词语，截取课堂中鲜活的画面。如果孩子的感受是快乐，那么老师就引导孩子寻找课堂中快乐的画面：

> “同学们，你最喜欢的小动物是什么呢？”老师提出这个问题之后，教室里顿时热闹了起来，欢快的讨论声不绝于耳，一只只小手高高举起，每个人都跃跃欲试。我也举起了手，内心无限期待，用渴望的眼神望着老师。班长被点名回答问题了，同桌也发言了，怎么还没有到我呢？正在我翘首以盼时，老师点到了我的名字，那一刻真的可以用“心花怒放”来描述我的心情了……

教孩子截取一个具体的、较短的时间段的画面，他所获得的感知是新鲜的，他用感悟到的画面去表述，这样就能让他的感知力得到提升。

我们还可以将时间的范围逐步扩大到一天。让学生从一天中抽取感受，这样的感受就不再是单一的了，可能一天中不同的时间段给孩子带来的感受是不一样的。那么我们就应该有所取舍，抽取最主要的感受，也就是孩子认为最有意义、最为深刻的感受。孩子的感性思维从单一发展到多角度的取舍，这个过程就是感悟力提升的过程。

再将时间的范围扩大到一年或者一个阶段。让学生从一年中抽取感受，用这样的方法训练孩子的感性思维，提升其生活的感悟力。这和成人的年终总结是一样的道理，人们每每在写总结的时候抓耳挠腮无法动笔，其实同样是缺乏生活的感悟力。同样的方法，列举出自己的多种感受，从中选取最有意义最为深刻的感受，以此来截取鲜活的画面支撑自己的感悟。

感性的东西是抽象的，记忆中的画面也是支离破碎的。从纷繁的感受中选取有意义的，从凌乱的画面中选取印象深刻的，再用画面支撑感受，就是感性思维的提升。将孩子感性的画面以时间轴贯穿，让他在时间的漫漫长河中截取有意义的图画，这就是他感受成长的画面。

理性的思考，感性的表达

如何训练孩子的理性思维呢？

理性的思考不是从抽取画面开始的，它的出发点首先是孩子的心理需求。这种需求是很理智的成长需求。如“快乐”，感性思维是从生活中截取画面，如果是理性思考，就要对“快乐”进行多维度的分析。这种思维受两方面的制约：一是孩子的生活知识，二是孩子的境界。

在演讲过程中，对演讲题目的理性分析，就是培养思维的维度和高度，来提升学生的境界。

以快乐为例，对一、二、三年级的孩子来说，快乐的维度就是家庭、学校。快乐可能是妈妈的赞美，快乐可能是和伙伴们玩要的乐趣，快乐可能是老师课堂上的关注和表扬……学生的思考范围停留在亲情、友情、师生情之上。当然也会有想象来拓展他的思维范畴，如快乐是圣诞老人为我送来新年礼物，是丑小鸭变成了白天鹅，是喜羊羊战胜了灰太狼……

对于四、五、六年级的孩子来说，他们理性思考的范围除了生活空间，还可以提升到知识空间和想象空间。快乐就是故乡变成青山绿水的喜悦，快乐就是为中国首艘国产航母下水而感到自豪，快乐就是予人玫瑰手有余香的感触……当孩子以快乐为话题演讲时，就会确定快乐有多少维度，不一定在演讲前完全确定，可以边讲边思索。

聆听精彩的演讲，往往看到的是慷慨激昂或者催人泪下，那只是结果，我们更要看到演讲是一种方式：激活孩子对生活的感悟力。我们不是把外

化的口才或演讲当作目标，只有真的感动和感悟，才能引起听众的感动、深思和共鸣。

成功的演讲，一定是理性的思考与感性的表达相结合的结果。面对出征的将士，将军的演讲高屋建瓴、铿锵有力，犹如一支强心剂，鼓舞着士兵对胜利的憧憬；面对国家危难，仁人志士的演讲言辞恳切、一片赤诚，犹如一盏明灯，照亮国家与民族前行的道路！

能够给人留下深刻印象的表达，能够博得全场喝彩的演讲，其感染力是关键，感染力来自画面（感性）和逻辑（理性），简单地说就是要以情动人、以理服人。这是依靠形象思维和逻辑思维支撑的结果。纵观古今中外，无论是文人雅士、商界精英还是政治名人，他们精彩绝伦的演讲都离不开强大的思维力。由此可见逻辑思维和形象思维是促成"高谈阔论"的关键。

罗老师，我孩子今年上六年级，平时在学校作文还可以，特别是写故事性、情节性的记叙文还算不错，但写起抒情类的散文就很糟糕，总是不得要领。有时候作文竞赛或考试，也有散文类的题目，可惜每次得分都不高。好像在中高考时，写散文也容易受阅卷老师的青睐。那么，孩子写好散文有什么窍门呢？

我个人是很推崇孩子写作散文的，在我编著的作文系列教材中，有专门的散文教材。当然，学写散文，必须有一定的基本功，所以说，到了五、六年级，孩子学写散文这个时机是非常好的。

散文题材广泛，写法灵活自由，这就是散文“散”的特点。但散文贵“散”而又忌散，必须做到散而不乱，散而有致。我们可以通过形散而神不散的技巧，把深刻的思想、美好的情怀凝聚为生动的画面。“一粒沙里见世界，半瓣花上说人情。”精练优美，朴素自然，情感浓郁，既具有时代的生活气息，又具有个人的风格特点，给人以心灵的陶冶和美的享受。

散文的学习，由易到难，给孩子架设四步阶梯。

第一步：形不散而神聚。首先降低难度，借鉴幼儿故事学写幼儿园版散文，克服学生对“形”的恐惧。

“A、B、C”代表三个小故事、小片段，A = B = C，代表三个片段内容基本相同，体现了形不散的特点，由生活中的某一线索，把它们连贯起来就成了一个完整的故事。孩子选择生活中自己感兴趣的事物，比如风车、雨伞、围巾、风筝、秋千等，就可以运用形不散而神聚的方法来写幼儿版的散文了。通过反复吟唱，如同三段式的歌曲，用重复的方法串接起三个相似的小故事，表达自己的情怀。

第二步：形微散而神聚。这个难度稍微加大了一点。在“A、B、C”三个故事中，有一个故事发生变化：$A=B<C$。

相当于把“形”部分散掉，在“形”的某一部分实现突破，使“神”更加凝聚和升华。这是对“形不散而神聚”的升级。如用一把“伞”见证了祖孙情。通过爷爷爱我到我爱爷爷的角色转化，感情升华，体现了“形微散而神聚”的构篇特点。

曾经在国际华人征文大赛上获特等奖的散文《爱，随风飘荡》，运用了这种结构方法：文章以“手电筒的灯光”为线串起三个不同时间段的小故事，呈现出$A=B<C$的特点。从妈妈爱我到我爱身处逆境中妈妈的角色转化中，最后文章情感升华，全文表达了母子情深！

这种构篇方式灵活、易于上手，生活中感动人的物、景、人等都可以运用“形微散而神聚”的方法来构篇。通过这种方式，作者的感情有了升华。

第三步：形散而神聚。难度继续加大。

“形散而神聚”是在“形微散而神聚”基础上的升级。教孩子把第二、第三颗珠子全散掉，使构篇呈现出这样的关系：$A<B<C$，这样让每个故事都能放出异彩，有大珠小珠落玉盘的味道。

如邦达列夫的散文名篇《窗口之光》通过我看到窗口的灯光，想象着屋子里会是读书的慈祥的老人，到有一次看到灯光有想敲窗与他交流的冲动，到最后发现屋子里那个对人不友好的老女人，文章结构呈现出$A<B<C$的特点。三个变化了的故事颇耐人寻味：丑陋是不是都掩盖在美丽的事物里？人的美丽想象是不是都会受到现实的撞击？受到撞击，人还需不需要保持美好的想象？

贯穿全文的线索是“灯光”，灯光既是实写（现实的灯光），又是虚写（美好的事物）。虚实结合，以虚衬实。随着作者结构的文字，读者的感情体验不断在发生变化。

第四步：形全散而神聚。难度最大，也到达了散文的最高境界。

就是教孩子把“形”全部散掉，以神韵贯穿其间，在时间和空间的转换中，将情感进行深层次的酿造，让文章充满诗情画意。

电影《泰坦尼克号》在结构上就具有这样的特点。其构思的线索简单归纳为：颜色—声音—线索—回忆—颜色—声音。我们不谈电影中惊世骇俗的沉船事件，因为学生不可能遇到这类事件。单单看其中声音与颜色的渲染作用，就知道它们在艺术创作中是不可或缺的。色彩的层层渲染，空间时间的转换，使结构呈现出“形全散而神聚”的特点。

平淡无奇的生活瞬间，可能没有震慑魂魄的主题，但亘古不变的情怀却时刻萦绕心间。“形全散而神聚”的方法把这份情感表达得意味深长。

散文不仅仅是安排文章的结构，还有选材和提炼主题思想、选择适当的表达形式等，教孩子搭建散文各类不同的“形”，是孩子进入散文之门的最佳诀窍，为他们今后的散文创作打下坚实的基础。

罗老师

第六章 语文大分时代的学与考

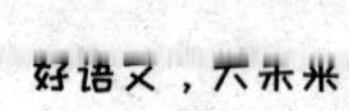

一、当心语文学习中的几个陷阱
——不同阶段的语文考评标准不一样

孩子的语文成绩越来越差？

一位家长在我面前抱怨：

“罗老师，我的孩子小时候语文成绩一直很好，从不要我们担心，怎么上了中学后就一落千丈，考试分数越来越低，咋补都不行，你说说这是怎么回事？”

这个问题我研究了三十年。

我们的语文考试和玩那些通关游戏一样，越往高年级，难度设置越高，过关越不容易。一直关注孩子成长的家长和从事语文教育工作的人都知道，一个孩子的语文分数在他的成长过程中是不断减少的，就像坐滑梯一样，从高往低一直下滑。一般来说，孩子在小学阶段，语文考试通常能得到九十分以上，好一点的九十七八分不成问题，到了小学高年级会降一点。但上了初中就开始明显下滑了，因为各地初中语文总分是不同的，我们以百分制来换算，这个时候语文能考到 80 分以上就已经是尖子生水平了。一旦上了高中，情况就更加严重，以 2017 年北京高考语文分数为例，理工类语文平均分 100.10 分，文史类语文平均分 98.28 分，这个分数看起来不太能产生强烈感受，要是换算成百分制呢？那就是理工类语文平均分 66.73 分，文史类语文平均分 65.52 分！这还是北京，如果算全国的语文平均分的话，只能勉强达到及格水平。

也许家长会说，别的科目也是这样呀！是呀，所有的学科都遵循由易到难的特点设计，只不过，语文的难度设计几乎没有什么规律可循，所以，我们的语文分数便会一直很稳定——稳定地往下滑！号称最会考试的中国学生，通常会针对弱项，总结方法，不断练习，来达成分数的提高，而面对语文考试，即便是那些所谓的尖子生，也没几个敢说自己有把握。

所以，我们不妨静下心来想一想，这种局面是怎么造成的呢？

不要被小学时的语文分数给骗了！

我们大部分家长，都会用分数去衡量孩子的学习是好还是不好，这本身没有什么错。分数能反映孩子处在群体中的哪个位置，不仅在一个班或一个年级，并且，它还能反映孩子是进步还是退步，进步在哪里，退步在哪里，经比较一目了然。但我们忽略了一个问题，那就是，在小学阶段，我们对分数的追求给学校教育带来了什么影响。我们都知道，考试是为了发现学生的问题，以便实施更有针对性的教育，但家长又追求分数，不然会否定教师甚至学校的教学水平。那怎么办？那就尽量让学生考出高分，这样不就皆大欢喜了吗？

怎么考出高分呢？最便捷的路径有两条：一是大量的针对考试的练习，把语文学习肢解为考试练习；二是粉饰太平，掩饰不足。反正小学阶段组织的多数考试主导权还是在校方和教师手上。这样一来，孩子们的分

数看起来也就很漂亮了。我曾经在一个学校翻看他们的期末成绩统计，有一个一年级的语文期末考试均分达到了 99.1。我不愿否认老师们的努力和家长们的期望，但，这样的学法真的对孩子语文素养的提高有帮助吗？这样的分数真的有意义吗？尤其是对于家长和学生来说，分数失去了比较的功能，你怎么去判断孩子对语文的学习兴趣如何，状态怎样，是学得好还是不好呢？

这些年来，不公开排名成了教育改革的大势所趋。无论是《义务教育法》还是教育部的三令五申，都让很多学校改变了以往公开排名的做法。比如在上海，小学全面推行等级制，淡化具体分数，以 A、B、C、D 等方式来评价，相关评价等级也不会公开。而广州等城市，当地教育部门也对公开排名早有禁令。

排名好还是不排名好？这个问题很有意思，网上对这个问题也有很鲜明的不同看法。但孤立地去讨论这个问题却没有什么太大意义，尤其是对语文来讲，我们不如把它换成这样一个问题：我们该如何评价和指导孩子在小学阶段的语文学习呢？

我之所以说，小学阶段成绩具有很大的欺骗性和虚假性，是因为我们大部分家长没有重视语文学习的本质：孩子语文分数高，就麻痹大意，把时间和精力投入其他科目的学习和提高上去，错失了孩子语文基础培养的时机；孩子分数不高呢，便又盲目焦虑，强迫孩子把全部时间都投入课本和作业里去。这些做法都不过是捡了芝麻丢了西瓜。

所以，请你想一想，你是不是被分数骗过或正在被骗着呢？

你以为你会的其实可能不会

我们的语文考试，到底是要考孩子们什么？我们该怎么学？这样的问题，我相信很多家长和学生都想过，但我估计，可能更多的人会陷入深深的困惑：明明我学过，好像也会了，可就是一考就不行了。这是怎么回事呢？

我们大多数人，可能都还是在用一种固化的思维方式学习语文。

以作文为例，我针对孩子的写作现状曾经做过一个科研调查，就是让全国 2 万多名孩子都来写同一个作文题目。作文题目叫“帮送水人推车”。从小学三年级到初中二年级包括各位家长都试着写这篇作文。你会发现咱们 97.28% 的学生都会这样写：某年某月某一天，交代什么呢？时间。接下来是什么呢？在某个地方，一般要么是在上学的路上，要么是在放学的路上。然后就是人物了，我看到一个送水人。时间、地点、人物后面是什么呢？起因、经过、结果。他推着车上坡很吃力，我很同情他，于是我决定帮他推。推啊推，推啊推，终于推上坡。推完以后送水人说：“小朋友，谢谢你。”我就说：“不用谢，拜拜。”写来写去几乎所有的孩子都会这样去写，同一个思路。

这就是记叙文六要素的方法。有错吗？当然没有。但是，如果我们在小学阶段习惯了这样的模板似的作文，熟练掌握了这种写作的“技能”，而且考试中用起来还能得到高分，我们就会以为，写作原本应该如此。事实上呢，我们上了初中，这种写法至少扣掉一半的分，上了高中，扣分就更多了。于是，我们就会困惑，我们明明学会了记叙文的写法，为什么得不了高分呢？

其实原因很简单，语文学习需要逐渐开拓的深度和广度，在不同的阶段评价的标准也是不同的，你用固定的思维去应对更高的标准，当然是不行的。比如这篇文章几乎所有的孩子都会确定一个主题——助人为乐。但你为什么写“帮送水人推车”一定是助人为乐呢？谁告诉你了？是你自己的思维固化了。

不仅写作如此，涉及语文学习的字词句、阅读、古诗文等都有这样的特点，在某一个阶段我们是会了，但一拓宽一加深我们又不会了，如果不能理解语文学习的本质和机理，我们可能会永远困惑于这个问题之中。

反正得不了高分，不如放弃

语文要得到高分实在是太困难了！

我不止一次听到过家长与学生发出这样的感叹。到了高中阶段，语文似乎成了阻挡在我们学习之路上的一个怪物，而且是那种BOSS级别的。我相信大家都有同感，老师总说语文成绩的提高要靠积累，但是很多同学积累了很久，该背记的也没有少背记，可是每次语文成绩还是只有这么多。这也让不少同学失去信心，想要放弃。的确，语文成绩的提高需要一定的过程。但对即将高考的学生来说，哪来充足的时间去缓慢地提升呢？

语文考高分难，是由语文的题型和它所使用的评判标准所决定的。

从题型来说，语文试题近年来主观题占比大，而主观题的答案一般都很难标准化，考生很难切中得分点，因此不同程度的扣分在所难免。尤其是主观题中的语言运用，想要得到高分的确是相当困难。语文由于它的自身特点，对于大多数学生来说，考高分不现实，从以往学生的得分来看，分数普遍集中在95 ~ 120之间。

精明的中国家长和学生甚至一些老师算了一笔账，如果用一年的时间补习数学或英语，成绩可能会提高十分到二十分，而同样用一年的时间来补习语文，可能提高五分到十分都不容易，而且如果要说有哪门课程补习一年后成绩不升反降的话，那就是语文。

那么该怎么选择呢？答案似乎显而易见，高考是算总分的，与其花时间突击不一定见效的语文，还不如在备考效果相对明显的其他科目上多多努力。

所以，一个观念就形成了：语文反正也很难考到高分，还不如放弃。

但，这就是个陷阱！

因为我们大多数人往往喜欢跟风，缺乏对具体情况进行分析和处理的能力。那些高考学子的经验之谈当然值得我们学习和借鉴，但，我们似乎忘了，那些经验和总结是建立在时间紧迫以及对能拉开档次的高分的追求的基础之上的。

我们不妨重新算一下那笔账，如果我们早早就放弃了对语文的重视，在高考中我们就算能考八九十分吧，而一直重视语文学习的孩子呢？考到110分到130分之间还是很有希望的，那么这两种学生的分数差距有多大呢？ 20到50分！

这么大的一个“坑”，要怎样才能填上呢？别人在高考前一年决定放弃语文，有他们现实的考量，而我们在刚上中学甚至还在小学时就决定放弃语文，那是一个明智的决定吗？

二、语文老师生病了
——语文的学习不能只指望语文课

怪事，没有人教反而考得更好！

一个朋友在和我聊天的时候说了一个故事：

某学校一个班的语文老师生病了，要请病假，病虽不重，但挺麻烦，至少得要几个月的时间脱岗治疗。校方批了老师的病假，但怎么安排这个班的语文课就让校长头疼了。这个班属于传统意义上的“慢班”，学生基础较差，每次考试年级排名都是倒数。其他班的语文老师工作任务也都比较满，再说也没有人愿意接手这个班。多方斟酌之下，就让学校的一名副校长去这个班代课。

副校长并不是中文科班出身，没有上过语文课，硬着头皮到班上去上语文课，发现自己确实讲不了。怎么办呢？副校长干脆把语文课改成阅读讨论课。他允许同学们带上家里的课外书，在课堂上阅读，并且组织同学们对所看的书进行发言讨论。你别说，这副校长的组织能力还是没得说，把课堂搞得有声有色，同学们也其乐融融。

几个月后期末考试了，副校长心里还是有些忐忑，可没想到成绩出来，所有人都大跌眼镜：这个班的期末成绩居然明显提升，尤其是语文成绩，排名年级第一。

这个成绩让这个学校的语文教师们非常尴尬。而或许更让人尴尬的是，我把这个故事讲给很多朋友听的时候，大多数人的反应是摇摇头表示无奈或是气愤，却很少有人去质疑这个故事的真实性。

这可能是因为，其实类似的事情早就发生过。

北京市第十一中学校长李希贵，在他所著的《为了自由呼吸的教育》一书中有一篇就叫《没有老师的语文课》。讲的是1991年，他还在山东高密四中担任校长，学校因高一扩大规模，新扩出的两个班暂时没有语文教师。实在没有办法，他们只好让其他班的教师帮助这两个班的学生拟定自修计划，然后让学生们自修。自学课文太枯燥了，老师就把他们带到阅览室读书；有时候，阅览室忙不过来，就把图书馆的书借来，分到手上轮流阅读。

将近一个学期，一直就这样“凑合”着。等语文教师调来了，这个学期也快结束了。谁知道，期末考试成绩公布，这两个无人上课的班级不仅基础知识水平不比平行班差，而且阅读和作文成绩比平行班还略胜一筹。

没有语文教师教学的班级成绩反而高，不按照正常方式教学反而取得更好的成效，这不得不说是语文教育的悲哀。我们认为的符合专业标准的课堂，不但学生不喜欢听，连应付考试的功能也丧失了。

这两个故事当然都只是个例，值得学习借鉴，但不能盲目去效仿。不然，让所有语文老师都下岗，学生都自己去阅读去自学，这样就能学好语文？这显然是不可能的事。

而我们的家长和孩子们，可能也不得不思考这样一个问题：在我们没有办法改变学校教育和老师的情况下，我们该用什么方式开展语文的学

习？如何让孩子们正确认识和处理好语文课内和课外的关系呢？

上好语文课

怎么才能算是上好了一堂语文课呢？

我们应该很熟悉这样一个场景：

读小学的孩子回到家里，妈妈问："今天的语文课学会了吗？""学会了。""生字会不会写呀？来，听写一遍。课文会不会读？读给我听听。老师要求背诵了吗？把它背出来。"要是孩子还有问题，妈妈就板着脸："去，多读几遍，写几遍。"等孩子都完成了，妈妈会说："ok，真不错。"于是把课本一放，万事大吉。

是不是这样呀？事实上，这已经算是比较有耐心负责任的家长了。在中国，绝大部分家长对孩子有没有上好语文课采取的检验方式也只能做到这样了。

可以很负责任地说，这样的做法学出来的语文，是狭隘的、局限的、死板的。如果一直用这种方式让孩子学习课本上的课文，孩子的语文成绩不会好到哪里去。

叶圣陶先生说："教材无非是个例子。"我们先来好好理解一下这句话。"例子"是什么意思呢？简单地说，就是作为参考的做法、事情。可是我们面对这些"例子"的态度是什么呢？我们把它们当作了语文学习的唯一任务和最终目标。我们满足于孩子对"例子"的认识和掌握，把它作为检验孩子在语文课上的学习标准，长此以往，孩子只不过学会了几个"例子"而已。

但是从另一个角度看呢，这些"例子"是编写教材的专家学者们从浩如烟海的文本世界里反复斟酌、比较，精挑细选出来的优秀文本，充分考虑到了孩子在不同阶段的各种认知和发展需求。它们有着极好的示范和参考作用，值得我们更深入地学习。

所以，对具体的一篇语文课文要怎么学才好呢？

比如说低年级的孩子们学习骆宾王的《咏鹅》这首诗，除了掌握基本的字词和朗读正音外，我们可以找关于鹅的一些儿歌，和孩子一起对比诵读，感受文字之美；我们还可以带孩子去看看真正的大白鹅，感受具体事物和文字的关联；有学养的家长可以给孩子讲一讲王羲之练书法写鹅字的故事；可以让孩子发挥想象，把诗变成一幅画……

这样学习，我们的语文课文就变得立体而感性了，不再是枯燥的字词释义，孩子们学起来就更有兴趣了。更重要的是，这就把语文课给学“活”了。

同样的道理也适用于更高年级的孩子。高年级的孩子在学习语文课文时，最好能展开联系阅读，比如学习《草船借箭》后，让孩子去阅读《三国演义》；学了《景阳冈》后，读一读《水浒》……阅读一些与课文有关的文章，最好还能联系生活的实际去体验。以此，既能扩大视野，丰富知识，又能加深对课文的理解。

知识不能凭空得到，习惯不能凭空养成。任何一篇课文我们都不要把它作为一个孤立的文本去看待。童年的阅读经验是一个人的生命底色。要使生命底色变得丰厚润美、光彩照人，学生除了课内要研读文本，更需要将学到的阅读方法运用于课外阅读实践。这就是所谓“得法于课内，得益于课外”，以课内阅读的方法指导课外阅读，又以课外阅读的积累回补并丰富课内阅读之不盈，形成课内外阅读相互补充、相互促进、有效融合的良性循环。

这样，才能算是上好了一堂语文课！

要记住，功夫在课外

毫无疑问，语文素养的形成，语文能力的提升，更重要的途径是在课外。

时至今日，应该没有哪一位家长和学生还会认为学语文只需上好语文课，学习课本就可以了。

不过，还是有很多家长弄不清楚，课外该如何辅导孩子的语文学习，我们该从哪些方面提高孩子的语文能力呢？

首先是阅读。

宋代学者朱熹诗曰："问渠哪得清如许，为有源头活水来。"这"源源不断的活水"便来自课外广泛的阅读。

部编教材总主编温儒敏教授透露，高考命题方式正在进行很大的改革，而且在悄悄地改——阅读速度要加快，以前卷面大概 7000 字，现在是 9000 字，将来可能增加到 1 万字；阅读题量也增加了，今年的题量——不是题目的数量，是你要做完的题的体量，比去年悄悄增加了 5% ~ 8%。阅读面也在悄悄变化，哲学、历史、科技，什么类型的内容都有。现在阅读的要求远远高出了语文教学平时教的那个水平。

别再说什么应付考试没时间阅读！现在你的孩子不阅读，根本应付不了考试！

现代语言学家吕叔湘先生谈到课外阅读的作用时说："回忆自己的学习过程，课堂阅读和课外阅读的比例大约是三七开，也就是说百分之七十的语文素养得之于课外阅读积累。"

美国的学校教育主张向家庭延伸。虽然小学生家庭作业少，但他们对阅读的要求比较高。根据不同的年级，一个学期规定必须读多少本小说。而英国的小学则要求家长陪伴孩子阅读。

家长们不要怕孩子去读"闲书"。咱们中国家长喜欢用自己的标准去规定孩子读什么书，这反而会毁掉孩子的阅读兴趣。要知道，很多所谓的"闲书"包含着丰富的语文营养，而且还极有意思，孩子们也愿意读。鲁迅小时候喜读"闲书"《山海经》，没有耽误他成为伟大的作家；很多家长小时候可能会偷偷躲起来读的金庸武侠小说，现在不也选入中学课本了吗？

当然，课外阅读是要讲究方法的，我的建议：一是读书不要太功利；

二是在什么阶段读什么书；三是每天阅读的时间尽量有一个规划。

再就是鼓励孩子积极参加能提升语文兴趣和素养的各类活动。比如学校组织的读书节、赛诗会、朗诵会、故事会、演讲赛、读书报告会，一些有益公共的社会实践活动，还有各种竞赛活动，尤其是一些作文之类的竞赛活动。这些实践性很强的活动，不但可以激发孩子的语文学习兴趣，更能帮助孩子实实在在地提升语文能力。

然后就是“游”，游名山大川，游人文景观，游文化胜地，游风土人情。这些都是不错的选择，能开阔孩子的视野，丰富孩子的阅历。但切勿急功近利地把每一次“游”都当成任务，设置一些让孩子讨厌的出游目标。孩子的这些经历、见识、体验和感受，总会慢慢融进他的血液和生命里，变成他的能力的一部分。

总之，家长们要树立大语文观，把语文的学习作为一个生态系统去对待，用各种方式帮助孩子的语文课内和课外的学习，让生活成为孩子的课堂。这样，学好语文也就不再是一件困难的事情了。

三、数学考不好，这也怪语文？
——语文的学习和其他学科紧密相关

数学不好补语文，是不是弄错了？

一次和朋友闲聊。这个朋友的儿子 8 岁，上小学二年级。长得挺机灵的样子，一个人在饭桌边上玩，折腾得很带劲。但朋友看着自己儿子却是又摇头又叹气，眼光里含着许多无奈。用朋友的话说，自己儿子是“马屎表面光”：平时看起来好像挺聪明，但学习成绩一直中等偏下，尤其是数学，做题慢得要命，勉强做出来也是错误百出。鼓励打骂都用了，数学补习班也上了好几个，效果都不明显。这朋友知道我搞了很多年教育，想让我给他介绍个好的数学培训补习班。

我把孩子叫过来，和他聊了一会儿，问了他几个问题。然后我建议这个朋友，让孩子去补一补语文。

孩子的数学不好，想找一个数学班补习，我却建议他去补语文，这是不是弄错了？

这当然没有错。道理很简单，我和孩子聊天，发现这个孩子在和我说话的时候，并不能做到有效地倾听，他的注意力极容易分散，往往你说完话，他会表现出没有听清的状态，需要你重复一遍。这在语文上，属于“听”的能力的不足。一个在语文基础的“听”的方面都不能达到基本要求的学生，你怎么能指望他在数学课上专注地听老师的讲解呢？

而且通过问这孩子几个问题后，我判断，这孩子在基本的语言文字的理解方面有比较严重的问题。简单地说，就是听不懂话。还别说那些内涵高深的话了，就连稍微转点弯的表达，他都会表现出迷惑不解。这在语文上，属于理解力有困难的情况。试想一下，孩子连数学题都读不懂，你怎么去解决数学问题呢？

和这个朋友继续聊下去，更加证实了我的判断。这孩子的问题不在于不会计算，而是在于根本读不懂数学题。单纯的写得数和列竖式计算部分，只要不马虎，都能算对。但是填空、判断、应用题部分，每句话敲零打碎一点点解释给孩子，孩子就会做。让孩子自己看问题，就是一个很发蒙的状态。

所以，这不是数学上的问题，而是语文上的问题。

很多家长和孩子不重视语文的学习，认为学好语文花太多时间不划算，结果有可能在其他科目的考试上吃语文的亏。

2015年湖北高考文科数学第20题涉及了《九章算术·商功》里的知识，先解释了什么是“鳖臑”和“阳马”，根据这两个词和相关数据解题。数学题中出现“鳖臑”“阳马”，如果没有拼音，多数人都不知道是什么字吧。你以为只有这一道题吗？太天真了。在数学第二道题中，古代数学名著《数书九章》就华丽丽登场。多数小朋友对于“石”这样的量词都感觉已经太久远了，搞得考生只能纷纷吐槽“几何题里居然有文言文，这些概念都是第一次听说”。

这样的数学题你语文不好肯定会吃亏。当然，这只是一个特殊情况，高考也不会总是玩这些花样。但不可否认的是，很多科目的考题，尤其是拔高题，或多或少都会有语文的身影在那里徘徊。

有些家长可能会说，我小孩语文不怎么样，数学还不是照样好？这个情况在小学阶段的确存在，但这只是一种假象而已，等到了初高中，这种假象就会不攻自破。因为小学尤其是低年级阶段，数学主要是一些简单的计算，还没有达到很难的需要理解的程度。而且很多知识会随着年龄的增长自然而然就会了，比如认钱、年月日、认钟、加减乘除计算等，不信你看大街上那些卖菜的，可能都没上过学，但算起账来那可是门儿清。所以小学阶段数学需要的理解能力并不高，但孩子上初高中了，学政治历史地理，都需要充分理解课本和比较大段的材料。数理化方面也需要充分理解题干给出的条件，实验步骤部分对语言表达能力也有很高要求。如果孩子还是像现在这样读不懂材料和问题，补多少课都是做无用功。

我们有时候会对数学不好的孩子开玩笑："你的数学是语文老师教的吧！"这当然是一句玩笑话，但是如果你数学学不好又找不到原因，说不定还真要去找语文老师好好聊聊。

语文是一切学科的基石

最新的小学语文新课程标准对语文的课程性质与地位是这样定义的：

> 语文是最重要的交际工具，是人类文化的重要组成部分。工具性与人文性的统一，是语文课程的基本特点。
>
> 语文课程应致力于学生语文素养的形成与发展。语文素养是学生学好其他课程的基础，也是学生全面发展和终身发展的基础。语文课程的多重功能和奠基作用，决定了它在九年义务教育阶段的重要地位。

这里面有一句话"语文素养是学生学好其他课程的基础"，什么意思呢？那就是语文才是一切学科的基石，想要学好其他课程，你首先就要学好语文。"得语文者得天下"，不管是基础教育还是中考高考，语文的地位都是第一重要。

享誉世界的数学家，被称为“东方第一几何学家”的苏步青教授认为，“语文是成才的第一要素”。

苏步青在担任复旦大学校长时曾经说过：“如果允许复旦大学单独招生考试，我的意见是第一堂课就考语文，考后就批卷子。不合格的，以下的功课就不要考了。语文你都不行，别的是学不通的。”

如果说数学是学习自然科学的基础，那么语文则是基础的基础。

我在教育生涯中发现一个很有意思的现象：尤其是到了高中，我们常常看到语文学得不错，但数学学得极差的学生，但我们却很难看到数学学得很好，但语文却极其差劲的学生。这是什么道理呢?

这就说明你学好了语文，虽然并不能直接帮助你学好数学，但要想学好数学，是断然离不开语文的基础的。

可能你早就拥有自己的人生目标和方向，想在其他课程上深入学习，期望未来有所建树。那依然离不开语文。

不难发现，许多在不同领域取得巨大成就的人，大约都具有一个相似的特征，那就是善于表达，具有相当深厚的语文素养。

比如马云的成功，离不开他极佳的口才。诺贝尔物理奖的获得者杨振宁博士能写出《邓稼先》这样文情并茂的文章。20世纪英国有一位在数学、物理、逻辑等方面做出杰出贡献的科学家、哲学家罗素，竟然获得了诺贝尔文学奖。大家所熟知的爱因斯坦、居里夫人等大科学，无一不同时也是在文学上有精深造诣的人。

北大中文系的陈平原教授就专门写过一篇文章，呼吁学生们重视语文。他说：“大学生一定要学会表达。有时候，一辈子的道路，就因十分钟二十分钟的发言或面试决定，因此，不能轻视。”

这很现实。而且就算找到了工作，很多学生也会因为不会写工作所需的总结、讲话稿及各种文字材料，他的写作能力欠缺成了所从事职业和个人发展最大的“绊脚石”，极大地阻碍和影响了他未来的发展。

所以说，语文是一切学科的基础。语文成绩不仅直接影响了你孩子其他学科的成绩，甚至还会直接影响到他未来的工作和生活能力。

孩子的教育问题，大多也能从语文上找到原因

现在的家长相比起过去来说，素质更高，眼界更开阔，思想更先进。很多家长不再以考试分数作为培养和评价孩子的唯一标准。大家都慢慢发现，决定孩子一生的并不是学习成绩。

那么，在当今这个时代，能决定孩子一生的能力有哪些呢？细说起来，有很多，但大致来说，无外乎三种，那就是自我认知的能力、与人相处的能力、学习思考的能力。而家长在培养孩子的过程中，就能逐渐发现孩子这些方面所暴露出来的种种问题。

家长比较头疼，甚至无计可施的问题大概有这样一些：

中国父母在注重培养孩子的同时，往往会忽略了对孩子在情绪、情感、意志、耐受挫折能力等方面的培养。有的孩子会形成自私任性、以自我为中心的性格。有的孩子性格孤僻胆小，不爱和别人交流，做事情没有耐心，缺乏责任感。还有的孩子注意力容易分散，对生活缺少关注和感受能力，不愿意主动思考，不爱上学……这些问题，可能会涉及心理学、家庭教育等很多方面，家长们常常对这样一些状况感觉力不从心，没办法解决。

其实这些教育问题，大多和早期的语文教育有一定关系。

比如孩子过于内向，不爱说话，不善于和别人沟通交流。我们除了用鼓励的方式帮助孩子克服这种心理障碍，还应该教给他说话的技巧，让孩子知道如何才能和别人正常地交流。学会语言的表达，不就是一种基本的语文能力吗？

再比如孩子的注意力不集中的问题，我们完全可以在早期教育的时候进行调整。给孩子讲故事，让孩子从小就学会倾听，让孩子从小就进行适当的阅读，可以培养他的专注力。

而且，家长在平时和孩子的交谈中，注意表达的完整性和准确性，在生活中做到具有语文素养的培养概念，可以很好地锻炼和形成孩子的逻辑思维能力，养成爱思考的习惯。

语文不能包治百病，但少了这个核心和根源的因素，你可能什么“病”都无从下手。

所以，当孩子出现了这样或那样的问题时，我们不妨从语文上找找原因和方法。

四、不打无准备的仗
——语文也是一门需要复习的功课

语文考试前，该怎么复习呢？

每次期末考试来临前，孩子们就开始了紧张的复习备考。

很多家长朋友们也会在这个时期找我咨询。问得最多的问题是，语文的复习该怎么进行？

一个妈妈在电话中说，孩子上四年级，这些天复习功课很辛苦，别的都还好，就是一拿起语文书就开始发呆，不知道该复习些什么，家长也不知道该怎么辅导，孩子又好强，觉得语文没有把握考好，在家里急得直哭。

是呀，语文和其他学科相比，出题的变化太多了。我们在面对纷繁复杂的知识内容时，往往不知道该从哪里入手，孩子抱着课本翻来翻去，重复低效不说，还容易产生焦虑烦躁的感觉。

于是，我反问了这位家长三个问题。

第一个问题是，你知不知道孩子的语文试卷上有些什么题，都考些什么知识和能力？

每一个阶段的语文学习，都会有对应的阶段目标。比如说在四年级，这些目标可以细化为字词的基础、课内阅读的理解和背诵、课外阅读的拓展延伸、写作的要求、口语交际的要求。这些东西都可以形成一个个具体的知识点，而语文考试不就是针对这些知识点来出题的吗？而且语文考试的题目无外乎三大块：基础知识、阅读、写作。由此可推及五年级、六年级一直到高中，都是这样的。

我们在复习语文的时候，要先学会把看起来是一整块的语文给肢解了，分成各种不同的知识点和能力点，这样就不至于有无从下手的感觉了。

我问的第二个问题是，你知不知道孩子在之前的语文考试中哪些题失分比较多，哪些知识掌握不够好？

我们都知道复习的时间是有限的，如果每一次考试都来一次通盘复习，那只能是浅尝辄止。而且那种蜻蜓点水式的复习根本解决不了之前存在的问题，该错的还是错了，以前薄弱的依然薄弱，那复习有什么意义呢？所以要找准自己的弱项，有针对性地展开复习，不求一次能解决所有问题，至少每考一两次，能解决好一个问题，这样的复习才更有用。

最后一个问题，孩子这么焦虑，究竟是能力的问题，还是心态的问题？

不同的问题要有不同的解决方式，用错了药是治不好病的。如果是能力的问题，那就讲方法，做知识指导；如果是心态的问题，那就要做心理疏导，帮助减压；也可能是能力不足导致心态产生问题，那就先解决心理问题，再解决能力问题。

所以，孩子如何去进行语文复习，这是一件因人而异、因情况而异的事情。

高效的复习比盲目学习更重要

也不是所有家长和孩子都重视语文的考前复习的。

这里面，既有语文成绩相对还不错的，也有语文学得很差的。一些人的观点是，语文的学习靠的是平时的积累，考前怎么去复习都没有什么用。还有的人认为，语文复习会花掉大量的时间，与其花时间去做语文复习，还不如把时间花在别的科目上，容易见到复习成果。

所以我们常常见到这样的情况，临近考试，学生们除了在语文课上，其他的复习时间大多都是在做别的功课的复习。

这样做的结果，要么就是干脆放弃了语文，本来就不指望在这门功课上拿到高分，要么就是以为平时大量的积累和学习已经可以让自己在考试中拿到一个理想的分数，就没有必要再苦着自己了。

但其实掌握了语文复习的正确打开方式，会让语文的学习变得轻松而高效。

多年以前，我带过一个朋友的孩子，我现在还记得很清楚，这孩子小名叫秋秋，当时读小学五年级。孩子头脑很聪明，学习习惯较好，数学成绩很突出，但语文属于中等水平。孩子很有上进心，想把语文成绩提高，但苦于没有什么好的方法，只能大量做题，学得很辛苦，而成绩却一直不见起色。孩子妈妈找到我，让我给他指导指导。正好当时要期末考试了，于是我就带着孩子把他的语文课本上的知识点做了一个梳理，教他做全书的知识点和考点图表。对照图表一项一项地做分析，然后做针对性的复习计划。他那一次的考试就取得了不小的进步。直到后来，秋秋参加高考，以 635 分的分数被某重点大学录取，其中他的语文成绩达到了 130 分，不但没有成为拖累，反而变为优势科目。朋友对我说，孩子在语文学习中养成了一个习惯，每一次考前都会画知识图表，不管是单元考还是期末考，一直坚持，甚至把这种方法用到了其他科目上，所以才能学得轻松又高效。

毫无疑问，这个孩子语文学习成功的秘诀就在于他对知识不断进行梳理和总结，让语文的复习变得高效起来。

我们在网上也经常看到一些学霸分享他们的学习经验，虽然看起来各有各的不同方法，但其实都有一个共同特点，这些成绩优秀的学生都会及时对所学知识梳理总结，尤其是在考试前，坚决不打无准备的仗，他们是不会让自己带着短板去参加一场考试的。

所以说复习是“温故而知新”的重要途径，是根据学生的认知规律而进行的一种必要的学习形式。而高效的语文复习无疑能帮助孩子梳理清楚所学习的语文知识，及时做好查漏补缺，建立起语文的知识网络体系，真正解决语文学习中的困难。

把每一次考试都当成是一次蜕变

蚕的一生，会经历好几次的蜕皮。每经过一次蜕皮后，蚕的形态就会发生一些变化，直到进行最后一次蜕皮，成蛹羽化，破茧而出化为蝶。

如果把孩子们的学习和成长过程想象成蚕的成长过程，那么一次次的考试，也就是蜕皮成长的重要阶段。只不过，孩子们的蜕变过程远比蚕要复杂精细得多。但我们还是可以根据几次重要的考试来给孩子制定蜕变的目标。

小升初之前的所有语文考试，我们把它视为第一次“蜕皮”阶段。在这个阶段，我们最重要的任务是做好基础搭建的工作。

这个不用多说，小学生学的是基础，考的也比较基础。这些基础包括每个孩子的字词的识记、阅读的积累、作文的学习，甚至包括兴趣、态度以及书写习惯。我们要多一点耐心，可以在每一次考试前设定一个小目标，用很长的时间来搭建起这些基础。

中考之前的所有语文考试，我们就把它视为第二次“蜕皮”阶段。这个阶段，我们的重心可以转换为技巧训练。

我们都知道考试其实就像是一场竞赛的游戏，在规定的时间内，谁能够更快更好地完成竞赛题目，更符合评判的标准，谁就会取得优胜。到了中学阶段，这种竞赛的感觉培养尤为重要。比如说阅读题，我们很多孩子读懂了，也能写出答案，但有可能丢分的原因是答题不规范。分条作答，得分点前置，字迹清楚少涂改等，既可以理清自己的思路，也能让阅卷老师看得清楚明白，给分自然大方。做不到规范答题，导致被阅卷老师误判

漏判，这样丢分就显得很冤枉。而我们如果通过训练，熟练掌握了一般题型的答题模式和技巧，无疑可以帮助我们节省时间，提高效率。

再比如说作文，第一个是时间的要求，你有再好的思路，不能在规定时间之内完成也是白搭。而且考场作文是规定了选拔动作的特定写作，不同于创作，强调“个性”，中考作文规定的600字是有写作规律的，开头80个字内必须亮出主题。在考场作文中铺垫过多，主题不鲜明，就抓不住阅卷老师的眼球。而这些技巧的掌握，都可以在备考时进行有针对性的训练。

而高中阶段的语文考试，就进入了第三次“蜕皮”阶段。到了这个阶段，我们则应该侧重孩子的思维深度的要求。

高中阶段几乎全在一种复习备考的状态中。孩子不但要把基础的东西做深入细致的梳理，还要把答题的技巧运用得更娴熟。这时候在语文上体现差距的除了积累的厚度外，就是思想的深度了。不管是阅读理解题还是作文，有时候别人能比你多得几分，关键就在于他的答案里能体现出他对社会和人生的更深入的思考和理解。所以不妨多多联系生活实际，做一些有深度的思考。比如平时看新闻，发生在身边的大小事件，都可以进行思考：我怎么看待这件事？换了我会怎么做？对比分析别人的观点，拓展思维的广度和深度，把这些思考体现在高考语文卷上，也就达到了复习巩固提高的目的了。

当然，三次“蜕皮”并不意味着三种孤立的学习或复习方式，它们之间既有承接关系，又能彼此交织融汇。你要把语文的学习和复习都当成一个不断发展的生态系统工程去对待，这样才能胸有成竹，考场常胜。

五、阅读理解，你咋就读不懂呢
——你该如何正确理解阅读理解

让人心塞的阅读理解

都说语文难，大家先想到的是作文难。没想到，等上了高年级，才发现阅读理解比作文还要让人为难。

孩子考完试发下语文试卷，不用多说，试卷打叉画线扣分最集中的地方，就在阅读理解那部分。语文试卷改错是一件让人头疼的事，别的倒还好说，可这阅读理解，不光孩子们自己不会改，去问家长吧，许多家长也无能为力，有的连好坏都没法评价，只能看着卷子发呆或向老师询问，然后愁眉苦脸，唉声叹气。

如果说作文是拦在我们语文试卷上的猛虎，那么阅读理解简直就是凶残的狮子。狮子和老虎同样强大，难以战胜，而更可怕的是狮子还是成群结队的。

小学低年级段的阅读理解还算好对付，主要考查一些简单文本中基本的字词句以及对文本的理解能力。到了高年级段，难度就骤然上升，需要情感感悟和表达技法方面的知识和能力了。而升到初中，狮群壮大了，增加了新闻、说明文、议论文、诗歌、文言文、文学作品等方面的阅读题。高中阶段，阅读理解题犹如成群的雄狮般，题型虽然固定，主要有三大块——现代文学作品阅读、文言文阅读、诗词鉴赏，但想要战胜它可谓难于上青天了。

那么，阅读理解究竟给我们的语文分数带来多大影响呢？且让我们先来看一看几次重要的考试中语文阅读理解孩子们的失分情况。

小学阶段语文成绩不太好比较，因为不让排名和统计分数。但通常来说，低年级段阅读理解分值不高，失分也不多。高年级段分值增加，失分开始变多，通常失分在 3 到 5 分。初中的语文阅读题通常占到整个试卷的百分之四十甚至更高，丢的分数也水涨船高，以百分卷为例平均失分在 8 到 10 分左右。而高考语文阅读理解题分值能达到 70 分，学生在这上面丢失的分数平均可达到 15 到 20 分。

这么宝贵的分数，怎么能就这样白白地丢掉呢？孩子们不乐意，家长们不甘心，可是又能怎么办呢？阅读理解的文本千变万化，出的试题刁钻诡异，各种挖坑。想自己去解决吧，无从下手。去问老师，可能还要先被批一通。求助一些培训班，也许学了一大堆技巧方法什么的，但一面对具体的题目，又开始抓耳挠腮，茫然无措了。

不仅是学生发蒙，其实改卷时，不拿到标准答案，很多语文老师也往往不敢轻易下笔评分。

于是，语文的阅读理解题就成了横在学生面前的一座难以逾越的高山，成了学生和家长包括语文老师心里的一道让人心塞的难题。

告诉你阅读理解的真相

我们可能会对出这样的阅读题本身有一些吐槽。

一些人抱怨说，现在的语文试卷中的阅读理解大量存在对作家文章的过度解读，从字词句到段落大意再到中心思想等，让语文阅读变得机械而枯燥，让学生讨厌、害怕语文阅读，这样的做法完全是在为难学生嘛。

甚至有些作品被选为阅读题的作家也在吐槽：自己写的东西居然自己读不懂!

2017 年浙江省的高考语文阅读理解，使用的文章是作家巩高峰的《一种美味》。全文描述了贫寒的一家五口，拿着六岁的小儿子从水沟里捉到的草鱼烧鱼汤的情景，结尾有这样一句话："现在，它早死了，只是眼里还闪着一丝诡异的光。"题目的最后一道，就是让考生们对这个开放式的结尾做出自己的理解。

于是，这道"诡异的光"迅速在网络上火了起来。作为文章的创作者，作者在高考结束之后也收到了暴风骤雨般的各种吐槽。该文作者一句"标准答案没出来，我怎么知道我想表达什么"，更被媒体称为"高考阅读打败原作者"。

看起来似乎真的是我们的阅读理解就不该这样出题。

"一千个读者，就有一千个哈姆雷特。"我们每个人对同一个文学作品的理解和感受是不相同的。而且我们也不是作者本人，别人的思路，又岂是这么好理解的？再说作者也不是神，他并不一定什么都能想到，什么都是对的！我们平时读书，欣赏别人的文字就是要带着自己的情感体验和主观思想，感受思想的多元性。

但是千万别忘了，我们是在考试!

我们读不懂阅读理解，问题有可能出在我们自己对阅读理解这件事并不理解。

考试就是一场竞技。尤其是高考，更是一场数百万人参与的大规模的同台竞技活动！它的目的是什么？是选拔人才。要做到公平公正，就得设定规则和标准。而语文考试，包括其中的阅读理解也要如此。

我们从小就进行的阅读这件事，其实本身并没有建立一个统一的标准，青菜萝卜，各有所爱嘛。但一旦作为考试内容，就必须产生评价的标准。

所以问题开始变得简单了，我们要读懂阅读理解，那首先就一定要读

懂阅读理解的规则和评价标准。

标准从哪里来呢？有人说是命题的专家，有人说是领导，由此而认为在阅读理解时揣摩上意、猜测命题人的心思才是阅读理解的法门。还有人认为，标准掌握在作者手中，文章是他的，他怎么想、怎么写，决定了我们的答案是否正确。

依我看，这些说法都不够准确。

首先作者并不能掌握标准。当一篇文章被选为考题后，它就被定位为一篇具有应试价值的文字。罗兰·巴特提出“作者之死”，就是说，文本在被作家创作后就已经脱离了作家，而形成独立的东西，而它的“完成”要靠读者的阐释。阅读理解并不是让你“设身处地理解作者在想些什么”。读者所解读的东西并不一定是作者所知道、所传达、所确定的含义。其中答题需要的逻辑、发散思维、文学功底等，才是这篇文章的“核心所在”。考生就是要从一篇文字中运用自己的能力洞察出看似不合情理实则逻辑缜密的答案。作者虽然能写出那样的作品，却并不一定具备阐释的能力，所以才会出现大量原作者答不出自己写的文章的阅读题的事情。

专家也不能随意制定标准。专家只能依据教纲的要求以及语言文字的基本规律和文学理论研究的成果来设计标准答案，并不是脑袋一拍，用自己的喜好来制定答案。我们平时所学的知识点，到了考试中，就被变成了阅读的答案。我们要做的就是在考试时通过层层推理，去找到它们。

所以对于一篇被选为考题的文学作品，我们对它进行解读的依据应该是一套大家公认的经过时间验证的比较有共识的价值标准和文学审美标准。

面对一个文本，我们能读懂它的含义，读出它的技巧，读出它的情感，读出它的意义，这才是我们真正的阅读理解力。我们不是用主观感受去解读它，而是展现出我们的才华和素养让它去解读我们。

明白这一点很重要。我们很多学生之所以一看到阅读理解题就头疼，是因为我们没有办法去弄清楚别人脑子里的思想和意图，但我们可以搞清楚自己具有哪些知识和素养。至少我们知道，我们需要提高的是自己的能力。

就算理解了，你说得出来吗？

我们也会遇到一种情况：有些文章，我们应该读懂了，可那种感觉在我们的脑子里只是一团隐隐约约的影子，我们想抓住它，可就是抓不住。

这就表现在答题的时候，我们绞尽脑汁去写我们自己理解的答案，洋洋洒洒写了一大堆，但老师一改卷，还是被扣掉很多分。

这是怎么一回事呢？

有些学生认为提升阅读理解答题能力，只要通过大量阅读文章就能解决。这种认识有些片面。多读书当然没有错，它可以有效地帮助我们提高阅读理解力。但明白了文章在说什么，可是却无法用简洁完整的语言表达出来，这是概括能力和表述能力的问题。

所以，我们要做好阅读理解题，需要提高的不仅仅是理解能力。理解、概括、表述能力的综合训练和提升，才是制胜的关键。

鲁宾斯坦说："思维是在概括中完成的。"思维的最显著特征是概括性。概括能力本质上就是能够提取信息并进行归纳总结。仅仅通过阅读，是无法解决孩子的概括能力弱的问题的，它需要专门的针对性的训练和练习。

我们在语文课堂上会有大量概括能力的训练，比如文章主要内容、中心思想、段落大意。除此以外，在生活中我们家长也可以有意地对孩子进行这种训练。

做好阅读题，还需要很好的表述能力。

例如小升初面试，孩子对考官出的题理解再透彻也要通过语言来表述，如果你组织的语言不能准确、有条理地表达你的思想，而是东扯西拉杂乱无章的，那你说得再多也过不了关。而良好的表达能力又具体表现为一种规范意识。许多题目的解题具有一定的规律性，如"理解句子含义题"，在解题时就要确立表层含义、深层含义、主旨意义三个角度，着重从关键词语、上下文语境，以及文章主题三个角度去思考。

培养表达能力，当然首先从基本的语言表述开始，这个需要家长们从小就重视孩子的语言表达，之后的写作训练就更是不可缺少的。

我们只要能做到足够重视，从小就开始打好阅读的基础，知道它的每一类题目是要对我们做什么样的考查，使用一些技巧进行有针对性的做题训练，长期坚持下来，阅读理解也就没有什么可怕的了。

六、考场作文，一场赛车游戏
——教你一点考场作文的应对策略

作家也写不好的考场作文

几年前有这样一则新闻引发了大家的热议。

湖南岳阳籍2014年高考考生、青年作家张一一参加2014年高考，在高考作文中，张一一以《“最美乡镇干部”为何八年未提拔？》为题答卷，作文仅得29分。而在此之前，他已出版过十本书、发表过近千万字的文学作品。张一一将湖南教育考试院告上法庭，要求公开高考作文评分标准等。

但作家的上诉并未成功，更让人不解的是，大多数网友都纷纷表示，作家的这篇作文理应只得这么点分，偏题了。

其实有很多作家都参加过高考，而大多数人的语文成绩都不太理想。

作家写不好高考作文？这究竟是怎么回事？

作家之所以能够成为作家，是因为个性化的表达和文字的积累，才能创作出打动人心的文学作品。

但高考作文和平时创作真的不是一回事。

很多人以为竞赛作文（创作作文）得分高，就等同于考试作文得分高。事实恰恰相反，屡获竞赛奖项的学生，在中高考中往往发挥得并不好，得分普遍偏低。

原因在于中高考作文是规定了选拔动作的特定写作，不同于创作，强调“个性”，中高考作文规定的600字、800字有写作规律，开头80个字内必须亮出主题。而这一点往往被竞赛作文的作者们忽视，在考场作文中铺垫过多，主题不鲜明，这样怎么能抓住阅卷老师的眼球呢？

我们可以换一种方式去理解。如果竞赛作文是在写8分钟发言的“提案”，那么中高考作文就是写3分钟发言的“演讲稿”。

这显然需要不同的呈现方式。

孩子平时的作文好，并不代表中高考作文就好。因为平时教师是教练兼裁判，他们的评价会偏高一些，他们对待考试是一个通过式的心态，强调“大同”，习作缺乏发展性，只停留在基础等级，同时还受对学生的印象影响。而中高考作文得分往往偏低，因为教练、裁判分开，裁判被大量的千篇一律的惯性影响，造成阅卷的审美疲劳，极易产生压分现象。这类选拔考试作文更偏重“差异化”。基础等级只是保底分，真正的突破在发展等级。

而且长期以来高考作文由于考生与阅卷者的磨合，业已演变成一种独特的“文体”，在很多人眼里拥有固定的范式。这些人，当然也包括阅卷老师。

也有作家试图用作家的眼光教孩子写作文，但结果常常是不尽如人意。最出名的例子，就是郑渊洁替儿子写作文的故事。

郑亚旗不愿意写作文，郑渊洁出于对没完没了的家庭作业深恶痛绝的心理，答应帮儿子写篇能得高分的作文。没想到，郑亚旗看了爸爸写的作文后肯定地说：“你这东西在我们老师那儿百分之百通不过。”郑渊洁不相信，于是父子两个打了赌：如果亚旗赢了，郑渊洁写假条协助儿子罢课一个星期；如果郑渊洁赢了，就获得一年不参加家长会的权利。

结果，郑渊洁惨败。

老师在郑渊洁的作文上用红笔只写了 11 个字：文章怎么可以这么写？重写！

这就是目前作文教学的真相——范式的作文教学和选拔，如果你试图突破它，用作家的想法去进行文学创作，那么，你的作品就算本身是金子，也很难逃过被埋没在沙子里的命运。

考场作文就是一场赛车游戏

考场作文得分不靠运气，也不完全取决于平时的写作实力，还要靠一定的考试技巧。

我们甚至可以得出一个公式：考试作文 = 写作能力 + 开放式阅读能力 + 考试技巧。

我们不妨把它当成一场赛车游戏，你要了解比赛规则，为自己的车选台好发动机（确定主题）、为自已配台好车（选好材料）、走近道超车（确定表达方式）、做好起步与冲刺（开头与结尾）。

作文考试可以按照 45 分钟的文字游戏进行训练。

考试作文就是要求考生借助 600 ~ 800 字，展现考生是一个什么样的人。阅卷老师会通过主题评判考生是否厚重，通过选材评判考生是否渊博，通过表达形式评判考生是否聪明，通过文笔评判考生是否有才气。因此一篇高分作文必须是“色香味”俱全。

在这场赛车游戏中，我们首先要根据比赛规则制定策略。

中高考作文评分规则是什么样的呢？

以武汉为例，武汉中考作文满分 50 分：主题与材料 20 分，语言组织 20 分，结构形式 10 分。

A 等基准分为 48 分，B 等基准分为 40 分，C 等基准分为 31 分，D 等基准分为 20 分。总基准分为 36 分。其标准特别之处在于：

其中一项有特色，另外两项都评为 B，可考虑评为 A 等级（48 分以上）。

其中一项有特色，另外两项为 A、B 之间，可考虑给满分。

这个标准中的核心词语是“有特色”，如果作文“有特色”，得分就会在 48 分以上。若没有特色，哪怕三项评 A，总分也可能只有 45 分。

高考作文评分标准也是如此，分为基础等级 40 分，发展等级 20 分。发展等级的关键词是“深刻”“丰富”“有文采”“有创意”。一般学生会扣掉 20 分，往往是发展等级扣分。2012 年北京 82% 的学生得分在 38 ~ 42 分之间。

要想在这个比赛中获胜，做到中考“有特色”，高考有“发展等级”，综合全国作文的特点，无外乎六大突破：

突破一：观点“鲜明”

观点鲜明区别于“观点突出”。如“我爱我的祖国”因包含面广泛，可以算作“观点突出”。“我爱我祖国悠久的历史长河中那些民族英雄不屈不挠的精神”则属于“观点鲜明”，这个观点精确到“不屈不挠”这个“点”上。

突破二：观点“独到”

要做到这一点，需要具备两种能力，一是对材料的开放式分析能力，寻找到 3 ~ 5 个主题，正反主题皆可；二是对对手的分析能力，寻找到超越 80% 考生的“独到点”。

突破三：选材有新意

这样的选材一定是众所周知的“正材”（主要材料）。为达到这一点，考生须在平时积累一定数量的历史事件，熟记中国朝代变革时期准确的时间、地点和人物、事件，一般中考需要准备 30 个，高考需要准备 50 ~ 80 个。在材料积累的基础上，阳光喔可针对这些材料进行多主题的训练。

选材有新意不是要学生去杜撰材料，而是“选”那些评委知道，但可能连他都想不到的材料。

例如：“家的声音”这个题目。

大多数同学会选择自己家里爸爸、妈妈、爷爷、奶奶的声音，选材就缺少新意。我们可以这样选材：

> 公元前 202 年 12 月，在垓下，十余万楚军被五十余万汉军团团围困。
>
> 四面有楚歌传来。楚歌？那可是家的声音！此刻项羽想起了……

接下来文章可以以楚歌代表和平的呼唤，与战争的厮杀声形成对比，彰显战争与和平的主题。这类材料就达到了“选材有新意”的标准。这类材料的准备和多主题运用的训练可以安排在小升初、初升高，或者 7、8 年级和 10、11 年级的寒暑假进行封闭训练。背会材料不难，难在个性化运用的训练。

突破四：想象力丰富

这个规则有风险，一般不主张过度突破。在内容和主题上想象有风险，但是在形式上的突破可以尝试。

突破五：语言有表现力、有文采

主要表现在文字有节奏感、韵律感、画面感、逻辑感，这需要 1 ~ 2 年的专项训练。

什么才是有表现力、有文采的语句呢？

例如：

> 昨天傍晚有一阵风把我们家院子里的银杏树吹得落叶纷飞。

如果改成：

> 傍晚时分，秋风掠过。银杏树落叶纷飞，院子里一地金黄。

高下立判。

突破六：结构有特色

结构的特色突破可以从三个方面进行：一是角度突破，如采用第三人称、“我是主角”“我是配角”等角度来行文；二是形式突破，如摒弃记叙文、抒情文、议论文、说明文四大文体，采用日记、书信、实验报告、微博体等创新形式；三是在风格上突破，可以是优美的散文风格、惊险的冲突风格、幽默的喜剧风格、深沉的哲理风格等。这项训练将结合学生自身个性来设计。

这种赛车游戏式的技巧训练在中高考考前尤为重要，往往没动笔胜负已分。每一个环节都配置、训练到位，则完全可以解决中高考的作文难题。

漫长的12年的学习就如一个车手训练车技的过程。我们需要做出系统化的安排。小学先学素质作文，打下扎实的文字基础，进行主题的深度思维、选材的宽度思维、形式的创新思维以及阅读的理解能力训练。小升初开始材料积累与训练。初高中开始阅读和理解能力的专项突破。9年级和12年级开始考试技巧训练。你的考场作文就可以在高考中在一般基础上再突破15 ~ 20分。

最后，你也就取得了这场赛车游戏的胜利。

七、学霸是怎样练成的
——语文的学习要讲科学系统

从学霸的世界走过

有一种生物，我们称之为学霸。

学霸的身上，自带光芒。

他是一位思想深邃、学识渊博、多才多艺的画家、天文学家、发明家、建筑工程师。他还擅长雕塑、音乐、发明、建筑，通晓数学、生理、物理、天文、地质等学科，既多才多艺，又勤奋多产，保存下来的手稿大约有6000页。他全部的科研成果尽数保存在他的手稿中。爱因斯坦认为，他的科研成果如果在当时就发表的话，科技可以提前30～50年。

他的名字叫列奥纳多·迪·皮耶罗·达·芬奇。

达·芬奇算得上是人类历史上最让人称奇、最让人仰视的学霸之一。

没有人不希望自己成为学霸。毕竟，这个社会正在以不可阻挡的趋势进行分层演化，而做一个学霸，踏入更高层次的可能性一定远远高于普通人。

所以现今的我们不会再去关注那些“白卷英雄”之类的人物，而每年的高考状元也就成了我们聚焦的中心。

我们看过太多学霸在高考战场上叱咤风云，用令人惊叹的分数证明自己的才华。而从语文这门几乎没有可能得到满分的学科来说，学霸的表现也足够令人惊艳。

在 2013 年的高考中，北京考生孙婧妍语文得了 148 分（作文满分），在总分 150 分的语文试卷中，仅仅丢掉两分。高考语文得到这么高的分数，除了膜拜我们简直无话可说。

学霸除了能得到大量的社会关注外，还会受到更多切切实实的优待。名校的破格录取自不用多说，各大高校打破脑袋展开竞争，为学霸们敞开大门，甚至会在高考之前就到高中预订学霸。而一些高校给学霸开出的各种优厚条件，更是让人叹为观止。

当然，状元可遇不可求，他们是金字塔尖的最亮的明珠。但就算你成不了状元，只要能考进 985 或 211 之类的名校，那你也算是步入了学霸的行列，也会迎来比别人更光明的前程，在未来拥有更多的机会。

但即便成为这样的学霸，也不是一件容易的事。

据统计，2017 年高考考生报名总人数有 940 万，而全国的 985 和 211 大学招生数在 70 万左右，也就是说每年只有约 7% 的考生有机会成为学霸世界的一员。

这还没完，因为阶层的分化、资源的分配不平衡等原因，普通家庭的孩子离这个世界的距离会显得更加遥远。2017 年北京市高考文科状元熊轩昂的一席话更是对上述看法加了注脚。

他说：“农村地区的孩子，越来越难考上好的大学。像我这种中产阶层的孩子，衣食无忧的，家长也都是知识分子，而且还生在北京这样的大都市，拥有得天独厚的条件，是很多外地学子或者农村的孩子所享受不到的……现在的状元都是这种家境又好又厉害的孩子。”

就算如此，每个人心里，其实依然会装着一个学霸的梦想。

只是，怎么才能把自己变成一个学霸呢？

学霸是这样产生的

曾经看到这样一个故事。

> 一个穷人向神灵祷告说，富翁只不过是运气比较好罢了，如果神灵给他跟富翁一样的起点，他也可以成为有钱人。于是神灵满足了他的要求，把一位富翁变得跟他一样一贫如洗，然后各赐予他们一座一模一样的矿山和开采工具，让他们自谋生路，神灵一年后来看结果。
>
> 穷人和富人都挥汗如雨地干着同样的活，穷人每天都把赚到的钱吃光用光。而富人却逐渐积累资金购买采矿工具，研究提高采矿效率的方法，最后买下矿山，更进一步扩展生产规模。
>
> 一年之后，穷人依然是穷人，而被神灵剥夺了财富的富人，再次变成了跟之前一样的有钱人。

穷人在面对贫穷的时候，想的是如何去抱怨，而富人面对穷困的时候想的却是如何改变。穷人挣到了钱，想的是怎样花掉，富人挣到了钱想的却是怎么用这些钱去赚更多的钱。决定他们命运的，是他们自已的思维方式呀。

这个富人，我们不妨把他看成一个学霸。而学霸能取得成功的关键，首先要具备更先进的思维方式。在生活中，我们往往会发现，那些学霸类型的孩子和其他孩子在思维方式上是有着巨大差异的。

孩子的行为习惯和学习习惯，来自他们对生活与学习的认识和理解，不同的理解也就是不同的思维方式。正因为思维方式的不同，才造成了不同学生的具体差异。我们的思维方式决定了我们会给自已定下什么样的目标，决定了我们面对困难的态度，决定了我们未来人生的选择……

而学霸的思维方式，会让他们不满足于现状，不轻言失败，不甘于放弃，在学习的过程中精益求精，力争上游。

你和学霸之间的最大距离可能就是思维方式上的距离。

而父母的思维方式，将直接影响孩子的思维方式，这也是“寒门难再

出贵子”的真正原因。

当然，光有思维，缺少积累，在学习上也是难以成功的，尤其是语文。而这种积累，其实就是素养。

清华语文学霸孙婧妍在说起自己的学习经验时说道，在她的心中，语文从来就是一个有关素养、无关应试的学科。她认为一个有素养的学生，应该是会读书、会写作的学生。

素养的产生，需要长期的积累。在语文学习上，没有比阅读和写作更好的能提升素养的方法了。如果一定要说有的话，那就是读更多更好的书，写更多更好的作文。

很多学霸谈起自己的学习经验，常常会说起一些应试的方法，说白了，也就是套路。

说起套路，很多人会反感，认为它总有些投机取巧生搬硬套的味道。

其实不然，套路是一种智慧，没有反复的摸索和实践你怎么可能发现它？你瞧不起套路，只不过是因为你没有掌握套路，或者是你用的套路比学霸用的套路差。

学霸的学习套路，只不过是对所学知识更系统的总结，对解决问题更有效的途径的确定而已。

所以，培养了先进的思维方式，积累了丰厚的知识素养，掌握了正确的套路，你离学霸的距离，是不是就越来越近了呢？

没有人能随随便便成功

学霸的身边，看上去全是掌声和鲜花。但行走在这条道路上的学霸们，他们背后付出的努力和汗水，一路走来的艰辛，又有几个人能看得到？

一个学霸在分享自己的学习经验时这样说：

很多人问我学习方法，其实非要说的话，就一个字：拼，再一个字：

忍。如果你试过背书背到两点背到哭，如果你试过做题连做四个小时，起来的时候腿都麻了，你就会明白，世界上没有免费的午餐。当你用轻飘飘的一句“学霸”表示赞叹的时候，那两个字根本无法体现那些付出的艰苦。其实所谓学霸不是有多聪明，而是多有心。

如果说要成为像达·芬奇、牛顿、爱因斯坦之类的巨匠需要的是天才，那么成为一般人口中的学霸则更多需要的是吃苦。

学霸要吃的第一重苦就是自律。

自律的最高境界，也就是所谓“断舍离”，你总要与某些不切实际或者不好的欲望一刀两断，舍弃那些过分的或者做不到的目标，远离诱惑你的各种事物。

想想我们有些孩子，三天两头给自己定一个目标，然后一遇到障碍就放弃；很容易沉迷于动画片、手机游戏中不能自拔，怎么也放不下来；做作业只想赶紧做完，不管做得好与不好。这些行为，都是缺乏自律的表现。

要想孩子成为学霸，首先要培养自律的态度。家长们可以试试，在生活中培养，不放过一切生活的细节，自己先做表率，再去要求孩子，然后慢慢由“他律”变为“自律”。

但学霸的自律，并不是把自己变成苦行僧。他们也会玩，甚至比大多数人还要会玩。他们只是知道为什么要玩，他们拿得起，也放得下。

学霸要吃的第二重苦是坚持。

有一句话说得很有道理：“简单事情重复做，你就是专家；重复事情用心做，你就是赢家。”

在漫长的学习之路上，用心而重复地做着简单枯燥的学习动作，这当然不会是一件轻松愉悦的事情。要想成功，当然离不开坚持。

达·芬奇一生书写手稿数万页；马克思一部《资本论》几乎写了40年，目前能够搜集到的笔记，就达250本以上；自媒体的网络名人罗振宇坚持每天早晨六点半发60秒语音；我们在网上所能看到的高考学霸，总能拿出一堆让人叹为观止的课堂笔记……

当然，学霸的坚持、学霸的“拼”和“忍”，并不是刻板无聊到让人无法接受的。真正的学霸，会分解目标，会调整状态，会发现简单重复之中的意趣。

谁也不是天生的学霸，今天的你只有足够努力，才能让明天的你看起来毫不费力。你做到了成为一个学霸所需要做到的一切，那你也就成了学霸。

八、别被“国学热”烤煳了
——你的孩子该怎样去学“国学”

被烤煳了的跟风者

文化这东西很有意思。尤其在如今这个大时代，各种文化和文化现象层出不穷，蜂拥而来，颇有些“你方唱罢我登场”的热闹景象。而在传统文化回归的大背景下，语文学界也就不可避免地掀起了一股“国学热”。

这当然是好事。泱泱中华，五千年文明，经济重振了，文化自然也需要重塑。我们对孩子们的语文教育，也应该顺应这个潮流，做出适当的改变了。

所以，一大批以国学为卖点的民间书院、私塾甚至培训班开始在各大城市应运而生，很多人开始将传统文化中蕴含的丰厚哲理视为滋养心灵的源泉，更希冀孩子能在国学熏陶下历练出更多的智慧和气质。可是，在这个热潮中，也有一些家长和孩子，因为被一些所谓的“专家”蒙蔽，自身又缺乏对国学学习的了解，掉进了某些“国学大师”的坑。

比如被央视曝光的、引起众怒的豫章书院。它曾经用国学把自己包

装成了修身养性的地方，迷惑了大量为“问题少年”头疼的家长，也吸引了很多想让孩子接受传统文化熏陶的人。结果今年经曝光后，我们得知这样一个曾经在历史上有辉煌育人历史的书院，继承的不是那些真正能让人修身养性的文化，而是暴力惩戒。多个曾在豫章书院接受改造的亲历者称：他们被关在脏乱差的小黑屋中，不给吃饭，美其名曰“培养吃苦耐劳精神”；体罚学生，用半米长的铁尺子或木尺子打手心，或用一米长、小拇指粗的钢筋“龙鞭”打屁股；有人为了逃离，甚至吞洗衣液自杀，还因此被医院下了病危通知书，但书院把孩子接回来，灌水催吐，并不告诉家长……

我们眼巴巴地把孩子送进这样的地方，原指望借助国学的力量，规范孩子的行为，达到更好的教育目的，这本没有错。只是，这样的“国学”教育，真的有用吗？

更有甚者，打着传统文化的幌子，却干着招摇撞骗的勾当，把糟粕标榜为“文化”，而骨子里却是真正的“反文化”。

就在2017年底，号称已经开遍全国的“女德班”事件又成了舆论的焦点。媒体包括《人民日报》都报道揭露了这些“女德班”的真相：

> 女德班眼中正确的价值观就是，“女人就不能往上走，就理应处在底层”“女人为家庭劳动而生”。学员被要求每天早上4点半起床做各种家务，包括擦厕所蹲坑等任务。在这种价值观之下，点个外卖也是老师口中有失妇道的事情：“你不刷碗，就已经丧失了妇道！”课堂上，有女学员跪在地上向孔子像忏悔，反复说“我错了”，因为“女子的妆容应该朴素干净”，而自己每天浓妆艳抹，有失妇德。打扮得惹人注意不行，事业上有成绩就更不行了。在这个女德班的说辞中，“女强人下场都不好”，没有哪个小姑娘愿意变成那样。

被曝光的其他愚昧言论还有：教导女性守贞，“三个男子的精液混合在一起成为剧毒，专伤不洁女啊”。婚姻四项基本原则：“打不还手，骂不还口，逆来顺受，坚决不离婚”。

你看，这些思想的落后与荒唐程度，我相信绝大多数人都不会认同。

所以，国学这把火，烧得好会点亮孩子的前程，烧得不好那就会烤煳孩子的人生!

你究竟想要什么样的国学

大多数的人其实并不能说清楚国学到底是什么。

我们在这里也没有必要去研究国学最准确的定义到底是什么，这样的事情交给那些专家，让他们去考证好了。

我们只要转换一下思维，做一个简单的思考：国学的对面是什么？它对面站的不就是西方文化，不就是现代文化吗？这样就比较清楚了，我们祖先的生活方式和思想方式，他们留下了一些典籍和传承，就成了国学。

当年我们挨了打，觉得祖先们的文化落后了，于是就抛弃了那一套。现在我们变强大了，但是在发展过程中又遇到新问题了，于是又决定把它们捡回来。这个道理也很简单。

那么怎么捡呢？毕竟那些经史子集诸子百家，文学音乐绘画民俗……咱们的国学遗产太多了！我们当然要挑好的捡!

如果你希望自己的孩子提升自己的才学涵养，拥有更好的形象气质，那就从古典的诗词文学入手，会是一个不错的选择。

比如在《中国诗词大会》惊艳亮相的武亦姝，这位年仅16岁的女孩，在央视《中国诗词大会》第二季收官总决赛里，淡定从容，“飞花令”中出口成章，她以充满古典气质的形象，诗词满腹的才华，在中国古典诗词歌赋的衬托下，征服了无数观众。在接受采访时，武亦姝说，从小的时候开始，她就很喜爱诗词，并且享受沉浸在诗词世界中的乐趣。在她眼里，苏轼是她的男神，李白、杜甫是她的朋友，帮助她去孜孜不倦地探寻诗词的奥妙。

被古典诗词滋养的孩子，得到的不仅仅是诗情和文才。“腹有诗书气自华”，这绝不是一句美丽的空话。

同样，那些经典的绘画、古典音乐、书法艺术也都能带给孩子涵养气质乃至才情的提升。

如果你的目的是想借助国学对孩子进行人格的塑造、德行的养成、智慧的启迪，那让孩子去读经典也是大有裨益的。

国学经典中包含的“仁义礼智信”等中华民族的核心价值观念，是中华民族长期以来的日常行为标准和道德规范。在孩子小的时候，可以通过《三字经》《百家姓》《千字文》《千家诗》《弟子规》等蒙学读物，一些口耳相传的成语故事、俚曲戏文、常言俗话，来潜移默化地影响孩子的人格形成，进行智慧启蒙和道德培养。

当然，也许你只是单纯地出于考试的需要。

这也没有什么值得羞愧的。毕竟我们都生活在一个竞争极其激烈的社会之中，对孩子来说也是如此。考试成绩是检验孩子的重要标准，尤其是现在的新版语文教材中，国学篇目所占比重大幅度增加。水涨船高，考试当然也会往国学内容方向倾斜。

但指望走什么捷径也是不现实的。古文知识之浩瀚博杂，超乎了我们的想象，不过我们至少可以做到分类去学习。比如你可以把它分为诗、词、曲、骈文、散文等方面去专门学习。分类学习的好处是可以让所学的知识更系统。而且我建议在学古文时最好先学历史，因为古文中的人文情境需要相关的历史背景了解才可以融会贯通。

所以我们首先要搞明白一件事，我们让孩子学习国学是为了什么。这样才能有针对性地去学习。现在所说的国学范围太大了，修身齐家治国的叫国学，道释儒医叫国学，经史子集也叫国学。如果你没有具体的目标，就怕掉进去了，东一榔头西一棒子，到最后付出了大量的时间精力和金钱，但国学还是离你很遥远。

借一双慧眼

最好的国学教育源于家庭。

引导孩子学习国学，对国学的热爱首先应来自家长，如果家长对国学没有热情，孩子自己是很难坚持学下来的。父母完全可以陪着孩子一起读经典，陪孩子温习诵读过的篇目，讲解内容，通过一个个小故事让孩子了解做人的道理。

我所见过的国学涵养丰厚、身具传统美德的年轻人，大多都有一个重视传统礼仪和文化教育的家庭。家庭是土壤，什么样的地长什么样的瓜。比如前面提到的武亦姝，以及同样在《中国诗词大会》展现了自己才情的董卿，都可算得上是书香传家。

不过我们很大一部分家长是没有办法给孩子创造一个那么好的国学学习环境的。一是因为我们自身底蕴不足，二是工作太忙，没有时间。

所以我们会选择让孩子去一些教育机构，让专业的人来帮忙，花钱解决问题，这也理所当然。但是，在选择机构的时候，我们需要练就一双“慧眼”。

有一些国学教育机构把国学包装成一个孩子学了就无所不能的“神功”，他们常常夸张地宣传他们所教的国学是如何如何神奇，可以解决孩子的一切问题，如果不来学，那就是你天大的损失。这样的机构，我的建议是不要去轻易尝试。国学不是万能的，有精华也有糟粕，有些认知本身就带有历史的局限性。鼓吹得越起劲，就越不值得相信。

还有一些国学教育机构的模式是“重形式”“轻讲解”，比如他们会让孩子穿汉服，坐私塾，行古礼，教孩子反复地诵读、背诵，却不讲解。这个模式目前很有市场，获得了一大批拥趸。看起来好像是像模像样地搞国学教育，但其实就是把国学宗教化、神秘化，掩盖自己在文史典籍方面功底的不足，然后圈钱忽悠。

针对有些“熊孩子”，也会出现相应的机构。他们声称能用国学来“感召”“教化”这样的孩子。这也不足为信。“熊孩子”的出现根源上是家庭教育出了问题，需要家长去反思和改变，就这一点来说，国学帮不了你。

更有一些所谓的国学机构，比如前文提到的“女德班”。他们披着国学的外衣，却连最基本的价值观——人权、平等、尊重都严重缺失，那就更不用多说了。

我们身处网络时代，信息发达。真有心的家长就应该睁开双眼，多了解相关的信息，才不至于被虚假的东西蒙蔽。这样，你的孩子才有可能在国学的热潮中，收获真正的营养。

九、最好的书是适合孩子读的书
——让孩子爱上读书的一些建议

读书当然好，可孩子不爱读书咋办

读书的好处应该是不用多说了。

我经常在和家长朋友聊起孩子的成长问题时，把语文学习与呈现的过程比作一棵生态平衡的大树。树根即语之根，指信息吸收系统，包括“听”“读”“行”；树干即语之干，指信息处理系统，主要为“思”；果实部分即语之果，指信息处理后的呈现部分，包括“说”和“写”。

这就是生态语文体系。在这个体系中，“语之根”是吸收系统，是成长的基础，而孩子们在成长过程中最有效最精华的吸收方式莫过于读书。

“读书破万卷”，从小培养孩子爱读书的好习惯，不但可以丰富孩子的课外知识，一本好书还能教会孩子如何做人，培养孩子正确的德行。

不知多少名人强调过读书的重要性，那些在语文学习上成功的“状元”和“学霸”，在谈到语文学习的经验时，也常常把大量有效的阅读放在第一位。

但让人沮丧的现实却是，很多孩子并不喜欢读书。

经常听到家长抱怨，孩子只喜欢看电视、玩手机游戏，根本没有阅读的习惯，就算强迫他去读书，他也只是装装样子，更不要说主动找书去读了。

是呀，如果孩子没有产生阅读的兴趣，不把读书当成一件有必要的事情去做，那我们讲再多也是白费工夫。

所以，培养孩子的阅读兴趣，让孩子愿意主动去读书，这是家长们要重视的头等大事。

那么怎么才能让孩子喜欢上阅读呢？

首先，你得给孩子营造一个良好的读书环境。

家长要舍得购书、藏书，构建一个书香家庭的氛围。你可以想一想，如果在你的家里面，适合孩子看的书随处可见，不管是书柜、床头、书桌、沙发上、茶几上，甚至卫生间里，你把能放上书的地方都放了书，孩子时时刻刻感受到书的陪伴，总会有翻阅一下的时候，当他翻阅的次数多起来，阅读的兴趣也便渐渐产生了。

而且，你得要减少那些可能会破坏孩子阅读的事情。比如看电视，那些家里整天开着电视机，每天花上三个小时看电视的儿童是一定不会喜欢看书的。如果迷上了打电脑游戏，或是玩手机游戏，而不懂得控制时间，他也是不会喜欢看书的。所以孩子在家时尽量少开电视，对孩子使用手机做明确的要求和限制，尽量让家里面少一些喧闹，多一些宁静。在这方面，我认识的很多家长朋友，为了孩子做了很大的牺牲，有的甚至在家里把电视和网络都给禁绝了。我当然不建议做得那么极端，但事实证明，这样的做法在孩子养成阅读兴趣的阶段还是很有效的。

还有些家长时常会无意中打击了孩子的读书积极性。有时候孩子捧起一本书来看，家长在旁边并不满意，催促孩子“快去写作业！”或是“早点去睡觉！”。孩子在书店想买书，父母却说：“家里那本你都没看完！”这些做法，家长都要避免，就算需要帮助孩子规划好时间，养成好的作息习惯，也不能以牺牲阅读习惯为代价。况且，你大可以以此为契机，和孩子讲讲条件，以达到更好的效果。

家长还要重视早期阅读与对话、游戏、讨论等社会交往活动的结合，重视成人对孩子阅读的支持和示范作用。一个爱读书，爱和孩子讨论分享阅读乐趣的家长，一定更容易培养出一个爱读书的孩子。

我们必须认识到，让年幼的孩子进行与阅读有关的活动，并不在于让他在阅读中学习到多少知识，而是让他掌握一些与阅读活动有关的基本技能，培养起阅读的兴趣，养成进行阅读的良好习惯。

当孩子爱上了读书，一个美妙的世界就此敞开了。而这种美妙，既属于孩子，也属于家长。

给孩子挑适合他读的书

该给孩子读什么书呢？

这是一个幸福的烦恼。像我们这代人小时候是没有这种烦恼的，那时候，能找到书读就是一件不错的事情了。但现在，可以读的书太多了，孩子的时间有限，而且各种书籍良莠不齐，我们必须要帮孩子准备最好的精神食粮，让孩子从阅读中充分受益。

所以要有一个标准，给孩子选书的标准。

这个标准一定不能由家长的主观意愿来定，并打着都是为了你好的旗号来强制执行。

有一次和一个家长聊天，家长反映孩子也不是不喜欢读书，但总是喜欢读那些漫画、冒险故事之类的在家长看来毫无价值的书，给孩子买了一些世界名著让孩子读，他翻了几页就没有兴趣了，更不用说读那些经典传统文化的书籍了。

我问这个家长，你觉得孩子读书的目的是什么？他说，当然是为了提高自己，不然，读书干吗？

你看，这个就是用实用主义思维来读书的典型了。即便是成年人，抱着这样的目的去读书，也难以真正读得进去，更何况那些缺乏自我约束力

的孩子了。而且在这种实用主义思想的影响下，你所读的书，也未必就是什么真正的好书。

孩子们在小的时候愿意去读书，唯一的目的就是，他能从阅读中找到乐趣。你说是为他好，但你的强制要求和自以为是的选书带给孩子的只有压力，不是乐趣。没有乐趣的阅读必然被孩子所抛弃，所以我们家长要做的事情就是，让孩子能感受到阅读的乐趣，能逐渐产生自主阅读的兴趣，最后自然而然地达到我们想要的提升素养的效果。

所以我们要学会在孩子不同的年龄段给他读他有兴趣的书，读最适合他读的书。

我们可以给孩子大致划分这样几个阶段，来给他准备适合他读的书。

第一个阶段，3 到 6 岁的孩子，最适合他们读的书籍是绘本。

绘本就是“画出来的书”。通俗的说法是指有图画、主题简单、情节内容简短的故事书。绘本最重要的特征是：文字和图画共同讲故事。适合亲子阅读，父母朗读文字，孩子边听边通过图画接受故事。而且，经典的绘本都是很好的绘画启蒙。

在儿童情绪和情感管理培养方面，我推荐的书是《中国第一套儿童情绪管理图画书全集》，这套书是世界儿童情绪管理大师特蕾西·莫洛尼 6 年心血之作，本套图书让孩子在充满趣味和美感的阅读过程中，认识和了解自我在成长中的情绪变化，从而轻松快乐地接纳和管理情绪。

在科学启迪方面我推荐《亲亲科学图书馆》，这是一套全 20 册的基础的启蒙科普读物，包含大量小朋友们日常能够接触到的、想要探索的事物。《你好，数学！》《你好，科学！》是系统全面、分门别类的升级版科普读物。

在想象力发展方面我推荐《最美最美的中国童话》，这书是全彩典藏版，套装全 36 册，是幼儿国学启蒙的首选图书。

还有绘本《翻开这本小小的书》，这本充满设计感的绘本，不仅会让孩子爱上阅读，而且还会告诉他们友谊的哲学。《顶级大师绘本·父与子全集》是德国漫画大师埃·奥·卜劳恩的传世名作，影响力遍及全球。

《逻辑狗》是根据儿童的发展特点设计的，手脑互动比较多，游戏性很强。

这个阶段也是阅读兴趣养成和阅读习惯培养最重要的阶段，家长不但要学会选书，还要和孩子一起读书，引导和放大他们在阅读中感受的乐趣。

第二个阶段，也就是 6 到 10 岁的孩子，他们已经不再满足于简单的绘本。

在传统国学方面可以读《论语》《庄子》《幼学琼林》《千字文》《千家诗》《世说新语》这些书。

经典的童话自是不能少，比如《安徒生童话》《格林童话》《中国民间故事》《中国神话传说》《动物故事》等 。

情商培养上，要读一些如《爱的教育》《青鸟》《夏洛的网》《柳林中的风声》《小公主》之类的书。

在自然科学启蒙方面，读《森林报》《企鹅的脚为什么不怕冻》《动物必须刷牙吗》《世界上最绿最绿的植物书》《自然科学狂想曲》《小偷也要懂牛顿》《化学元素漫话》这些书。

还可以读点社会人文启蒙类的书，如《小狗钱钱》《谎言长着红耳朵》《窗边的小豆豆》《小傻瓜，让我教教你礼貌吧》《牛奶可乐经济学》之类。

这个阶段孩子喜欢故事书，尤其是那些充满想象力的故事，会给孩子们带来无穷的乐趣。

第三个阶段，10 到 15 岁，这个阶段的孩子阅读量和阅读速度都有提高，开始发现阅读也是一种享受，同时对世界的认识更清晰，能够从多种角度看待问题。阅读的书目也从简单的故事书过渡到覆盖各类知识和探讨深刻问题的读物。

这个阶段可读的书太多了，在这里我就简单列一个书单：《传信人》《偷书贼》《最后的孩子》《魔鬼积木》《白垩纪往事》《星期三的战争》《送埃莉诺回家》《如果我留下》《我的秘密城堡》《所罗门王的指环》《荒野求生少年生存小说系列》《戴眼镜的女孩》《马耳他之鹰》《烟雾和骨头的女儿》《万物解释者》《有趣的科学》《宇宙简史》《万物运转的秘

密》《平行宇宙》《看得见的文明史》《众神的星空》《中国历史故事》《明朝那些事儿》《如果这是宋史》……

其实也可以看出这里的分类：故事类、知识类和历史类。如果孩子对某一个类别特别感兴趣，我们也可以多准备这类的书籍。

总之，在孩子的成长过程中，给他选对了书，可能就意味着给他选对了人生。

后记

语文是一场生命的修行
——语文的学习关系着孩子的一生

也许你不记得化学方程式，忘了微积分，丢了电阻图，但却记得月光下的少年闰土、百草园中的桑葚……对于很多人来说，语文老师比数学老师抑或英语老师更容易被追怀。不仅是课程内容、教师才华，更与学生一生的成长记忆有关。

在这个意义上，说中小学语文的学习很重要，影响学生一辈子，一点都不夸张。

我们经常会遇到这样的成年人，他们能有声有色地讲述生活中各种大、奇、趣、巧、险的经历，但是如果你听得来劲，要他们用笔写下来，结果总是令人失望。

因为他们写在纸页上的句子是那样刻板老套、矫饰空洞，读起来味同嚼蜡。更有一些企业白领，平时说话、办事生龙活虎，一旦要做汇报写发言稿就变成了另一个人，最后在会上读出的陈词滥调实在令人生厌，而让他们丢开讲稿随口讲，情形又立即好转。

是他们不会写作文吗？倒也未必。他们的文稿句子通顺、语法无误、词汇恰当、段落清晰，一看就知道具备语文根底。

但有了根底，却写得如此乏味，表明他们从一开始就把作文的基础打歪了，就失去了人格建构期的天真和活跃。

我说“从一开始”，多半是指小学时期，因为除了极少数例外，绝大多数人只会在小学时期接受一次比较系统的作文训练，以后很难再有从根本上矫正的机会。

由此可知，作文教育对于人的一生的重要性，远远超过人们的一般想象。

长期以来，我们的中小学作文教育存在着不少问题，必须大刀阔斧地改革。这一点，现在社会各界几乎已经形成共识。但是应该看到，产生这些问题的根本原因，在于与教育环境和社会背景有关的整体观念，而不能苛责广大语文老师。

传统意义上我们只是把作文当作一种工具、一种简单的文字游戏，甚至是小中高考得分的拦路虎。

但是其实，作文训练是一次生命的释放和修行，是生命与生命之间表达和沟通的训练，是修言、修行、修身心的生命过程。

作文是在思维、人格与文字三者之间寻找的一个生命交集点，这个交集点凝聚着语文知识、文学趣味、思想美感、文化建设、道德人心、意识形态。

总之，牵涉广大，关乎着孩子的一生。

首先让我们建立一个观念：说话即写作，动笔即写作。

作文训练既可以用口头说话的方式进行，也可以用书面动笔的方式进行。相较而言，书面方式更加正式、周密、清丽、隽永、柔婉和精致，因此可以对口头方式进行辉映补益；而口头方式常常因生动、率性、鲜活、应时、应景而补益书面方式。生活中孩子在各种场合说什么，怎样说，都会在别人心中“写下”这个孩子是个什么人，未来会是什么人，构建什么人格等价值定义。如果孩子说话时赋予身边的人和事什么价值，别人也就定义了孩子的生命价值。

吃饭聊天、微信微博、中考高考、开会演讲、求职面试……生活中哪一处能离得开语文？

家长要想孩子超越自己，比自己更幸福、更成功、更逸兴遄飞，就要在生活中多引导孩子的“生活表达”，也可以称为“生活语文”。

例如，一日下班，接上孩子回家。突然滂沱大雨造成前方一辆车被水淹熄火。这时家长停住车自然有一番言语。你会怎么与孩子交流呢？

“看看老爸多厉害，我们的运气真好，我们的车没有被淹。”

“我们能否去帮帮他们，他们真可怜。”

“为什么最近老是下雨积水？我们的城市排水系统怎么了？”

“这几年气候变幻无常，为什么经常下百年一遇的大雨？”

“江西赣州城是宋代人修的排水系统，竟然从不淹水。”

“孩子，我们一起来听听音乐，你喜欢哪首曲子？心中宁静，纵使外面大雨滂沱，那也不过是伴奏罢了。”

“老子说，福兮祸之所伏，祸兮福之所倚。福祸不是绝对的，祸与福互相依存，坏事可以引出好的结果，好事也可以引出坏的结果，用辩证唯物主义的观点看来，车子被水淹是矛盾的对立统一。塞翁失马，焉知非福，大难不死，必有后福。”

这就是生活中的语文，我们引导孩子关注他人、关注心灵、关注哲学，修言、修行、修身心。

以中高考为例，考试是优秀学生与优秀学生的比赛。数学、英语、物理、化学这些学科分数会有 3 ~ 5 分的微小差距。但语文的差距往往在 30 ~ 50 分，语文学科往往是进入一本线的决胜学科。与理科不同，语文与音乐和美术相似，是一个关于孩子未来成功和幸福的学科。

如果仅仅关注语文分数，忽略了语文在生活中的运用和生命中的地位，那就失去了语文本来的意义。每一个文字只有与孩子的生命亲密起来，才会有生命。

“先天下之忧而忧”，文字彰显了范仲淹的胸怀；“数风流人物，还看今朝”，文字展现了伟人的气魄。文字一旦结合孩子的思维、人格、个性以及生命特质，孩子就能洋洋洒洒地写出好文章，就有“文人范儿”。

但是如果我们用文字做工具，去训练孩子的思维、人格、个性以及生命特质，孩子就不仅拥有“文人范儿”，而且拥有了“人文范儿”。

《金刚经》把人的大智慧分为五类：识相的智慧、境界的智慧、文字的智慧、方便的智慧、眷属的智慧。这些都可以用语文的方式来达成。

少时学语苦难成，
只道功夫半未圆；
老来方知非力取，
三分文字七分天。

这讲的就是“文”与“道”的关系。韩愈说：“文者，贯道之器也。”贯道的意思是“文”把“道”穿起来，就像做糖葫芦，用个小棍，把山楂穿起来。“道”是山楂，“文”是小棍。“道”就比“文”重要多了：小棍不能吃，能吃的是山楂。

所以，平时家长多教孩子一些有用的“道”，文章自然就非同一般。

《金刚经》中还有一段著名的师徒问答：

弟子问，如果给别人须弥山那么大的一块金子值钱吗？

师父说值钱，但还没有给人一句唤醒他灵魂的话更值钱。

如果我们把它拿来对应现实，什么事才是“值钱”的事，而什么事又是最为“值钱”的事呢？

教育。

也正因为如此，教育需要我们战战兢兢、如履薄冰地去从事。

百丈禅师每日上堂，常有一老人听法并随众散去。有一日却站着不去，师乃问：“立者何人？”老人云：“我于五百世前曾住此山。有学人问，大修行人还落因果否？我说不落因果。结果堕在野狐身。今请和尚代一转语。”师云：“汝但问。”老人便问：“大修行人还落因果否？”师云：“不昧因果。”老人于言下大悟。告辞师云：“我已免脱野狐身，住在山后。乞师依亡僧礼烧送。”

次日，百丈禅师令众僧到后山找亡僧，众人不解，师带众人在山后大磐石上找到一只已死的黑毛大狐狸，斋后按送亡僧礼火化。

当年看到这个故事的时候，我心里一惊，一个法师因为讲错了一个字被罚做五百世狐狸，这些年我说了多少话，教了多少课，不知其中的错误该有多少，真不知要被罚做多少世狐狸！而那些以牟取暴利为目的，不惜败坏世道人心的教育、出版和传媒工作者，如果真要被罚，恐怕不止五百世吧？

这个故事告诉我们一个事实，那就是：教育是危险的，教育是一种修行。

古罗马唯一一位哲学家皇帝马可·奥勒留·安东尼有一本反省笔记——《沉思录》。这是一本克林顿总统放在床头天天阅读的书。这本书最有趣的地方在于，马可·奥勒留并不是为出版而写的，而是他写给自己的精神修炼的修行集。在他看来，写作本身就是修行。而领导人反复阅读此书，其实也是在修行。

今天教育的结果，大家只是把读书当作一个工具，通过它实现功利性的目的。其实，读书不仅是一种人文思想的精神训练，而且是个性人格的形成助推器。虽然我们已经失去了这个传统，但是我们每个人都可以恢复它，找一本书去修炼自己，在辽阔空间和漫长时间的浇灌下，追求自己内心的变化，淬炼高贵生命的质量。

我从事生态语文教育大半辈子。我最担心的学生，不是成绩掉尾的同学，恰恰相反，我最放心不下的，竟是传统意义上的好学生。

因为无论是家长还是教师，最难的一课，我们往往并没有教给学生。

在孩子的求学过程中，大多时候，我们只教学生如何考第一名，如何过五关斩六将在大小的考试中胜出。几乎没有人告诉孩子，考不上“好”学校，找不到“好”工作之后该怎么办，如何勇敢站起来面对挑战。

从来没有人认认真真地鼓励孩子：寻找自己独特的天赋能力，倾听自己内心的声音，尝试自我生命的真实表达，获得独特表达个体生命的本领，发现独属于自己而非随波逐流的生命价值。

相反，孩子从小经常听到的童话故事是，王子好不容易历经千辛、排除万难与公主结婚，从此幸福快乐地生活在一起了……然后呢？就没了。我们从没有告诉孩子，王子公主可能吵架啊，诸事不顺啊……人生的本质就是无常的变动。如果有一天，公主离开了，王子该如何？

因为，没有人教过我们，我们也从来不会教孩子。关于人生种种的真实与艰难，种种的难堪与不堪……这些，才是我们在历经人生后，最想要献给孩子的礼物。

如何做？其实很简单，提前把这些人生问题丢给孩子去想，让他们“从一开始”就思索，有心理准备，提前为他们灌注一些力量，而不是哪一天他们突然面对时，徒有手足无措的份。

人生不会永远顺遂，悲欢离合总无情，毕业之后的人生更不会有标准答案。我们想教会孩子的，是如何为自己找寻答案，甚至能不能在犯错后，鼓起勇气进行改错，而不是沮丧放弃，做到“不迁怒，不贰过”，做唯一的自己。

人生说穿了，就是由无数的大小考验组合而成的，懂得为自己找到“人生导师”，绝对可以为自己的人生加分不少。

而什么是人生导师？“他”，可能是一个信仰、一场演讲、一部电影、一本好书，重点是里头的精神，能不能让你在历经悲欢离合时，多一点力量与勇气，继续朝着能发挥自己最大价值的方向走下去。

语文学习的过程，就是帮助孩子寻找“人生导师”的过程，是帮助孩子养成人生经验、文化品位和精神境界的过程，是一个修心的生命过程。

图书在版编目（CIP）数据

好语文，大未来 / 罗珠彪著 .— 武汉：长江文艺出版社，2018.7（2019.8 重印）

ISBN 978-7-5702-0476-2

I. ①好… II. ①罗… III. ①家庭教育 IV. ① G78

中国版本图书馆 CIP 数据核字 (2018) 第 099576 号

好语文，大未来

罗珠彪 著

选题产品策划生产机构 | 北京长江新世纪文化传媒有限公司
总 策 划 | 金丽红　黎　波　安波舜
策划统筹 | 赵春霞　沈学武　罗小洁
责任编辑 | 王赛男　封面设计 | 郭　璐　责任印制 | 张志杰　王会利
法律顾问 | 张艳萍　内文制作 | 张景莹　版权代理 | 何　红
总 发 行 | 北京长江新世纪文化传媒有限公司
电　　话 | 010-58678881　传　　真 | 010-58677346
地　　址 | 北京市朝阳区曙光西里甲 6 号时间国际大厦 A 座 1905 室　邮　　编 | 100028

出　　版 | 长江出版传媒 | 长江文艺出版社
地　　址 | 湖北省武汉市雄楚大街 268 号湖北出版文化城 B 座 9-11 楼　邮　　编 | 430070
印　　刷 | 大厂回族自治县彩虹印刷有限公司
开　　本 | 710 毫米 ×1000 毫米　1/16　印　　张 | 21
版　　次 | 2018 年 7 月第 1 版　印　　次 | 2019 年 8 月第 4 次印刷
字　　数 | 265 千字
定　　价 | 42.00 元

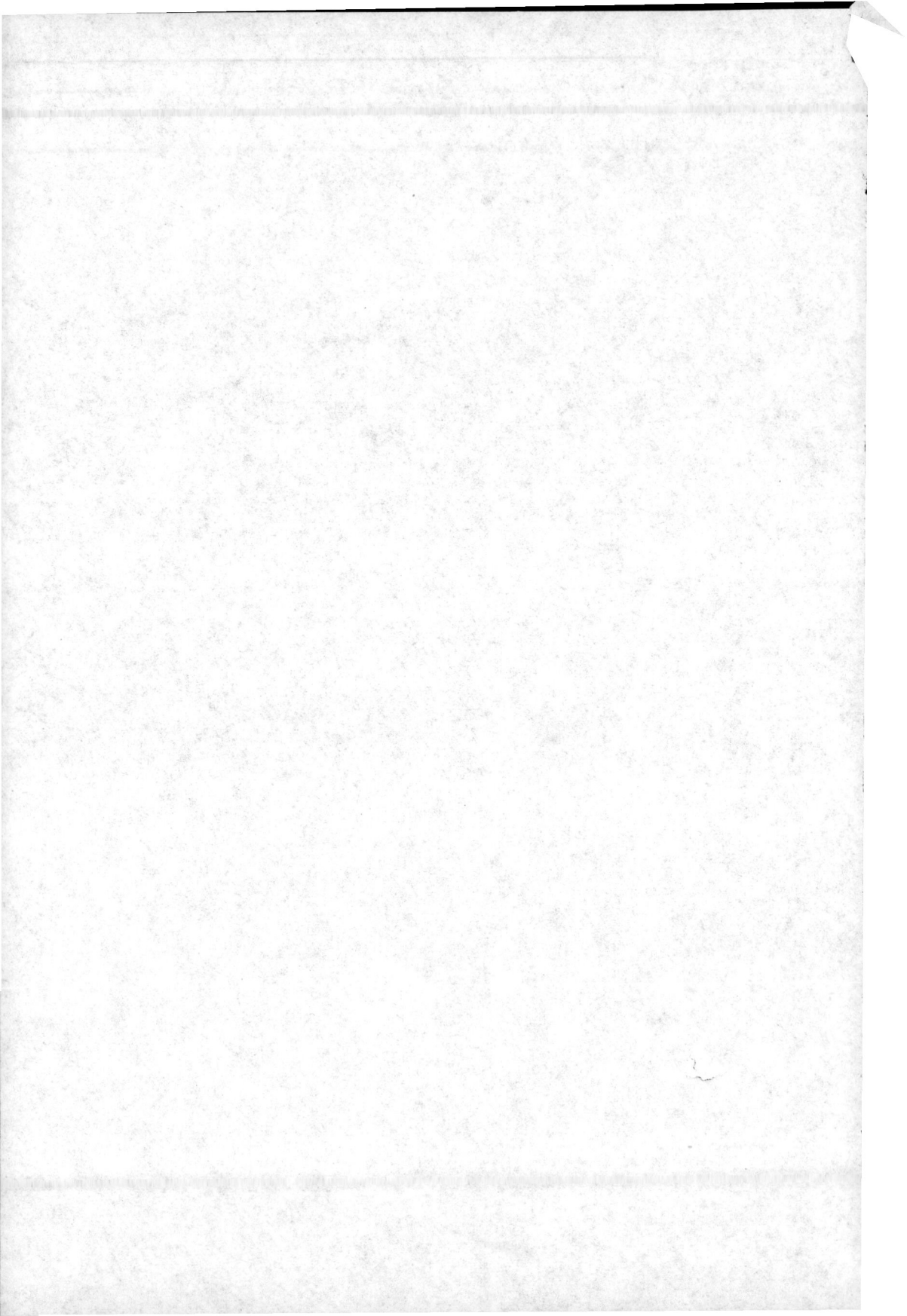